The Success Chronicles Entrepreneur Edition. Vol 2

Co-authored by:

Ruth T. Vivrett

Alba Hatcher

Tracie Jones

Sandra Fry

MaryRose Lynch

Debra Lauzon

Stephanie D. Sanders

The Success Chronicles: Entrepreneur Edition Vol 2
Copyright © 2019 by UImpact Publishing
All Rights Reserved

No part of this book may be used, reproduced, uploaded, stored or introduced into a retrieval system, or transmitted in any way or by any means (including electronic, mechanical, recording, or otherwise), without the prior written permission of the publisher, with the exception of brief quotations for written reviews or articles. No copying, uploading, or distribution of this book via the Internet is permissible.

The author, writers, and publisher have made every effort to include accurate information and website addresses in this work at the time of publication, and assume no responsibility for changes, omissions, inaccuracies, or errors that occur before or after publication. The publisher does not endorse or assume responsibility for the information, author, and writer websites, or third-party websites, or their content.

The Success Chronicles: Entrepreneur Edition Vol 2
1.Business 2. Internet

ISBN: 9781093534719

Special Dedication

To the many inspired, committed and focused entrepreneurs who have a vision, message, and a clear purpose this book is dedicated to you. The pages were written with you in mind to provide you new perspectives, new approaches and new ways of looking at how you can continue on your entrepreneurial journey.

Thank you to the authors in this book that shared from your heart, your experience and from where you are today. Without your words on these pages, many would not know the blessing it is to be an entrepreneur.

Table of Contents

Ruth T. Vivrett
-6-

Alba Hatcher
-22-

Tracie Jones
-39-

Sandra Fry
-50-

MaryRose Lynch
-65-

Debra Lauzon
-76-

Stephanie D. Sanders
-87-

No matter what people tell you, words and ideas can change the world. - Robin Williams

The Success Chronicles Vol. 2 has dual purposes.

First, to understand the journey, the lessons, hurdles, thought processes, disappointments, triumphs that you go through when building your career and business. Why is it important to learn about other's stories? Although the world is full of people often times when you are building a career and business you feel alone and at times you feel you are the only one experiencing the obstacles you face. Hearing and reading the stories of women that you can relate to, can empower you to look at your journey differently.

Second, The Success Chronicles helps you craft your career and business in a way that distinguishes you effectively and memorably in your market.

Your audience wants to know how you started your business. How you came to be where you are at this very moment. They want to know what you like to do when you're not pounding the pavement with your brilliant work. They want to know about your path --- they want to know the person behind the brand. Then there's a really good chance they are going to trust you with their money.

Each of these authors share their obstacles, victories, and offer invaluable information that can help you grow, challenge yourself and look at your situations in a new light. I encourage you to learn from their stories and the lessons they have learned along the way to becoming successful entrepreneurs and professionals.

To Your Impact and Success,
Kimberly Pitts
Founder, UImpact
www.uimpact.net

Ruth T. Vivrett, MBA
Financial Advisor

Tell us a little about yourself. We want to learn about the person behind the brand.

My name is Ruth Thoes Vivrett. I think I'm just like most as I have my personal brand and my business brand. Here's some thoughts about each.

Personally, I grew up in Wichita Falls, Texas in the late 1940's and 1950's – a most wonderful time and with lots of family around. My father's family came from Kansas so we were blessed to spend each summer working on a very large farm near Topeka – where I learned to cook for field hands (and why I have trouble cooking for less than 20 today!), rode the hay bailer, helped collect eggs and milk cows. Hard work with lots of reward as crops were planted and harvested, the circle of life for sure. But we also learned the joy of celebration by attending the Saturday night dances where all participated by their gifts of music. My parents always said there was nothing I could not do if I just tried.

I was so grateful for the good education I received in Wichita Falls schools and was thrilled to receive several academic awards over my high school and college years. My initial thought was to become a nuclear physicist inspired by my high school physics teacher – she taught me as the only girl in physics that it never hurts to be different – just work a bit harder. I eventually settled on becoming a computer psychologist which married my math skills and love of people to problem solve. Quite ambitious for a young girl in the 1960's. While I never hung out my shingle, these skills have been with me thru all phases of my business life.

I met my wonderful husband Mac in 1988. We did not have our own children but are the most wonderful aunt and uncle to some 30 (and counting) nieces and nephews – all the way to our newest batch of great-greats. How fun to provide support and love to so many. The rewards are immeasurable.

Mac and I love to travel – he is a scuba diver and we have many adventures, especially to Cozumel. Our future plans call for Thailand and Italy and we are busy planning each. In addition, we have been rescuers of beagles (from Junior, to Sarah, to Lucy and Ethel). Fur babies are equally as loving and rewarding as our family.

I laugh and say I have a "checkered past" in my business adventures: from starting out as a statistical typist at a yearbook publishing company and launching an at-home contract delivery business for outsourcing various parts of the yearbook process. I graduated to the banking industry and started as a computer librarian but soon grew to be the operational manager of the MPACT ATM network we started in Texas in the late 80's. Marrying technology, telecommunications and banking processes became my trademark early on and the foundation for my continued evolution in corporate life. I eventually established and grew the statewide telephone banking operation for Bank One in Texas. After leaving corporate, I turned to consulting and was successful in traveling the world to teach Fortune 100 companies the value of focus on a good client experience whether in person, over the phone, or eventually over the Internet

When did you know you were meant to launch your business?

As the consulting world slowed down in 2001, I contemplated "retiring" but Mac and the dog advised they did not need (or want) my full attention so I started a financial advisor practice the week after 9/11 – not the greatest timing, but it has turned out well. I loved that I owned my business, would not be subject to lay off again, and that my consulting skills could transfer from very large companies to individuals. My experience had always been that I mastered any new challenge in a relatively short time, but found I needed patience in starting up this business from client acquisition to learning the complexities of the breadth and depth of the financial industry. Humbling, but I remembered " There was nothing I could not do if I just tried". And so I tried, gained the confidence of my clients, and was rewarded with a bountiful referral source of business.

Share with us what your business is and why you wanted to start this business.

I describe my work as more life coaching with financial implications to support reaching your dreams. The practical side deals with retirement, education, various financial goals but also speaks to protecting the things you can't afford to lose (cash reserves, life, income, long term care) and investment management (so funds can be available when you need them – even 20-30 years or more in the future). While I'm neither a lawyer or a CPA, I serve as part of my client's A team make sure tax and estate planning are all in place. My love for this business comes from love of my clients – seeing them achieve their goals is just the best feeling in the world. I'm honored to be a partner with my clients in both the good times and the difficult: from achieving a successful retirement to startup and growth of their business to watching children graduate and have their own families to helping a widow/widower settle estates on loss of their loved one to hospitalization and care for parents/spouses with Alzheimer's or other long term illnesses. This is why I started my business and why I stay: bring knowledge and skills to educate my clients so they can make great financial decisions.

How do you measure success and what is your definition of success?

My definition always comes from a place of providing meaningful work that can truly make a difference for my clients while I can make a profit. I do not think it is unreasonable to make a reasonable profit in your work as this allows for continued learning and freedom. Freedom can be seen in several ways: economically by giving back thru various philanthropy and volunteer efforts and freedom in time – time to travel with Mac, be with family and friends, and time to offer to others as they need help.

What have you learned about yourself in running your business?

The most important thing is that at this season in my life I can be a good educator/femtor, but direct people management is not where I prefer to spend my limited time. I am blessed to be surrounded by a team that not only excels in financial planning activities but in people development skills as well. Very grateful!

I also bring a direct financial perspective to my business – where am I making money, where can I afford to give back without impacting the cash flow to my family, where am I not getting the best return on how I invest my time or money and then making the specific decision to eliminate or scale back these areas. Tough choices sometimes, but always for the best as I move forward.

Mac taught me early on that even though I want all my clients to be successful, I can never care more about their success than what they choose. My responsibility is to make sure they have good information and education, but the final decision always belongs to them. This is also rooted in my belief that my client's money belongs to them – they earned it, saved it, etc. and while I can be a good source of choices, it is always their decision. I can want the best for them but I am not personally invested in their outcome. There is a fine line between being caring and close with my clients, but not taking their outcome as a personal success or failure – just not being invested in the outcome.

What three things do you wish you would have known when you started?

There are certainly more than three but the top of mind areas are:

Patience during the startup – I not only had to master the skills/knowledge of this very complex business but had to gain the credibility to acquire clients. This does take time. As a good friend told me "I know you will be successful, but I won't work with you until you are". Hurt my feelings at the time, but in retrospect I appreciate that her comments encouraged me to work harder.

Physical strength and time away from my personal priorities – I came to this business older than most and still had to "keep up" with the physical demands – long phone clinics on evenings and weekends, seeing prospects when I was physically exhausted, doing that next little bit of study or preparation when I would have preferred to be with Mac and friends. Choices that were difficult at the time but I so appreciate the results that have come.

OK to make mistakes as long as you learn from them – early on, I was more than a little scared of using the technology tools provided. I finally accepted there is nothing that can't be fixed if you have time and money and a good attitude. Embracing change and knowing that each mistake is a learning experience and just gets me closer to my objective was a major breakthrough and a huge opportunity to direct my energy to the most productive activities.

How do you keep motivated and encouraged when things don't go right?

Well, there is always something that isn't quite the way I would like, so my go to attitude adjustments are:

Find a way to help someone else – it's true there is always someone struggling more than me. Often, providing this helps makes it easier for me to see how to "stop digging myself into a hole".

I do on occasion schedule a "pity party" for myself, and may even invite friends to participate. I wallow in myself for a defined/scheduled period of time and then get up and take action. The taking action seems to get me back on track the quickest.

When I have unintentionally hurt someone, I apologize as quickly as possible and take corrective action to the best extent I can. Then I forgive myself and move on.

Self-care is never selfish so, of course, I love all these things like mani/pedi, Thai foot massage, travel, cooking for family and friends, or just curling up with a good book.

In July 2007, I was diagnosed with breast cancer. Hearing the words was terrifying as I had lost my older sister to breast cancer in 1992. She chose to keep living life fully each day she was given, so I knew that I could do no less. My husband and I decided there would be no half-measures in treatment – we chose a double mastectomy, chemo and all the surrounding activities. He kept our treatment notes, asked great questions, held my hand and found ways to make me laugh even when there was little to laugh about. I worried that I would lose my business, my appearance, and my love of life. Well, I did lose my hair for a while and my figure (no reconstruction for me at my time of life!) but my business thrived and my love of life is even more firmly engrained.

Until this experience, I had not really considered how many friends I had made over the years and yet they were the ones who just showed up to carry us through the tough times. To this day, our gratitude remains overwhelming for their love and support. Thankfully, I'm still cancer free.

As time has progressed and other hard times have come, I'm grateful for the lesson of asking for help when needed and joyfully accepting that help even when I desire to be most private. As my friend told me when I was feeling guilty for the help needed after surgery "your friends are just grateful to be able to give back what you have offered over the years". A VERY HUMBLING STATEMENT FOR SURE.

What are your best practices for marketing?

While I'm associated with a national company with a well-received brand, I think my personal marketing is more about listening and building good long-term relationships. I attend several networking groups where I can get to know the issues facing my target clients and then establish that I'm a trusted source of deciding on solutions for those needs. I always believe in "giving first" and will either do that thru investing time or money – for example, serving on various boards to support causes I'm passionate about to actually purchasing a product/service from someone in my circle. I also make connections and introductions between providers of product/service to those in my circle if there is a need. I believe strongly in abundance theory – there is enough for everyone that is willing to work hard.

I also have a business plan that specifically states I will offer X% of my profits to pro bono activities. My blessing is that I am at a point in my personal "product life cycle" where giving back is not only desired but a requirement to meet my values. Offering a helping hand as others are starting their business journey is just one way I can give back for the wonderful coaching I've received from others over the years.

What are your best practices for branding yourself?

Values are very important: giving the best advice and education I can is a scared obligation and joy. My client's call me a trusted advisor for a specific reason – I will tell them the truth as I see it. They have the responsibility to decide how much, if any, of that advice they take.

Experience in life and business are very important. This helps sort out what is possible, but more importantly what must be done at this moment. So many decisions are complex and analysis paralysis can set in. Being able to discuss ideas with a good recap of the benefits and concerns of various strategies is a function of "been there, done that, this is what worked, this is what I wished I had done differently".

Leverage of corporate resources is also a great opportunity. My business is very complex, broad and deep in terms of strategies and processes. It's really important to know what you don't know, but have access to resources that have this depth and breadth. No one can have all the knowledge needed so knowing when to reach out for help is a learned skill that helps offer better results.

How do you create points of differentiation in your industry? What do you do that stands out?

The obvious physical things are the easiest once I have accepted it's OK to use: first, I'm a woman in a basically male oriented industry, second, I'm an older woman so I'm considered more age appropriate for certain target markets, and most importantly, I'm an older woman who has extensive corporate and entrepreneurial experiences. This provides an initial communication/relationship point when I first meet anyone.

As a female, I pride myself on listening skills and then problem-solving skills. I've been a single corporate executive where all others were married with the 2.3 children. I've been a married woman dealing with family issues, but with no children. I have lots of family to provide various learning examples in life lessons: death, births, disappointments, joys. I take no pride of authorship in any of this, just am so grateful to be able to share with others. They can take what they need at that time and leave the rest. It's OK.

We often hear about creating multiple streams of income. What are your best strategies on creating those streams while maintaining balance in your life?

Having worked successfully in corporate America, I'm fortunate to have pensions from several companies. More importantly, I invested in each of the companies I've worked for and that has proven to be a successful source of revenue. The underlying strategy is also the use of Social Security/Medicare as a part of my retirement plan. It may not cover the lifestyle I prefer in retirement, but it provides a base to work from in my planning.

My best strategy was to live the life I was taught in Wichita Falls so many years ago – save, tithe, and live within your means. There were certainly times it was easier to follow this than others, but I'm in a good place today where we live a conservative lifestyle but have the means to help our families and others while doing the fun things we enjoy. Looking back, I'm happy for the choices made.

I also think that doing work you love while creating equity in that business is a wonderful strategy. It is very rewarding to me to know that I have created this equity and will sell to an appropriate resource when it's time for me to retire. In the meantime, I work with people I love with people I enjoy. I also make sure I have proper resources to support me so that I can take time to do the travel and philanthropic work I so enjoy and that keeps me personally fulfilled.

In a world that is highly digital what are your best strategies on creating connection with your clients and colleagues?

Updating my corporate provided website to reflect my personality is important. It's important because clients/prospects want to know who they are doing business with.

I make it a priority to connect with my clients/prospects as they prefer: webinars, Face Time, face to face meetings, emails, etc. Basically whatever they prefer, but I also make it a priority to see them one on one at least annually. The digital experience is just not the best way to have a full client experience in my opinion and so I arrange dinners, seminars, events where we can interact both professionally and personally.

I believe it is important to know more about my clients personally than just the facts about their money. Life happens and being there for them is critical.

What "must have" resources would you recommend someone use in their business?

I've worked to develop what I consider my "A" team for myself, but also for my clients. This consists of a great relationship with a Banker – easier to discuss loans when you don't need them and much easier to get loans from someone that knows you.

A good Lawyer is needed to advise you on the business and personal issues that arise. While business agreements are a must, having a great estate plan in place is also critical for you and your family. Protecting your family and business is a must in today's world.

A skilled CPA is also a required component of my team – I need to track and report correctly each year and this is more difficult as laws/regulations change.

I then look at the things I most enjoy doing in my work and the things I would prefer not to do or I'm not very adept at doing. For me, I love marketing myself and my service, acquiring clients, and servicing on an on-going basis. I'm not good at all the processes that support these activities so have staff that is skilled in this. I'm also not interested in daily people management so have outsourced this to others on my team. By reviewing the key activities at least annually, I'm continually improving my effectiveness in the job. I'm also freeing up my time to allow for re-allocation to those activities I prefer to do.

What makes you a success?

My ability to provide advice and being considered a straight shooter. I don't hesitate to find resources to provide my clients alternative solutions if that works better for them, but I also don't hesitate to provide inputs that aren't consistent with what they may want to hear at the time.

Having respect for my clients – they know what they know at this point in time but I respect when they say I need to know more about… Asking for help is a difficult thing, but making it easy for them to do so is most important to me. Listening to truly understand the problem they want to solve is also critical. Investing the time to do this is a strength I possess.

Any last thoughts?

My favorite saying is "it's all good". This means for me that each morning when I get up and put my feet on the floor, I can say to myself "it's all good" – take advantage of what you are blessed to receive and get on with it! Even when times are tough or I'm afraid, I just believe that I can take action and then I'm OK to deal with the results of that action. It's a wonderful place to be at this point in my life.

Ruth T. Vivrett, MBA
Financial Advisor

Ruth Vivrett is an experienced women's business strategist and an expert in the financial planning. She is a consummate learner and researcher who deeply understands the challenges specifically facing businesswomen today. Some of the keys to Ruth's success are her commitment to giving and serving the needs of others and her philosophy of a being a business resource for women.

Her approach to relationship building is a real model for other women to follow and has rewarded her with a bountiful referral network. Ruth is a problem solver. Her insights and proven strategies provide women with a blueprint to help them achieve their financial and business goals.

Alba Hatcher
Trainer in PINK

Tell us a little about yourself. We want to learn about the person behind the brand.

I'm a Puerto Rican, raised Texan which means most days I'm kindhearted, filled with love, and call everyone around me 'Hun'. My passionate side can be intimidating and slightly ruthless, but everything I do and say is always in love. As a nerd at heart; I love to learn and am constantly doing so. Others around me wish my energy was contagious and would rub off on them. I believe living a life with wonder, positivity, and abundance is a choice. I am blessed in the relationships built over the course of my lifetime, each person brought me to fulfill a specific purpose, some for hard lessons, some for encouragement, and some for growth. God always comes first because without Him none of this would have been possible. Honesty will forever be the best policy. Clients remind me that they love me for being straightforward and not afraid to have the difficult conversations. I do my best to educate and empower them with the skills to be self-sufficient in movement, as well as, the tools to be an advocate for their own health. As a natural born teacher, I'm constantly sharing what I know and hold nothing back. I aspire for people to meet me and say, 'because of her I was able to achieve…'.

When did you know you were meant to launch your business?

It's amazing how the best things in life come as a whirlwind and not at all how you'd expect. Just before I started my business, I had been working with a woman that had a great vision, but one far outside of who I was at the time. She wanted high luxury and high security; we are talking showers that were also tanning beds; and while there is certainly a market for that it didn't embody who I was.

I looked upon my life and health journey, remembering the simple reality that I didn't have $200 dollars per hour to spend on a trainer. What about them? What about all the ladies out there that were just like me?

When I started the business, it was just me. My family thought I was crazy for wanting to go out on my own. In fact, I very clearly remember the argument, yes argument, with my dad. "Why don't you just go work at a gym like everybody else?" he said. I replied with a long story describing, my vision, who I wanted to be in the industry, the changes I wanted to make, the current and low-quality standard of trainers in the industry, and the opportunities I saw to improve upon that. I reminded him of the fact that I had already built a website and engaged growth upon a vision that wasn't my own. What a waste of my talents it would be to fulfill them in someone else's future. I had to be true to myself; I had to be true to what I believe in. My dad's response was in the form of a yell but what came next was pure heart, "what are you going to call this so-called business anyway?!" "I don't know something easy to remember, like, Train With Alba!" And so, it was.

Train With Alba was my first business offering personal training and boot camps. As I evolved in my education of the human body and the structure by design the basis of my business structure became obsolete. Boot camps, while I could make a lot of money in a short amount of time, were not practical for my vision. Ladies would pay for a boot camp but then not show up or commit. Like most gym memberships I was another excuse for these ladies that claimed they wanted to lose weight but not yet willing to create a healthy lifestyle. I distinctly remember a conversation I had with a boot-campee. "Why didn't I lose weight?" she asked, for which I responded, "Well you missed 12 out of the last 16 sessions, and I'm pretty sure I saw you bragging on Facebook about having cupcakes for breakfast yesterday." Let's say that was a conversation I never wanted to have again. I learned early on that I wasn't going to help anybody by sugar coating the reality of their wellbeing. I made a choice early in my career to speak to every prospect and client as they were a member of my own family. This came with pros and cons since my family is very upfront. Sometimes we disagree but at the end of the day we still love each other to the ends of the earth. I had to be upfront and honest no matter what, even if it wasn't what they wanted to hear, even if it meant that this person would never call again and that's ok. I can be at peace knowing that I was genuine, knowing with confidence that my words were spoken with love, and knowing at the end of the day I gave them something of value. Human interaction should have value and leave people with something to think about; plant a seed in the people you meet that promote a healthy future. A business by design and in line with your passion and morals will set it up for success. Naturally I followed instinct instead of overthinking the simple decisions. Because of this, marketing and branding came easy. Everywhere I went, I wore PINK. I wanted to market myself to women; this was a choice for safety and professionalism. Well-known companies and organizations brand themselves by color all the time so why not use the same approach in my business. A certain company of women's intimates has an entire line dedicated to PINK, breast cancer awareness associations, every baby store in America to name a few! I didn't have to say the names and I know you know exactly which companies I'm talking about. Women=PINK. One day a lady says to me, "hey look it's the Trainer In PINK", and so it was.

Trainer In PINK was perfect and it offered the opportunity for growth. There was a hard reality that being one person there's a limit to how many places I can be at once time. Train With Alba was me, but Trainer In PINK could be anybody with the proper training and influence to share knowledge. They could be my duplicate. Trainer In PINK meant I could hire trainers, I could use my natural skills in teaching to help them grow as fitness professionals, build in them a new standard for the industry, and be the difference that wouldn't only affect the region but change the world(coming soon). Training services provided in home; significantly less overhead than many corporate gyms, more pay for the trainers which would further empower the love of their career, doing what they love and finally getting paid what they deserve, a greater drive to put their all into each client, while the client pays a little less, it's a win-win all around! I wanted to beat the whole 'you get what you pay for', so I did!

What is being an entrepreneur if you don't design the business by your own standards?

Share with us what your business is and why you wanted to start this business.

The best decision I could have made, was to release the idea that I had to make a living by someone else's standards. What I felt was necessary when training the human body was not what most companies agreed with. In short, corporate companies are all about max pay with minimal effort. The fitness industry in general has many claims that I disagree with, one popular example being 'No Pain No Gain', the idea that when something hurts or really burns that is when it's working. The reality is just because it's challenging doesn't mean your body should participate in doing so. Every person on this earth is different, not one of us look alike, and we don't share the same thoughts, hobbies, and liked subjects. As humans we have the same base structure but become unique with height, gender, physical capacity, medical history, and recreational activities. Each client has a whole life they experienced before they met you. That means there's going to be some things that were damaged, some things that were overused, and some things that weren't used enough. Each person is going to have goals that are unique to them for which all the previously mentioned make a difference in programming. Generally, with no pain no gain, the simplicity of working the body within the means of its design gets replaced with innovation or creativity. While innovation is important and proves to create impeccable and strategic procedures, it is not true with compromising the basic human structure. It's not very productive to break down the one and only body you have. It's not impressive nor will matter the bragging rights of what you *used* to do. Fitness should be about longevity. The definition of health is being free from illness, but it should also include the capability to achieve your life purpose without restraining difficulty.

Trainer In PINK offers in home personal training, posture evaluations, corrective exercise from injuries or post-surgery, manual bodywork therapy, and nutrition coaching services. We have designated professionals that cover nutrition and bodywork therapy within their scope of practice. I have also shared with my team ways I have found to make functional and therapeutic changes in the human body that maintain within their scope, small changes that can make a big difference. This empowers the trainers on my team with a skill set that sets them apart from others in the industry. We are working on ways to continue to expand this area of expertise nationwide, and with the help of the internet and social media platforms we will take this internationally. I started this business to elevate the standard of the health and wellness industry. Our tagline, also one of those things that came naturally, Your Body is a Work of ART; You only have ONE, so make it your MASTERPIECE.

ART to us stands for Assess. Restore. Train. It's the foundation of what every fitness program should be. Assess, because you can't fix what you don't know is broken. Through assessment, we can see problems before they become an issue. We test how the body sits in relationship to gravity joined with a movement evaluation. If someone has limitations in movement in one area or region of the body, it has to be made up somewhere else; this is the basis of anatomy, kinesiology and physiology. This is also a prime example of how the whole world walks around with pain, but you'd never know it. Restore, to bring the body back to balance. People generally believe one of two things; that everything in the world just popped up out of thin air and just so happened to work perfectly, or there was divine creation involved. I'm of the latter. God created us perfectly, and he created our bodies with the ability to heal themselves. This means if we bring the body back to His design, it will take care of itself. Your body is its own miracle. Masterpiece is not based on aesthetics but your purpose on this earth. Someone's definition of masterpiece may be to travel around the world, while someone else's definition of masterpiece may involve playing with their grandchildren, teaching them a sport or activity, or creating family memories. Trainer In PINK exists to help others achieve what they never thought possible. For some, getting off the ground is a difficult task, to walk the Great Wall of China is unimaginable, perhaps because somewhere along the way they forgot the power is within, I get the incredible honor to help set it free.

How do you measure success and what is your definition of success?

Success to me is defined by the number of lives you can change. I view success as a legacy, a footprint; what difference can you make in someone's life that prolongs after you're not present. A smile, good advice, and a positive memory, are all representation of small successes that can turn into big successes. Although you may never know or see the results, making someone's day can make them more productive, change the angle on a personal or business decision, or even save a life. What that person now accomplishes from your simple act of kindness can go a long way like a domino effect. Using a principle that brings you joy, peace, and a sense of accomplishment is where true success is found. Success is not found with a fancy car or job title, it's a feeling of accomplishment and joy that is found within. A homeless man has equal opportunity to be defined as a success since it's in a mindset of gratitude and a heart of happiness.

A scripture I live by is found in Philippians 2:15-16 "*Shine bright like the stars in the universe as you live out the word of life*". The word of life is God's word. I can have everything even when I have nothing if I follow these words. As I previously mentioned in our tagline, MASTERPIECE comes from Ephesians 2:10 says "For we are Gods masterpiece. He has created us anew in Christ, so we can do the good things he planned for us long ago." In my business I find that many people live their life day after day in pain. They change their whole lifestyle around that pain, adjust simple daily tasks, therefore leaving them unable to follow through with what their heart wants to accomplish, what God has planned for them. I view success by the people whose lives are changed after I meet them. Were they able to play on the floor and spend time with their grandchildren, make memories that would last a lifetime? Were they physically capable to travel around the world and meet new people that would make an impact in the lives of those they met? Everything has a domino effect. Success comes when you can fulfill a space in that effect and keep on giving.

What have you learned about yourself in running your business?

Strength, Perseverance, and Being myself and comfortable with it.

It's amazing the confidence you find when you're comfortable to be who you are, as you are, and for you are. Nobody on earth has a say in your story. Too many people are worried about what others think and what they will say. It holds them back from being and accomplishing all they can be.

There's a lot of negativity in this world. People are always so willing to point out the wrong, say that you can't do something, or that you're dreaming too big. All of this is based on whose rules? Listening to those voices would have had me in a hole, and I never would have been able to help those people, I never would have seen life change before my eyes, and I never would have been able to see God's Grace and Gods Love for all people. There were days when I didn't know how I was going to keep going, times when all I wanted to do was quit. Those times were necessary to reevaluate and try again. The hardest moments were where I found my strength. What doesn't kill you only makes you stronger, right? Well I never died, and I kept going.

What three things do you wish you would have known when you started?

Taking the time to understand the books. Profit and loss so I could better understand where my money was going, what things were profitable, and where I could have better spent my time. Had I had that from the get go I would have had a better perceptive of what my time was worth and could have adjusted accordingly.

The beauty in delegation! Do you have any idea how many hours I spent trying to figure things out or do things that I hated doing? (which then took me longer to complete). At the time I thought since I'm a business owner this is just painful adjustments people have to go through, right? Turns out it's completely untrue! If you're willing to relinquish just a little control it's amazing what can get done in less time, and what all you can get done when someone else is doing the work you would rather not do. On top of that the huge reduction to stress levels! You can focus on the things you love AND even though you may not know it's out there, the things you hate doing are things someone else loves doing, and because they love it, they'll do a good job at it!

One of the best simple lessons I learned, so simple it may sound silly, is you can't make someone do something they weren't going to do anyway. This came in handy with people I met and saw day in and day out and was also a great tool when it came to my staff. One of the things I did often was networking. I was good at it. People seemed to like the energy I brought to the room and without fail every time there would be 5-65 women in the room that stated they wanted to lose weight; on various scales .. But, none of them were ready and willing to do something about it. Time after time (and it still happens today) someone will come up to me and say "OMGSH I have GOT to call you" Caps included because they were so passionate about it as they spoke it. I nod, listen to their story, and provide positive words of encouragement or little tips they could easily incorporate right away to get started in their health journey. Then I'd never hear from them again. I'd follow up and no response. I didn't understand it at first. They said they wanted to hire me, and they weren't lying, but they weren't ready right now. There was a lady once that I heard back from 3 years later. My kindness did something right because even though I hadn't seen her in all that time. When she decided it was time to make a change in her health and lifestyle, she thought of me. It's about understanding that you're not always the one that's part of their journey, and that's ok.

How do you keep motivated and encouraged when things don't go right?

Gods Got This. Our senior pastor once did a sermon that spoke about God breaking his back. Go ahead and start laughing now but it makes perfect sense! We throw out our backs doing the simplest of tasks such as vacuuming, moving furniture, chasing kids, or like I did recently, turned to reach for my phone. We sometimes forget that because *we* can't do it, doesn't mean God is in the same boat. If you're willing to trust it all to him what a far less burden it would be to bear. Gods not going to throw out his back because your dream is too big, dream bigger and watch him work!

There are people in this world that are watching you; some encourage you to succeed while others are waiting for you to fail. When I first started my business, I had the worst departing experience from my previous employer. From cease and desist letters to telling people I was on drugs. This woman went through great lengths hoping I would crash and burn. I could have crumbled and at times I wanted to, but the blessings that came from that experience were worth it. As the threats came piling in, I had law enforcement and attorneys on my side that taught me business ethics I otherwise would have never learned. It was one of those experiences people hope they never have, but I got that trial by fire out of the way early, everything else was a breeze. I stayed true to who I was every step of the way and it paid off. Because of that encounter I received one on one training with hands down the most knowledgeable expert in the industry. That expert made me work hard and study harder than I ever would have without the circumstances at the time. I nearly had everything taken away from me, my livelihood, my family, my reputation, my education, my sanity, and my future. It was all at risk. It made hard decisions easier, I challenged my endurance spiritually, personally, and in business practices; most importantly I was able to let go of the people in my life that didn't serve me and did so with confidence. What a grand reward and testimony of God's grace when you succeed beyond your own expectations. The people and experiences you encounter are there for a reason and a season; it's up to you to decide who and what serves within your purpose. Hold onto to those who make you stronger, challenge you positively, bring joy, and applaud your victories.

What are your best practices for marketing?

Be honest and true to yourself. As women we diminish our value because we're a mom, we're a wife, a sister, and a friend, but all of this has value. Do you know if a first-year mom was paid for being a mom even at minimum wage she'd make about $80,000 a year? I hate to hear, "I'm *just* a stay at home mom" as if that losses importance or that's not a job title. Consider the loss of sleep, endless hours feeding, changing, and engaging in building a relationship with a tiny human that wants to cry and poop. For a stay at home mom a lot takes place behind the scenes, the same goes for any business owner. Evaluate your free time. For example, when I first started, I networked like crazy, if there was an event I was there. I had to build my brand; I had to get people to know my name, to know who I was and what I stood for, and what I did .. Some say networking is a waste of time, and it's only a waste if you don't do it with intention. Overtime those people you meet regularly and invest your time in, they now become your sales force, as long as you plan it accordingly, and train them in who your client is and how to refer. At some point entrepreneurs reach the point when networking time is replaced with clients, actually making money. A wonderful reward and recognition of your hard work but the common mistake is to stop networking altogether. Never feel you're such big shot that you don't have time for those that helped you to the top.

The most important thing is to charge what you would be comfortable with and be genuine about your decision. I've had people that I have charged them half, and people I have charged nothing because they couldn't afford it at the time and I have a willing heart. I still do that. I will always do that. We women are on the earth to support each other, so do so within reason. It all will come back to you in a grander reward. You treat that person as if they were paying you top dollar and you may receive the client of a lifetime as a referral for your great deed. Don't work for free, you have a family to feed too, whether it's teenagers, infants or fur babies. When you know your price and value is genuine and fair, it's very easy to say 'I may not be the best fit for you' with confidence to the person that's pushing over pennies. Sometimes, that person will come right back, having vision of your value, willing to pay, and respect you more for your honesty.

What are your best practices for branding yourself? How do you create points of differentiation in your industry? What do you do that stands out?

Foremost, I would recommend taking care of your business' greatest asset, yourself. Too often, women especially, get wrapped up in taking care of everyone else that we forget to take care of ourselves. Without you, the dream you have, the future you envision can't happen. You can't possibly pour yourself into others if you're constantly running on empty. Watching what you eat, exercising regularly, making sure you drink enough water, resting, making time to slow down, and sometimes doing absolutely nothing, these are the things that will give you more energy, give you clarity when deciding, give you stamina during the times of stress, and keep you from getting sick when everyone around you sounds like they're coughing up lungs.

Dreaming ahead that this book is available to the masses for a long time, another touch of advice would be to use technology to its highest capacity. It's 2018 and I still hear of businesses that don't want to use email. Do they know how much business they're possibly losing as well as time for simple stubbornness of not joining the 21st century? To best evaluate which tools are worth devoting your time into mastering you must define your preferred customer. If you haven't already created your perfect customer in your mind, what do they look like, what is their demographic, what are their needs, what do they think about the business or service that you offer, and then give them a personality and even a name. Now, where do you find them? Start there! Be flexible and willing to expand your reach but do so by your own standards and make sure you're comfortable with the consequence both good and bad.

Have a method to build relationships and maintain contact with those who could be a good referral and referral source. It goes both ways! In my phone I keep the numbers and image of business cards for those I refer to most often. They're people I have used, have built a relationship with, and who I know will take excellent care of anyone I send their way. I return the favor by making sure I have a method in place for the people they send my way. I strive to go above and beyond for anyone I meet. The hardest part is getting the first referral; the second, third, and fourth are easy when the first went bragging to your synergistic business partner about their wonderful experience with you.

Have a follow up schedule for clients, prospects, and business partners. You'll be more consistent when you have a plan versus leaving it up for chance.

Review your calendar regularly. At least quarterly I review my schedule for the things that matter to me; God, my family, my responsibilities as a wife, a mother, a business owner, a giving heart volunteer, and someone that cares about her own health. I want to open my calendar and have it reflect who I am and everything I care about. I'll take a week and make initials next to each action which was in my calendar in 30 min increments. Then I add it all up. If I realize I didn't spend enough time, cooking meals for myself and the family or get enough exercise, I adjust. It's an excellent way to keep yourself and your schedule in check. Someone else should be able to look at your calendar and know who you are and what you stand for.

Above all, trust, everything will happen exactly as it is supposed to, when it is supposed to.

Alba Hatcher

Alba Hatcher is a Licensed Bodywork Therapist in the state of Texas, Ortho-Kinetics® Specialist Trainer, and nationally accredited as a Certified Personal Trainer with The Cooper Institute. She combines her tools in muscle activation, trigger point therapy, myofascial, and other release techniques in conjunction with corrective exercise as a Biomechanics Specialist to assist people who have had previous injuries, surgeries, or are in pain from habitual causes. When training clients she sets a level of diversity and creative commitment using her background and education with the best in the industry, experience in her own health journey of losing 65 lbs., with skills as a previous performer, choreographer and 3rd degree black belt. Alba believes that the human body was beautifully created to heal itself; if you give it the proper fuel and exercise in the way God intended it can do amazing things. While clients may say she has magic hands she attributes it all to the body's natural healing process and has created additional systems and protocols to help clients preserve and make their body the best it can be using items available in every person's home. There is no better reward than helping someone get out the downward spiral of pain, helping them create and achieve goals, and fulfilling their life purpose in ways they otherwise would have never thought possible. As a natural born teacher, Alba continues to share her skill sets with professional trainers and individuals with the mutual desire to make the world a better, happier, healing, and inspirited place. Alba is a devoted wife, mother of two, serves as an active role in her church, and volunteers for various community and nationwide organizations.

Remember, your body is a work of ART, you only have ONE, so make it your MASTERPIECE.

.

Tracie Jones
be Boutique PR

Tell us a little about yourself. We want to know about the person behind the brand.

My name is Tracie Jones and Dallas is my home. I moved to Dallas in 2000 and love this city! Originally from Texas, I am truly a southern girl from my hair to my strong Christian roots and can make the best sweet tea you have ever tasted. I have a blended family with my love, John and together we have 5 kids. Austin, Candace, Riley, Reese and Cooper. John and I also have 2 grandchildren, Tatum and James; to those sweet loves I am Coco. My family is my passion and my son, Austin and I get to work together which brings me so much joy. Together we are building such an amazing legacy. I studied marketing in college and have spent the better part of 25 years in that field in one form or another. I truly love helping others elevate their businesses through powerful marketing, public relations and social selling. I was raised in a small area outside Waco, Texas named China Spring. It was the small-town country life which was great.

When did you know you were meant to launch your own business?

I have always had the entrepreneurial gene, even as a child, I was selling something. But, I knew for sure in April of 2017. After a heart attack, I was benched as I like to put it. The Lord benched me, and I had time to spend reflecting and praying. Through that time, I really heard that I needed to step out and work with other business owners and help make an impact on a different level. I can say, as well, that once you have a scare such as I did, time feels differently, and you realize you can only table your goals for so long and then so long is gone. I knew I couldn't nor did I want to wait any longer. I needed to step out.

Share with us what your business is and why you wanted to start this business?

My business, be Boutique PR, is a marketing and public relations firm based in Dallas. We help small business owners tell incredible stories. We are "boutique" because of our White Glove Service, which is what has made our reputation what it is. We care about our clients and are in business with them not just for them. "Our business is to make your business "be" Noticed!" That's our tagline. I really wanted to start this business because I love the marketing field. I knew I had an outline which would work and there are so many small businesses which need help with marketing but do not desire or cannot afford to add a CMO to the payroll. I love to go into a situation, help write an incredible marketing plan and watch it come to fruition. I get to be creative and that's a plus, I get to meet new people and that keeps me happy and lastly, I get to share in the wins with my clients!

How do you measure success and what is your definition of success?

I measure success by an internal gage. What I mean really brings me to the definition of success. For me measuring and defining end up with the same answer; are you happy doing what you are doing? Do you feel you make a difference, and impact? Are you grateful? You can make a million dollars a year, own the home and the car that makes others envious but at the end of the day do you have that "joy" inside? Is what you are doing feeding your soul? If not, I don't believe materials things will.

What have you learned about yourself in running your business?

What I have learned about Tracie from running my own business is I love it! I love building something from the ground up. I love strategizing and planning and working hard. I truly am an entrepreneur and I need the challenges that running a business give you. I need to be challenged. I love seeking "new" business. The entire process is so much fun.

What three things do you wish you would have known when you started?

A. If you chose to take on a business partner be very thoughtful and prayerful about that decision. It is a marriage and just like in marriage a divorce may happen. Make sure, you are ready to get "business" married. In my first company, I wish I would have understood that better. I would have made several decisions differently.

B. Don't believe everything you hear. As soon as you start to share with family and friends you are launching a business, opinions may start to fly…what matters is your opinion and what you believe on the inside. Don't fall off course listening to people who have no vested interest in your future or business.

C. Stop and smell the roses along the way; I have started several companies and along the way I would get so immersed in the process, I would not enjoy the ride. I am happy to say with be Boutique PR, I have learned my lesson before launching and I enjoy every single day.

How do you keep yourself motivated and encouraged when things don't go right?

I keep myself motivated and encourage when things don't go right by knowing things will not go right all the time. I know that ahead of time. There will be hiccups and bumps in the road and just being ok with that keeps you from completely crashing when things don't go your way. One of the biggest things for me is prayer. When I have a new potential client and I have completed the quote and its crickets, I say "Lord if that business is mine you will get it to me if not then send them to the person who may help them the best." I trust God as my business partner, so it takes away a lot of the frustration. If the maker of the Universe is in business with me, there is nothing we can't get through.

What are your best practices for marketing?

My best practices for marketing is my favorite thing about business altogether!!! Relationships! I truly believe that a business is built like a home, one brick at a time – one relationship at a time. It only takes one relationship, meeting one new person, to change the trajectory of your business. Value those relationships, nurture and build on them. Capital and money cannot buy you what a great relationship can.

What are your best practices for branding yourself?

The best practices and first step in creating your personal brand is know who you are and what your values are. What do you want people to associate with you when they think of you? What are your strengths and experiences which make you who you are? With that, knowing your goals and having the ability to keep an audience's attention is part of a powerful brand. Being consistent and knowing that rebranding your personal brand will be a journey throughout your career.

How do you create points of differentiation in your industry? What do you do that makes you stand out?

To create points of differentiation in my industry and make myself stand out, I work hard to build solid relationships and take genuine interest in each client's business, goals and life. My clients become friends and some close as family. It's important to me that my clients know I care about each of them and their businesses. Another thing that sets us apart is our RAK program (Random Acts of Kindness) every quarter or so, I take time to randomly visit my clients office with a little something which will brighten their day. It's a spontaneous visit by me personally. I train my account reps to do it for their business contacts as well. It's human nature to want to know your appreciated and I want my clients to know they are appreciated. I would suggest anyone in a client-based business where you build with the business owner should implement something like this.

We often hear about creating multiple streams of income. What are your best strategies for creating those streams while maintaining balance in your life?

Building multiple streams of income is Finance 101. We all need to find multiple ways to pull income in so that if something happens to one you have a "fall back". For our business plan at be

Boutique PR, we can help anyone in the United States with their marketing and social selling, with technology, we can communicate and help no matter where you are. But as a second stream, we found many people like to do their own digital marketing but may need a few lessons before doing so. We have developed platforms for others to get information, take courses and so on. In Dallas, we host live events as well, to help local entrepreneurs and lastly, I do speaking engagements which gives me three to four avenues in one business plan. With all avenues coming from the one business plan, I don't feel out of balance. I have had moments when I have worked and ran several businesses at a time and at some points I would hit a wall and/or have burn out.

In a world that is highly digital what are your best strategies for creating a connection with your clients and colleagues?

Being in a highly digital world my best strategies for creating connections with clients and colleagues goes back to building relationships. Building a solid relationship must be done on some level in person from time to time. I take the time to see my clients when doing the RAK's as well as inviting them to lunch or dinner. Several things I have been able to incorporate in my business practices is to have meals with clients where a "no business talk" is implemented. If I am spending time with them during dinner I want to build the relationship, so it is a social time, not business time. If you build the relationship, the business will come. Relationship comes first. Spending time with your clients and colleagues like this builds trust and that is a very important ingredient in your business recipe. I also, have treated my female clients to special days like "Ladies Spa Day" or "Mani & Mimosas". I go the extra mile to take the "digital" out of the equation. In my business, digital marketing, is my business but in the relationship building part the digital needs to be limited.

What "must haves" resources would you recommend someone use in their business?

Several must haves for your business I would suggest is your local chamber of commerce and your local industry association; as well as, connecting with other business owners and colleagues. Joining a networking group and I am an advocate for being involved with a mission or charity. Philanthropy is a driving force behind my business and besides the joy it gives me personally, knowing that as a business we can help someone else keeps us balanced.

What makes you a success?

What makes me a success is knowing that I am in the moment I am supposed to be. I know the road I have traveled through all businesses has been on purpose and has brought me to this place. To this moment in time. There have been good and bad but even in the bad, I have learned a lesson and grown from it. The second thing is my knowing I have given each job or business my all and I have no regrets about any part of the career journey. It's been a ride and it's still going with lots of fun to come.

Last thoughts…

As a heart attack survivor, my mission is to get the word out on how important heart health and prevention is. Especially for women, getting a baseline for your heart health after the age of 45 is so important. Although I have started business before, be Boutique PR has a special place in my heart being this is the business which was birthed in part to my heart attack and the time I spent reflecting after the event. As a business owner, I would tell any entrepreneur to go for it...don't wait for a life event to help you give you the push. So many times, people use forced situations such as being laid off or a death in the family, to make a change. I would suggest if you have a passion inside to start something, it was placed there for a reason. Secondly, my faith-walk is part of everything I do. If you have a relationship with Jesus and want to start a business, go the Lord in prayer and listen. He will lead you, He will open doors that would never have been moved and He will help solve issues like staffing and finances.

Good Luck and #benoticed

Tracie Jones

As the founder & visionary leader of be Boutique PR; Tracie has built the agency with grace, grit and laser focus; combining 25+ years marketing experience with next-level service to transform clients into brand pillars. She has taken companies from start-up to HSN (Home Shopping Network) and everywhere in between. Tracie has stood before the "Sharks" and Shark Tank and has been given "Best New Product Launch" by Women's Leadership Live, a company started by Linda McMahon, SBA Administrator for the Trump Administration. Tracie has a passion for helping entrepreneurs elevate to the "next level."

Tracie also has a passion for giving back and volunteers with Children's Medical Center Plano and American Heart Association. As a heart attack survivor or "Hope Attack" as she lovingly refers to it, it has become her mission to share her experience with heart disease and prevention.

Tracie has one son, Austin and resides in Dallas, Texas.

> Make a decision to not disappoint yourself. Do all you can, when you can and how you can to make things work.

Sandra Fry
First Rate Business Assistant, LLC

Tell us a little about yourself. We want to know the person behind the brand.

I originate from a small town in rural Central Pennsylvania, in a river valley area that can claim home of the Little League World Series. I have spent most of my life in this area but in 2014, I moved to West Texas to join my husband who had taken work in the Texas oilfield industry the previous year.

I am a lifelong learner and I was in my 30's when I decided to attend college. I have earned both an Associate of Applied Science degree in Accounting and a Bachelor of Science degree in Business Management. I enjoy learning and continue to focus on growing my skill set to offer the best service possible to my clients.
Along with the two business degrees, I have many years of experience in administrative services, property management and entrepreneurship.

In early 2018, I launched a virtual assistant business, First Rate Business Assistant, LLC, to put my education and experience to work serving others and have become a Business Support Specialist to many amazing business owners across the country.

It was also in 2018, just weeks after launching my new business, that I ran a half marathon for the first time in my life at the age of 51. Twenty weeks of training led to my 13.1-mile accomplishment but what was most eye-opening for me was how the training process for a half marathon correlated with how to build a business and what a person could expect along the journey.

Someday soon, I'll write about this journey.

As I'm writing this, I have just started the process of rebranding my business and focusing on serving a specific professional clientele. In fact, by the time this book is published in January 2019, my re-branding will be complete. When I first decided to rebrand my business, it felt a little premature but the more my business grew, the more I knew it was the right thing to do to position myself and my business in the right place for my ideal client.

It's going to be an exciting transition. There are times when I think I am actually more excited about the re-branding than I was when I first launched my business and I believe that it has a lot to do with my focus. Who knows? I may decide to write a tutorial on how to rebrand an established business model as well.

My family also participates in the Infinite Banking Concept, a method of financial management that focuses on wealth building and the utilization of participating whole life insurance to build private family wealth. I encourage others to take control of their personal and professional finances and I'm currently in the licensing process in order to share the information with so many others. This process will also be complete by the time this book launches in January 2019.

When did you know you were meant to launch your own business?

I have always had an entrepreneurial mindset and I've known most of my life, I was meant to be an entrepreneur. Even though I have spent many years working for others, I've had my hands in business ownership.

My husband and I started early in our life together as real estate investors and we've spent almost thirty years in ownership of residential and vacation rental properties. We were flipping houses long before there were multiple reality television shows on the subject. (There is nothing that will bring you closer than trying to work out the layout of a kitchen.)

In addition, several years ago, I launched a location specific, service- based business. After three years of incredible growth, I dissolved the business. With growth to twelve employees in three years, I simply couldn't keep up with the demand any longer.

It was also at this same time that, my husband took a position in Oklahoma. Meanwhile, my business was tied to four counties in Pennsylvania. I wanted to be able to travel back and forth between the two locations but my business was tied to location and didn't allow for that kind of freedom. My family is my highest priority and this time around, I was determined to build a business that would be easily adaptable to the needs of the people who mean the most to me.

Share with us what your business is and why you wanted to start this business.

I'm a problem solver by nature. Over all the years of being an employee for someone else, I was always held to the specific lane my job constraints provided. This completely restricted me from working in my true nature. I have always used my education through the various positions I held, but most never required the skills I had acquired or my talents. I find this is the situation for most employers. They simply want employees to fall into the procedures they have already established and do not allow for individuals to use critical thinking.

The older I got, the more I had added to my skill set and the more my jobs restricted me from using my abilities to the full capacity. Needless to say, it never took long for boredom to set in along with the anxious feelings of suffocation. It was many years ago that I had heard of virtual service providers and at the time, I thought the position of a VSP was mainly for desktop publishing.

The idea of virtual work resurfaced after my move to Texas, when I realized how business in the larger metro areas is evolving and how the virtual service world was growing. Less and less businesses require on-site employees and more are turning to subcontracting (or outsourcing) many projects and tasks to remote workers around the world. The other desirable attributes of working virtually were:

The ability to work with and for who I chose and to not be required to serve clients who were not the right fit for me. And the ability to consistently learn new skills and put them to work in my own business, serving clients.

How do you measure success and what is your definition of success?

Watching my clients succeed and being able to grow my own business every day while helping others grow their business too feels like success to me. Not only have I been able to help others, but starting my own business has also opened opportunities for me that I wouldn't have had otherwise.

As I previously stated in this chapter, I'm in the process of being licensed in order to teach others how to grow their wealth. This was just one opportunity I have been able to take advantage of because of being self-employed. I hope to share this knowledge with current and future clients in order to help them learn how to secure their future (and the futures of their children and grandchildren) while at the same time, teaching them how to create working capital for their businesses.

The invitation to be a part of this book project was another opportunity and I was honored to be selected to participate. Through all this, ultimate success for me looks like… Helping others reach their full potential because through the success of others, I'm a success.

What have you learned about yourself in running your business?

The first thing that comes to mind when I think about what I have learned about myself through this process, is that I know more than I have always thought I knew. Often, when I'm working through a project, I assume my clients already know what I'm offering them but what I've found to be the real truth is that we teach each other every day. I have learned so much from my clients and I know they've learned from me as well. When your clients are the perfect fit for you, the lessons learned from each other are never ending and the sharing flows freely back and forth without the feelings of hierarchy or authority.

What three things do you wish you would have known before you started?

I was surprised at much time I would spend working on my own business. The non-revenue producing activities can be extremely time consuming. No one tells you that you will spend more time working on your business than you will providing services to others.

The activities of content generation, marketing and networking are all enjoyable by themselves but collectively, they are time consuming activities. I found it was extremely important to plan my time spent in these important activities.

The direction my business would take on its own was also something I didn't expect. Building a business is comparable to creating a character for a fiction novel. Just like the character, your business will take on a personality of its own. It will grow and take twists and turns you are unable to predict. It will be exciting, scary and frustrating for all the right reasons.

I also did not expect how I would need to be diligent about how I used my time. When I first launched my business, I did not work on a set schedule. I had spent so many years chained to a desk in a small office that I wanted some freedom from that ideal.

I soon learned that if you don't plan your days, they quickly become something you lose control of and by doing so, you waste your high production hours. It was after this brief period that I mapped out my high production hours and used them to benefit my clients and myself. I have specific hours that I am available to return messages to clients and stated those hours in my welcome packet to potential clientele. I also block time for expanding my skillset and downtime.

How do you keep yourself motivated and encouraged when things don't go right?

I'm very intrinsically motivated and I have a drive to succeed as well as a desire to always learn something new along the journey. Still, things can go wrong and not every day is a great day or plays out as planned. Due to this, I think it's extremely important to consistently build a network of positive, supportive and uplifting friends and business contacts.

It's important to have people to go to when you need help or inspiration. You also need these people to celebrate wins with you and help you through tough situations. This is not an easy accomplishment by itself. It requires consistency in seeking out the right people, setting boundaries and the ability to recognize those that don't serve your best interests.

What are your best practices for marketing?

When it comes to marketing, relationship building is important to me and I perform most of my marketing on social media and in person through networking events. I have found these are the two most beneficial marketing practices for my business although I have also tested other marketing avenues. People want to do business with those they like, know and trust and that statement applies to me, as a service provider, as well.

Also, I find building a relationship with my client makes providing services for them easier. I need to know my client's voice and mission for their business. Knowing why they do what they do helps me serve them best. With a good working relationship, our communication flows easier and because we know and understand each other, we know what to expect from each other too.

What are your best practices for branding yourself?

My brand is the total image of my business, my daughter (partner) and myself who work within the business so branding, to me, means being authentic and speaking to my true purpose. I want to be in love with my business and I want that to come across when I serve clients.

As I stated previously in this chapter, I am in the process of re-branding the business to bring it more in alignment with our personal and business goals and mission. By the time this book launches, the re-branding will be complete. The new brand will take us deeper into our vision and provide more opportunity to give value to our clients and following.

I have a personal goal to give value to everyone I serve or partner with through my personal life and business life. This always presents itself in different ways, depending on the individual. Sometimes people just need encouragement and to know they do not need permission to reach for their dreams. Sometimes, it's an idea, referral or promotion. Whatever it is, I want people to leave in a better position than they were when we first came together.

How do you create points of differentiation in your industry? What do you do that makes you stand out?

My business stands out in the industry among virtual service providers because it has been created as a partnership with my daughter. While we are a partnership in business, we approach the business from two different angles. We each have experience in different fields which provides us with a unique set of talents we bring together to serve our clients.

I am more analytical, with a mind for problem solving which allows me to tackle the technical side of our business. My daughter has more of a creative mind. This pulls our business together in both a planned and artistic way.

We often hear about creating multiple streams of income. What are your best strategies for creating those streams while maintaining balance in your business?

If we follow the strategies of large corporations, we watch them diversify their holdings in order to create balance in their revenue. Besides increasing your wealth, balancing the overall business revenue should be a goal when creating multiple streams of income. I believe as small business owners, it's just as important to create multiple streams of income for the same reasons. Ideally, for me, the goal is to create most of those income streams as passive revenue.

In this chapter, I previously discussed my participation in the Infinite Banking Concept. I focus on this method as my largest passive income stream. In addition to my business, I use this same method to assist with generating other passive income such as affiliate marketing, real estate investments and investment in the businesses of others. I have also created a Personal Data Keeper that is available on Amazon.com as another revenue stream. The Personal Data Keeper was created to provide users with a compact way to store all their vitally important information in one place. I particularly wanted to create something that was portable and could be easily tucked into luggage or a purse.

In a world that is highly digital, what are your best strategies for creating connections with clients and colleagues?

I am a virtual service provider, so digital connection is extremely important for my business. I feel it's necessary for me to be where my client and tribe are hanging out and where they may be searching for the services I provide, a sharing of ideas or simple connection. Because of this, I spend quality time in specific Facebook groups and engaging on my own social media pages on Facebook, Twitter, Instagram and LinkedIn.

My time spent in these areas is used to provide value to others and by doing so I demonstrate the value of my services. I also believe its valuable to engage with others in a positive and constructive kind of way. I encourage my clients to post frequent status updates on their social media pages and then engage with those who comment on those statuses. Increased engagement equals increased exposure. For clients who need assistance with social media, I use a specific strategy to increase updates and engagement and to grow their organic following and I track the progress of their pages.

One of the biggest struggles' women entrepreneurs have is how to price themselves. What advice would you share about pricing your services and offerings?

Pricing my services was an area I struggled with when I first launched my business and this goes back to recognizing that I have more knowledge than I realized. Having had a struggle with this, I have a few recommendations for others who may have difficulty with pricing their services. Research your industry and find out what others are charging for comparable services. Get a good idea of the high, low and median charges for the services you offer. Know what they are specifically offering that justifies their rates. Take the information you've found and price your services accordingly.

Take into consideration that some of those you are researching most likely did not begin at the rates they currently charge. Experience and growth has helped to bring them to where they are today. There has to be a starting point and you will want to consider this too and give yourself a direction to go and room to grow.

I won't refer to those you are researching as your competition because I'm a firm believer there is enough business for everyone in every industry. That takes competition completely out of the picture and opens up more opportunities for us all. You may find your research easier if you view the others as a resource instead of competition. You can learn so much from your resources.

Know your ideal client and research what they will pay for the services you provide. If you are working with startup businesses, they may need you but not have the available funds to pay for your services.

On the other hand, a seasoned business owner may feel your rates are too low and have the belief that correlates with quality of service. Know and understand what you provide to others. This is very likely clear in your marketing but it's also possible you haven't thought it all the way through. The description of your service is one thing, but what you actually provide to the client could be so much greater.

For example, my business offers a variety of administrative, creative and technical services to clients. By doing so, I save my clients time. Time is a valuable resource that we cannot get back once it has been spent. For some of my clients, the time I free up for them to spend with their families is very valuable to them.

Wherever you set your pricing, when asked, state your answer with confidence. If you falter or hesitate, or if you sound unsure of the value you provide, your potential clients will pick up on your behavior. It will give them opportunity to doubt your ability to serve them and value you provide. They will wonder why they should feel they are receiving value from you if you are unsure that what you charge is correct. To reiterate, know your industry, know who your client is and clearly know and understand what you offer.

What "must have" resources would you recommend someone use in their business?

I believe that in the current market, a business must have a digital presence. This applies to both product and service-based businesses. Even successful brick and mortar businesses miss an entire market if they fail to create a presence in the digital space. Your customers want to find you online, whether it is to seek information, confirm reviews or for online ordering.

As a business owner, you want to be found. You want customers to know the lights are on and you're open for business. As a virtual service provider, my business assists clients with creating and maintaining a digital presence. We want to help you get found. We develop websites, video and assist with publishing digital and print works and we also educate clients on how to use social media to their advantage. Another important, must have resource is your network or tribe. Surround yourself with people who lift you up, refer to your services and challenge you. Spend time with people who know more than you do. If you're the smartest person in the room, you have nowhere to grow.

What makes you a success?

My success comes from my determination to continue which means I will never quit, and my open-mindedness, which provides me the ability to learn new skills quickly. I am determined to succeed and therefore, I will. To get up every day and know that I may accomplish much or very little depending on how the day plays out. When I close down for the day, I get to know that every movement was a forward motion.

My job is never the same. I never have two days that are identical to each other. This is what I signed up for and what I wanted because working life in corporate America was too much the same thing, day after day. Through my business, I'm constantly introduced to new people, ideas and technology and I love it! I'm not going to say it is easy or that I pick something up and I automatically know how to do it or how to use it. That is so far from the truth but sometimes I am introduced to something I've never done before and my determination to grab it and master it, pushes me to work it out and learn it.

It is right there in the moment of accomplishment that I know I am successful. If everything was easy and just flowed without effort, I wouldn't feel the growth or the success.

Sandra Fry

Sandra Fry is the founder of First Rate Business Assistant, LLC, a virtual services business that provides services to busy female entrepreneurs.

She titled herself a Business Support Specialist and directs her attention toward assisting other female business owners with growing their businesses to success through a variety of services that include general administration, website design, website maintenance and many other services.

Sandra has an extended experience in property management and all aspects of entrepreneurship that benefits her in both her own business operations and in serving her clients. She focuses on constant personal and professional growth along with attention to detail in order to offer the best service possible to her clients.

Sandra and her family are participants in the Infinite Banking Concept. She enjoys sharing this knowledge with others and encourages others to take control of their personal and professional finances.

Sandra resides in Texas with her husband, two adult children and five fur babies.

MaryRose Lynch
Realtor

Tell us a little about yourself. Who is the person behind brand?

My name is MaryRose Lynch and I am a realtor, with Re/Max, on Cape Cod in the little coastal town between the Cape Cod Bay and the great Atlantic Ocean. Eastham is in our history books because on the shores of the bay, it was the first place that the Pilgrims encountered the Native Americans. I love sharing the history of this gorgeous town and being a part of the process of either buying or selling a home in this beautiful area of Cape Cod known as the Lower Cape, with its pristine beaches and miles of national seashore. I wasn't always as fortunate to live here. I am what you call a wash ashore because I was born and brought up in the inner city of Boston. My husband and I relocated here in 1995, on our search to slow down a little bit and raise our children in a beautiful area where they could ride their bikes and swim in ponds and sail on the ocean and always be safe in this seaside community. Our town is populated with second homes, or as we would call them summer homes Being from the inner city of Boston, I am often asked if it bothers that it gets very busy, My reply is that it never gets that busy. I also love that people come here to enjoy for a couple of months a part of the world that should be shared by all. How fun and festive it is to go to the bay on a summer night and to see it alive with people waiting for the glorious sunset or to go to the ocean and have a bonfire in the evening under the endless stars with the ocean's waves pounding on the shores. I love those stars so much.

I am the youngest of five children and my husband and I have five children. As a result, I can get along with anyone and I am quite resilient. I grew up in a very loving family that stressed living by the Golden rule, do unto others as you would want done to yourself. My mother was the heart and soul of our family and our father was an entrepreneur who taught us the value and the satisfaction that regardless of your profession you are in service to others. He was an owner of a very busy convenient store and deli and he always put the needs of his customers first. There was many a snowstorm in which my father went to get bread and milk that should have been delivered but would not because of the dangerous road conditions. My father made sure that Charlie's Mini Market customers/friends would have what they needed for their families. He was not someone who did this for profit only but did this for love. He would get angry when he heard of store owners that raised their prices during turbulent weather because that was something he would never tolerate. My family stressed that all people are created equal and there was no such thing as someone not being welcomed in our home. I grew up loving the differences in all people because I was taught that that was their jewel that made them shine. I grew up in a very loving family where I learned the true meaning of home and for me that meaning is love, contentment and being happy with the blessings of family and friends. Home was not the brick and mortar but the presence of contentment and love. It was truly no mistake when I decided at a very young age to be in the real estate profession.

I was always intrigued with where other people lived. I read many books and was fascinated by the descriptions of people's homes. I was passionate at a very young age about making my own a home, starting from my tin dollhouse to my homemade Barbie dream house because I didn't like where the kitchen was located on the Mattel brand. I dreamed of having my own single-family home some day because growing up in the city, there was only one home I knew of that was a single residence. I knew it would be a hard decision when I got to that point in my life because there was never a home that I was invited into that I did not interesting. I feel that each home I've ever been in shows something about the residents that live there and where they are in that moment of time. Home is such an important part of our existence and it should be taken seriously because it's where we began the day and end it. Some people, like myself have had many homes before they found the one that suits their soul. Other people, like most of my clients, have more than one home and that second home, is like buying a yacht, a total luxury item and I am always thrilled to be part of that process.

Share with us what your businesses is and why you wanted to start your business.

I am a realtor and most people define it as only as a salesperson, someone who is licensed to sell homes, but I can tell you that it is much more than that. It is educating kind, concerned clients who many times become my lifelong friend, about the process of buying a home. It is being their eyes and ears in an area that they may not currently live. It is being totally honest, regardless if they choose to buy a home or not. It is knowing the towns I represent in all ways, every road, every swimming hole every hidden path. It is being able to tell a retired teacher in California that although the waterfront home on Nauset Light Beach is quite the bargain, it will likely fall into the ocean. The teacher decided to withdraw her offer rather than purchase a home that based on the evolution of beach erosion was not going to last very long. And then three years later texting a picture of the empty lot. Yes, another realtor sold that house to someone but I was proud that it was not me. My husband likes to ask me after a day of showing homes," so Mary Rose who did you talk out of buying a house today," and yes, it's true I may have given a lot more facts than others but these clients buy homes and are happy to write reviews and refer me to their friends and relatives.

It was never a question to start my own business.. I believe there are certain personality types, like myself, that seem to have more energy and more drive than others. I would never be happy unless I was working for myself. I am a very creative person and I prefer to take this creativity and apply it to my I work for Re/Max and what most people don't understand is that through Re/Max you pay to run your own business. I choose to finance my business and thus receive the majority of the commission. It makes me different because I am as invested in my career as my client is invested in their choice of homes. I feel it is a more equal way of doing business. I like to tell my children that unless I am 100% successful, I am not getting paid anything. I love the independence and control that I have working with Re/Max. I do not spend any unnecessary time going to an office and being sidetracked with unnecessary interruptions. I am 100% focused on my clients. If I agree to work with someone, they are my priority, no questions asked. And I giving to them my 20+ years in the business but I also have a degree in marketing from the University of Massachusetts and years of continuing education on sales, relationships, luxury marketing, social and digital marketing and my love of photography.

What has being in business for yourself done for you?

Being in business for myself has given me the confidence and freedom to successfully sell homes while still being in a town that I love with my family close by. Selling a home is working with a family and being part of that family, even if it's only for a small period of time. When selling a home, you are intimately in their home, sharing their stories and projecting to others what it is that they love about their home. When taking families to buy a home, I expressing express that before there is any money exchanged, the buyers are confident that it is where they want to be. Buying a home is a huge investment and should not be taken lightly. I am very sensitive to that and under no circumstances would I ever do anything to persuade someone to do something that they are not ready to do. I know that my clients see the sincerity and often times when I home does not work out, they trust me and that means more to me than the sale. I have sincere empathy for my clients. I recently sold a home in which the parents were moving closer to their children because their mom had the beginnings of Alzheimer's. My mother passed away from Alzheimer's, so it was very easy for me to relate to this family. I must admit that there were even tears, but it is this empathy, this drive, this ability to do whatever it takes for my clients to be where they need to be, that keeps me in this business. I feel it is the ultimate service to be able to be trusted with someone's buying or selling of a home.

How do you measure success And what is your definition of success?

My definition of success is measured by the amount of happiness I can bring to others, in my work as a realtor. I define success by living a life I am proud of. I am proud of my family and my choice of working successfully in real estate. I am proud of the over 100 homes that I have assisted my clients in purchasing or selling. I am always proud when I go to town hall and find that what my client's thought was a two-bedroom home is actually considered a three-bedroom home or even a four-bedroom home. I am also proud of the other homes, that may not result in a sale because I was able to understand that a sale was not in my client's best interest. I worked with a widow who was going to sell her house for a loss until I researched and found that she had a reverse mortgage which meant that as long as she paid her taxes and insurance, she could live in the home forever. I get to interact every day with a real person with real needs and if I can help anyone, I feel I am successful.

What have I learned about myself running my business?

I have learned that selling real estate to me is more than my career, it is my life calling. I have learned that there are so many situations that are out of our control but if I keep in control, I can deal with them. I have learned the skills of negotiating. But just as important are the skills that I innately have of keeping deals together and not letting emotions rule. I have also learned that the true character of every person involved will be witnessed by the time of closing. I have learned that not all people are nice, but it doesn't mean that you have to not be nice to them. I don't know what other people are carrying in your hearts. I do not take things personal anymore. I know that when things don't turn out the way that I expect them to, I have no control, but I can control my attitude. In real estate attitude is everything. I realize that being happy and positive at the best attributes to have.

Three things that I wish I had known when I started .

1) How supportive my family would be as I engaged in this career. I am so proud to say my husband and my five children have been such a lovely part of every day that I have worked in real estate whether it be putting a sign up for me or delivering something. I have had the most beautiful support from those I love.

2) I did not know the extent of the love, I would feel for every one of my clients and how they have entered my life forever

3) I never knew that my blessings would not only be in the commitment to my family and the love I have for my clients; but also the love that they display to me. Most recently there was an illness in my family. My daughter was very ill with and hospitalized

and the outpouring of support was unbelievable. My daughter has since recovered but what an amazing opportunity for me to feel the love.

How do you keep yourself motivated and encouraged when things don't go right?

I am very fortunate because when things do not go my way, I will take a walk on one of the many trails in the national seashore here on the Lower Cape in Eastham, Massachusetts. I will watch an amazing sunset on the bay. Being surrounded in all this beautiful nature makes it very easy to let go on those days that don't go right.

What are your best practices for marketing?

The best practices that I have seen from marketing are letting your clients know that you appreciate them. I let them know that I'm here in Eastham for them always. Sometimes during a snow storm, I will get a call that says could you check on my house. I am more than willing to give back to those who have trusted me to assist them in their home decisions.

My best practice in marketing, by far is my lifelong love of photography and video work. I am very comfortable with my professional photography equipment and the intricacies of posting on social media. s. Also because of my constantly being around people of all ages, I can carry on conversation with anyone and that is a natural skill and not something that can be taught even in the best business schools

What are your best practices for branding yourself?

I have found that in branding myself in real estate it comes down to photograph and reviews from my clients. It is making sure that my social media is updated and that I deliver more than any other realtor. I am proud to say I do. I can say that because part of my real estate business is a cleaning business, owned by my family. It is by far the greatest asset to have

What makes you a success?

I feel that what makes me a success, in real estate is that I have received so many referrals and reviews from my beloved clients. I could take this time to point out that I have graduated from the Institute of Luxury Marketing. I could share that I am in the Hall of Fame group in Re/Max and other prestigious awards but what makes me the happiest is when I run into a client at the supermarket and they say to me," MaryRose, you've got to come over for dinner and see what we've done to the house."

MaryRose Lynch

MaryRose always loved that the American dream could be a reality to anyone who worked hard and was determined. She read Success magazine in high school while others read Seventeen and canceled her subscription to Home and Garden when Where Women Create Business hit the new stands. She took notes when she watched Oprah. All while raising five children with her sweet husband and happily living in an antique farmhouse in a small coastal town on beautiful Cape Cod. When the youngest went to kindergarten and her oldest went to college in 2004, using her degree she got in business, (what else?), MaryRose went into real estate sales and although she only worked from home around her children's schedule, she quickly became a top agent with RE/MAX. It was then that MaryRose realized that selling a great product, "The American Dream" was what she believed in and it IS her true passion. With a healthy dose of humor and kindness for all, MaryRose definitely puts the Real in Real Estate! There is no such thing as a closing with MaryRose, because nothing closes. It is an opening to a relationship that she will always value...First a client, forever a friend!

> The biggest competition you face lies between your 2 ears. What you think about yourself shapes each step you take and it affects where those steps take you.

Debra Lauzon
Arbonne International as an Independent Consultant

Tell us a little about yourself. Who is the person behind brand?

I have always been a fighter and champion of the underdog. I am 57 years old, and for the past 30+ years, representing employees in workplace disputes has been a way for me to help people. I became burnt out with the practice of law and disheartened by the nastiness that has become the way of doing things. I searched for what would be next for me for a couple of years, looking for something that would still be a way to help people and satisfy my desire to make a difference. I am the mom of three adult daughters and I want them to know the freedom that non-traditional "jobs" offer. I want women to be financially self-sufficient and not have to worry about being laid-off, divorced, widowed, or forced to work for an abusive boss. I have seen far too many struggle when such an incident happens. My purpose is to educate and offer the opportunity for a different choice-a freedom to design your own life!

When did you know you were meant to launch your business?

I launched my first business when I was about 7 or 8 years old-making potholders and selling them to family and neighbors. I also sold stationary and babysat. I wish I had known then about investing money because I made a lot of it babysitting in a resort town. I went to college and law school, and opened my law practice in 1995, after working in firms for others for about 8 years. I continue to have my own law practice. I realized from all of my jobs over the early years of waitressing, telemarketing sales and law firms that I absolutely needed to be my own boss.

Share with us what your business is and why you wanted to start this business.

I am also the owner of a global, digital health and wellness business with Arbonne International as an Independent Consultant. I was introduced to Arbonne in October 2016 after searching for my what's next, and I knew that was IT! Not only are the products amazing (my face has un-aged 10 years) the company represents everything I fought to secure for all those clients over the years— equal pay, equal opportunity, and equal treatment, without regard for age, race, gender, religion, national origin, sexual orientation, etc. What a FIND!!! I get to help others start their own business and be their own boss and get **paid for their effort.**

What could be better than that? I was at a point in my life where I was interested in my health and living a long, healthy life without all the prescriptions I hear of others using. I have learned more than I ever imagined about living healthy inside and out since starting my Arbonne business. Arbonne is the No. 1 brand for Healthy Living Inside and Out. I am beyond proud to represent such a company. Helping others get healthy inside and out is such a blessing! You can have all the money in the world, but if you do not have your health, it is useless.

How do you measure success and what is your definition of success?

Success is very personal. Most of my life, I measured it as I was led to believe it should be ; by money and things. Now, I measure success by the time freedom I have to spend time with my Mom, my husband, my girls and my friends. My definition of success now is having the time freedom to enjoy experiences with family and friends. I have always believed that success comes as Zig Ziglar said: "you can have anything in life you want if you help enough people get what they want."

What have you learned about yourself in running your business?

I have learned that I am strong and resilient. I am a hard worker, dedicated and determined. It is difficult owning your own business; being your own boss. The good news is that you are your own boss, and the bad news is, you are your own boss. Be self-motivated. No one is there telling you what to do when—unless you're practicing law, and then the Court is sometimes. I also realize that by owning my business, I was able to have more flexibility to be at my children's' events and volunteer at their schools, travel with their sports teams, and be present more than other working Moms who had to answer to a boss/corporation. I also know I would be a horrible employee because I do not like anyone telling me what to do—not even myself!

What three things do you wish you would have known when you started?

The three things I wish I had known when I started my first law practice are:
1. How to be a better steward of my money/saver,
2. Enjoy the down times without guilt because they do not last long, and
3. To ask for help when I need it.

How do you keep motivated and encouraged when things don't go right?

I stay motivated and encouraged by my Arbonne team, upline, side-lines, leaders and trainers, and all the fabulous incentives I can earn. Sometimes, you want to quit, but then you would end up getting some popcorn and sitting there watching those who didn't quit get to the top. I'm no quitter- you know that song…it isn't in my blood! Sometimes, it is super hard and ugly, like growing out your bangs, but worth it. I find encouragement from my friendship with Jesus. He always gives me what I need when I need it. I am motivated by my strong competitive spirit. And somedays, you can't feel motivated and those are the days to take a rest, rejuvenate your spirit and get back at it the next day.

What are your best practices for marketing?

Marketing when I started my law practice was getting involved in community events and groups and traveling anywhere to speak to any group for free about my area of law. Over time, the best marketing was doing a great job for my clients professionally so that I received referrals from clients and opposing attorneys.

With my Arbonne business, referrals are a great marketing avenue. I am just in the process of figuring out the marketing strategy. I have a business coach who is helping me with it (highly recommend everyone has a business coach!) I'm attending marketing workshops. And I'm learning how to use social media as a marketing tool. I think that is one of the greatest ways to market your business now and it's mostly free, which is always good. I set up my own website as me www.debralauzon.com which contains video and links to my Arbonne shopping page. The best marketing of all is still building relationships with people. Being of service to others and helping find solutions for their problems is the best marketing tool you have.

What are your best practices for branding yourself?

My best branding practice is becoming a product of the products. I lost 20 pounds and a size and inches following the Arbonne healthy living plan (not a diet but a lifestyle) and my face/skin has un-aged 10 years with the skin care products. I have Arbonnized my home and my family. I even love wearing the clothes that are Arbonne green, which has always been my favorite color and was the color of my law practice logo! I carry my Arbonne water bottle everywhere. I am Arbonne everywhere I go. I am the Brand.

How do you create points of differentiation in your industry? What do you do that stands out?

I am blessed that Arbonne is the NO. 1 brand for Healthy Living Inside and Out. The Company is serious about health and has a 2000 ingredient list it will NOT use in products. The USA only bans about 13 ingredients and the European Union bans about 1300 ingredients that go into our personal care, skin care and makeup. I learned at my first Arbonne meeting that what I put on my body is in my bloodstream in less than a minute!! Scary thought. There are so many harmful toxins and chemicals in products. For example, women eat about 500 chemicals a year just through lip products. No one tells us this because no one wants us to know how dangerous this is for our health. Cancer is encouraged by many of these ingredients and I want to lessen my risks in all possible ways. Arbonne products are certified vegan and cruelty free—never tested on animals and no animals renderings used—google that to get a sick feeling and then read your labels (and call me!) ☺ Arbonne products are ARDL (pH correct, Hypoallergenic, dermatologist tested), certified gluten free, Drug Free certified by the BSCG and Kosher certified. All of the best of science inspired by nature. When you use an Arbonne product you can be assured that it is safe, pure and beneficial. I also give as much as possible to local charities and events with products and gift baskets. I love to donate and support my community and always did that with my law practice, and continue to do that with my Arbonne business. I take on leadership roles in the networking organizations I join. And I am always honest and forthright in my business dealings.

We often hear about creating multiple streams of income, what are your best strategies for creating those streams while maintaining balance in your life?

Start an Arbonne business!! Time freedom, grow it part time in nooks and crannies of your life. Whether you want to make $200 a month or $200,000 a month or more, there is no limit other than how hard you want to work it to build it. I wish I had met Arbonne decades ago. Health and Wellness is a $182 billion dollar industry worldwide---more than NFL, music, TV, gaming and Film Combined!!! And the start up for this business is less than a new TV. The income stream is passive and continues. I am an Area Manager (the second level after consultant and there are only 4 levels) and my business is willable. What company allows your business to be willable!? MLM/Network marketing is the business model of the future. Brick and mortar stores are closing. We are a click and order society. All of Arbonne is online. Find a MLM that has a successful long history and that has products or a service that you believe in and jump in. Build that income stream. I also think that having a retirement plan is important and that you need to create that stream for later in life. Real estate is a good income stream as well if you can afford to invest and if in an area when the market is not likely to go down. The beauty of building a business like Arbonne is that you are creating time freedom, and it's family friendly. You can launch your business in the park while your kids play. You can do it anywhere because it is global and mobile. Trying to build financial security with the old model of time for dollars (I work and hour and am paid for that hour) is no longer the option that works. People do not stay at jobs long and companies have little if any loyalty to employees. The only way to gain in that system is to work more hours, which leads to no life balance.

In a world that is highly digital, what are your best strategies for creating a connection with your clients and colleagues?

The world is digital and I am so grateful that I found a digital business. There are so many ways to connect now through social media, like Facebook, Facebook Live, Zoom, Instagram, and many others I do not even know about. Those are the most efficient ways to connect. But, good old fashioned person to person meetings is still the best way to connect and build a relationship. Within Arbonne, we have team and group online communities where we connect, train and share. There is never a need to reinvent the wheel because someone somewhere in the last 38 years has done what you are trying to do. I also still send notes (yes handwritten, which is not so good because my handwriting needs an interpreter), and emails and texts are great ways for quick connections and setting up meetings!

What "must have" resources would you recommend someone use in their business?

If you have a business that greets the public, your best resource is the best receptionist in the world. We learned that early in our law practice, hired the best and paid them well! I think everyone should have a business coach and a mastermind group. There are so many business coaches and all have an area of focus or way of doing things. Find one that is a good fit for you. A Mastermind Group is the best accountability partner I've ever found. Find a group of business owners with your same business values and practices and join it. I also recommend at least one business retreat a year. I have gone to the same one for years and it always gives me new insights, ideas, support, and fun! (Align Retreat with Joy Chudacoff) You must have a support group, family and/or friends who will be there for the celebrations and the disasters. We recently started a prayer group in our community for female business owners. It is a great way to connect and support each other. Also, a reliable, credible, trustworthy accountant and bookkeeper are imperative to maintaining a business. Do not do everything yourself. Hire others to do what they are genius at and do what is your genius.

What makes you a success?

God makes me a success. Whatever achievement I gain is from him and to his credit. I do my best and am the best person I can be in all aspects of life. My husband and I have raised 3 wonderful daughters that care about others and care for others in their professions and studies and that is the highest measure of success. I stand up for my professional values and my personal beliefs that all women deserve respect and opportunity and my commitment to those is unwavering even if it is not popular or loses me business.

Nothing matters more than your word and your character no matter what your business is.

Any Last Thoughts?

Find a mentor. Be a mentor. That does not mean someone older. Believe in yourself. Never compromise yourself or your values. Never quit. Pray always and often. Be a good listener and lift up others. We all rise together. Support other women in business at every opportunity. I always seek out a woman for whatever it is I am looking to hire or buy. Women are strong. We can do anything. Start each day with gratitude…I make a list every morning of 10 things I am grateful for…sometimes it's just that I woke up! But it always makes the day better. Focus on others not yourself. It's not all about you…and I finally learned it's not all about me.

Debra Lauzon

Debra Lauzon has been practicing law for over 31 years as an employment rights attorney, helping employees fight for equality in the workplace, and teaching employers how to comply with the applicable laws.

In November 2016, preparing to exit the legal world, and looking for a different way to help people, she became an Independent Consultant with Arbonne International and began her own global, digital health and wellness business. Arbonne's products are botanically based; pure, safe and beneficial.

Debra has always been passionate about empowering women to be their own boss, build their businesses, and take care of themselves. She is excited to help others get healthy, feel better, have more energy, sleep better, look younger and reboot their body. She also loves showing others how to build their own asset income business.

Debra loves her new business and new way of helping others. She's always looking for energetic, self-motivated, ready to go to the top and work hard, positive minded people to join her team!!

Stephanie D. Sanders
Singer / Songwriter / Actress

Tell us a little about yourself. We want to learn about the person behind the brand.

To give you a little bit of information about myself and the person behind the brand, I am an Award-Winning Indie Gospel Artist, Actress, Songwriter, Voice Over Artist and Author who is determined to leave a positive impact on her audience, family, and friends worldwide. I hail from the Sunshine State of Florida with a happy go lucky disposition and a desire to be the best that I can be in every area of my life. I'm a woman on a mission to consciously motivate, empower and inspire others to value the gift of **One More Day** and make the most of every moment and talent that we have been given. I want people to understand that "God can use you anywhere, you have to be a willing vessel". I'm 50 and Fabulous but feeling like 30 and Spunky (a little fireball, I get it from my Momma Barbara L. Roundtree), trusting and believing that with God all things are possible.

You may not know me now, but you will. I'm just that kind of woman who is fun-loving, fiercely driven, diligent, passionate and motivated to grab hold of everything God said I can have and be. I look forward to the Lord blessing all the works of my hands and connecting me with other wonderful like-minded people as I embark upon new levels with my entertainment career. I am boldly developing and working on my endeavors in TV Hosting, TV Cratering/Producing as well as other Entrepreneurial Plans. You can't build an empire by yourself and I totally get that. Unfortunately, you won't always have the manpower you need initially when you are developing and building on your business empire, but the process will make you wiser and much more grateful for the success of it all.

When did you know you were meant to launch your own business?

I knew I was meant to launch my own business in 2013. That was the time when I realized that I just couldn't shake the thought, feeling and desire to use my god given gifts for more than just a weekend hobby. It was during a shift in my life and I was either going to give this business thing another try by turning every talent I possessed into a company or do what I was doing and work to make a living. I couldn't see myself just surrendering my life to a job just to get by, so I prayed on it, decided to begin again and give this business thing another try under the umbrella of an entertainment production company, (ME), Walk in Thought Productions. (Stephanie D. Sanders)

Share with us what your business is and why you wanted to start this business.

My business is an entertainment production company that focuses on production aspects of music, songwriting, film, television, literary works, voice overs, speaking, hosting as well as creating and producing television projects.

I really didn't have to decide to start a business because I found that in using the talents I already possessed, that in itself immediately catapulted me into an independent business in itself. The use of my talents is one thing, but I had to decide that using them was more than a hobby. I felt the need and the desire to enlarge my territory to prayerfully touch the lives of many more people across the world.

I wanted to use my life, my talents and the ideas that flow from within to empower other people to use their gifts and there time wisely while on this earth, not just for self-satisfaction but to bless someone else's life along the way as well. I want to let others know that living your dreams and your best life now is possible even when you must start life, love and career all over again.

How do you measure success and what is your definition of success?

I measure success by the goals that I set for myself individually as well as achieving those goals within a reasonable amount of time. My definition of success is Living, Loving, Being, Doing, Having & Achieving every goal, idea and desire of one's heart while joyously making it our mission to look back and help someone else along the way.

What have you learned about yourself in running your business?

In running my business, I have learned that I am very resilient and creative with managing things from day to day. I am utterly self-motivated and a bit obsessed with it. When I believed that all my desires and dreams were possible, it just gave me a warrior type of spirit to go for it and let nothing stand in my way. Sometimes we get sidetracked by others belief that all things are possible, just not for you, just not for us BUT it's up to you to decide within yourself that you are worthy, and it is possible for You.

When starting out I didn't know how much work would go into running a business as an independent artist. I must admit the process has wrapped me up in a sense where I have had little social time. I chalk that up to one-word SACRIFICE. It will be a sacrifice, but each moment brings development and satisfaction as we work toward each goal.

What three things do you wish you would have known when you started?

I wish I would have known:
- The type of budget I would need
- The help that I would need and
- The time and effort that would need to be exerted

How do you keep yourself motivated and encouraged when things don't go right?

When things don't go right, I keep myself motivated by heavily relying on:

- Prayer
- Visualization of my goals
- Listening to motivational speeches and sermons
- Watching motivational videos and sermons
- Inner strength and encouragement to myself
- Meditation and relaxation
- Exercising
- Speaking with and often getting a wise word from some of my family and friends

Different situations for me require different types of sources for my motivation and encouragement. Decide what helps you to get over the hump as quick as possible so you can continue to move forward.

What are your best practices for marketing?

For marketing, some of my best practices have come from the media via radio, television, newspaper, magazines and most importantly social media. It has been an utter blessing. The amount of people that you connect with across the world is unmatched for using the media and internet. I try to keep the people informed on a regular basis, so consistency in engaging with your audience, patrons, supporters and fans is very important. I want the people to know what is going on and I appreciate them being a part of what I do in my world.

I strategies when, where, how and what I post or promote to really have a game plan for why I market things at what time. I usually use this type of strategizing to set up something bigger that's about to happen.

I have been outsourcing some of the work more recently with branding. I also look forward to collaborating with others for wonderful variety, to cross promote one another and to build on relationships with others who may not be within my circle or network of people. It's a great way to meet and work with others and broaden your horizons.

What are your best practices for branding yourself?

For branding myself, I practice, staying in the public eye in some fashion or form. I like for the people to see who I really am as a person, an artist and business entity. I have been educated even more so to focus on building a wonderful community of people who know, like and trust me as well as my work.

How do you create points of differentiation in your industry?

I create points of differentiation within my industry by diversifying the company to cover multiple areas of the entertainment industry that ultimately overlap one another. I am therefore able to offer services that can go hand in hand on just one project or more at s time. Our quality is a personally ingrained attribute that we pride ourselves on, right from the very beginning. The consistency and customer service possess is always on point and we don't mind delving deeper in the knowledge pool to meet the needs of our patrons.

What do you do that makes you stand out?

Some of the things I do to stand in the crowd would be working within multiple areas of the entertainment industry which makes me more of a triple threat + a few more. Doing and being great in various ways keeps me, my brand and the business in the public eye. So, I find that I am not just waiting on the next book or the next cd or the next audiobook or the next film…and so on. When one is being used, another is being developed and another is in a pre-production state. This creates a cycle of constantly being out in the forefront of things for one thing or another and I always like to use more than one talent in each setting or event. I also do my best to cross promote the areas I focus on, so I am not just using one of them at a given time.

We often hear about creating multiple streams of income. What are your best strategies for creating those streams while maintaining balance in your life?

I love the thought of creating multiple streams of income because it shows and gives you some much more versatility and opportunity to branch out in various way. My best strategies would be using the innate talents I possess while cross promoting and using them in individual projects. Take for instance when I use my ability to act under the production side of things, I always see about placing some of my music for the soundtrack to the project as well as doing voice overs for it or even being the interviewer.

I also do the same thing when it comes to the literary side of me as well. I will do an engagement and though the initial invite was to do a book signing, I also use this time to sell my promotional items, sing, speak and even do announcing or voice overs for the event.

Even as a radio announcer and board operator I still find time to use my voice over abilities for others who want commercials, public service announcements, website voices, company phone messaging systems, announcers and the like.

These streams are simply a part of my life now and I use time management a lot to get various things done while maintaining balance.

In a world that is highly digital what are your best strategies for creating a connection with your clients and colleagues?

I have found that some of my best strategies for creating and maintaining a connection with my clients, colleagues and patrons consist of social media. I use social media tremendously. I want my clients, colleagues and patrons to really get an idea of who Stephanie is simply by looking at my social media pages without me even having to have a phone conversation, so when we do speak you'll have wonderful idea of who you are dealing with and the type of person I am. I find that people love to engage in your business, your life and your crafts if you allow them in. So, I take the time to post things on a regular basis that keeps others abreast of The Life Of Stephanie from various aspects without losing a sense a privacy as a whole. I pride myself on being very genuine and authentic about the life I live and the things I share with others. I look forward to delving into many more avenues of social media and employing others to help me make additional connections on a broader scale. I like to plan out the types of people I want to connect with while still maintaining my girl next door presence with others who have a similar personality, outlook on life, drive, a mind for leadership and a genuinely downhome good people.

What "must have" resources would you recommend someone use in their business?

Some of the must have resources I would suggest having in place to use to get and keep your business going would be:

- Mentors who have done and accomplished what you are looking to do
- The Internet. There is no way you can go without it in today's world, it's vastly important
- An ear to hear and compassion for your audience, fans, patrons and business partners/friends
- A sizable budget to get you going and keep you going at least for the first year while you lay the ground work
- A phone list of other likeminded people who you will, want and need to work with (these could be goals too with some of the people)

What makes you a success?

I would say what makes me successful is the mere fact that I set out to do some things in a certain time and I achieve the goal. When others may think or have thought my age would be a barrier, but I have achieved more in 5 years than I have in the 18 years prior when I decided to get serious about seeing my dreams become a reality.

Every time I check another goal off my list that's another level of success for me. Though I have achieved some wonderful things I look forward to reaching higher heights and new levels.

Any last thoughts?

Some final thoughts for others would be:

Know that the journey isn't going to be a piece of cake but it's possible. So, don't give up. Sometimes you may need to take a day for yourself but come back refreshed, stronger, harder and even more determined than ever.

Everyone is not going to be on your side, your team or in your corner but if you still believe in the vision and in yourself, that's all you need (of coarse God is in the mix).

Don't expect others to believe in you more than you do.

Stephanie D. Sanders

The **ARTIST**, The **AUTHOR**, The **BUSINESS WOMAN**

Stephanie D. Sanders is an Award Winning Singer/Songwriter, Actress, Voice Over Artist and Author. She is an artist with a stylish voice that will soothe and uplift the soul. She encourages others to be the best that you can be, and always value the gift of One More Day. "Tomorrow is not promised so be willing to live your best life now, "she says. She admits "striving for your goals will be a sacrifice but we will reap if we faint not".

This talented woman of God is not just a singer but an entrepreneur in her own right by starting Walk In Thought Productions. Stephanie continues to develop her entertainment production company while using her talents to build this empire. Ms. Sanders is currently working to make her mark as a TV Host and Creator/Producer of her own television network shows.

After some transitions in her life and a five-year hiatus her story and her zip code changed but her talents remained the same. God gave her One More Day to use them, and she has done just that with her Book, Audiobook and CD.

There are blessings with her name on them and she is going to get them. "Failure is not an option, not when you know who holds your future." So, What Will You Do With Your ONE MORE DAY?

THOUGHTS/ IDEAS

www.ingramcontent.com/pod-product-compliance
Lightning Source LLC
Chambersburg PA
CBHW021847170526
45157CB00007B/2979

CONTABILIDADE GERAL APLICADA

GESTÃO EFICIENTE NAS EMPRES[A]

ZÉLIO CABRAL

1ª. EDIÇÃO – BRASIL - 2017

"Instruir-te-ei e ensinar-te-ei o caminho que deves seguir; guiar-te-ei com os meus olhos."

(Salmos 32.8)

SUMÁRIO

Introdução 07

Capítulo 1 - Introdução à Contabilidade 09

    1. Histórico 09
    2. Conceituação e Objetivo da Contabilidade 09
    3. Finalidade e Usuários da Contabilidade 11
    4. Princípios de Contabilidade 13
    5. O Patrimônio 17
    6. Atos e Fatos Administrativos 26
    7. Contas 27
    8. Método das Partidas Dobradas 31
    9. Natureza das Contas 36

Capítulo 2 – Escrituração 45

Capítulo 3 – Regimes Contábeis 61

    3.1 - Regime de Caixa 61

    3.2 - Regime de Competência 62

Capítulo 4 – Estrutura do Balanço Patrimonial 67

    4.2 – Classificação das contas do BP 69

        4.2.1 Ativo Circulante 72

        4.2.1.2 Créditos 74

        4.2.1.3 Estoques 75

        4.2.1.4 Outros Créditos 77

    4.3 - Ativo Não-Circulante 80

    4.4 – Passivo Circulante 95

    4.5 – Passivo Não-Circulante 98

    4.6 – Patrimônio Líquido 99

Capítulo 5 – Demonstração do Resultado do Exercício 103

Capítulo 6 – Demais Demonstrações Contábeis segundo a Lei 6.404/76 e suas alterações 107

Capítulo 7 – Mais de 500 Exercícios de Contabilidade Geral com gabarito 119

INTRODUÇÃO

Este livro é direcionado para todos os candidatos que desejam ingressar na carreira pública através do concurso público na área fiscal. O objetivo é atingir não só o interessado que é graduado na área contábil, como também o leigo (não afeito à contabilidade) que não dispõe de muito tempo para leitura e tenha dificuldade para a compreensão da matéria. Esses aspirantes querem entender a contabilidade no menor espaço de tempo com o mínimo grau de complexidade. Daí o diferencial deste livro, que privilegiou a objetividade do assunto para facilitar o aprendizado do candidato que não é graduado em Contabilidade.

O texto dá uma visão do objeto de estudo da contabilidade que é Patrimônio, para, em seguida, abordar a Teoria da Contabilidade. Assuntos como Patrimônio, Equações patrimoniais, Apuração do resultado e regimes de contabilidade, Escrituração, Princípios contábeis, Balanço patrimonial, Demonstração do resultado do exercício, Demonstrações complementares, são abordados de forma objetiva, sem exageros em textos longos e complexos.

O autor adotou ainda uma didática que apresenta um programa que concilie a pesquisa acadêmica que procura identificar o que é habitual sobre o assunto almejado e os editais de concursos públicos que enfatizam a prática profissional com mais de 500 exercícios propostos com gabarito. Tudo para capacitar e preparar o candidato para realizar o exame com êxito e de maneira segura.

Este é um manual prático e fácil destinado a candidatos a concursos públicos da área fiscal, principalmente Bacen, Esaf (auditor fiscal e técnico do Tesouro Nacional), INSS, Tribunal de Contas, contador (Estados e Municípios) e outras carreiras públicas. Indicado também para a disciplina Introdução à Contabilidade dos cursos de graduação em Ciências Contábeis, Administração e Economia.

Que esta obra venha a atender aos anseios de todos àqueles que almejam ingressar na carreira pública.

Zélio Cabral

Capítulo 1 - Introdução à Contabilidade

1. Histórico do surgimento da ciência Contabilidade

As origens primitivas do conhecimento contábil remontam ao início da vida organizada do homem, ou seja, há mais de 30 mil anos.

Provas arqueológicas denunciam as contas da pré-história, descobertas na gruta de Dáurignac no departamento do Haute, ao sul da França. Registros idênticos também foram encontrados no Brasil, no município de Raimundo Nonato, no Piauí.

O surgimento da Contabilidade não tem data precisa, mas no ano de 1494, um frei italiano chamado **Lucca Pacciolli**, (foi professor de matemática de Leonardo da Vinci) escreveu sua famosa obra intitulada de *"Summa de Arithmetica, Geometria proportioni et propornalità"* (coleção de conhecimentos de aritmética, geometria, proporção e proporcionalidade). Pacciolli tornou-se famoso devido a um capítulo deste livro que tratava sobre contabilidade: *"Particulario de computies et scripturis"*. Nesta seção do livro, Pacciolli foi o primeiro a descrever a contabilidade de dupla entrada, conhecido como método veneziano ("el modo de Vinegia") ou ainda "método das partidas dobradas".

Tal livro descrevia todos os métodos de contabilização conhecidos até então e que foram transmitidos através de relatos verbais e também pequenos livros que ensinavam como fazer os registros dos bens e das mercadorias que eram negociadas pelos mercadores ou outros negociantes da época.

Por esse motivo, Lucca Pacciolli foi considerado o pai da Contabilidade moderna.

Em 1891, Fábio Besta inicia a era do controle. Besta foi o primeiro e é o maior contador moderno. Ele desenvolve a teoria materialística das contas. Juntamente com Pacciolli, é o maior vulto da Contabilidade. A partir de 1920, inicia-se a fase de predominância americana dentro da Contabilidade, também auxiliada pelo poderio econômico e político da grande nação.

2. Conceituação e Objetivo da Contabilidade
2.1 – Conceito:

Contabilidade é a ciência que visa a registrar, controlar e interpretar todos os atos e fatos administrativos (fenômenos que afetam as situações patrimoniais, financeiras e econômicas de qualquer ente) verificados no patrimônio de uma empresa. Entende-se por patrimônio, todos os bens, direitos e obrigações.

A Contabilidade não dirige, nem administra os destinos de uma empresa, mas estuda o patrimônio e suas variações, fornecendo elementos para que a administração conheça as consequências de todos os seus atos e as mutações patrimoniais sofridas. Enfim, pode-se dizer que a contabilidade funciona como os olhos e os ouvidos da administração da empresa.

Através dela é fornecido o máximo de informações úteis para as tomadas de decisões, tanto dentro quanto fora da empresa, estudando, registrando e controlando o patrimônio.

Em resumo, a Contabilidade abrange um conjunto de técnicas para controlar o patrimônio das organizações mediante a aplicação do seu grupo de princípios, técnicas, normas e procedimentos próprios, medindo, interpretando e informando os fatos contábeis aos donos das empresas.

Todas as movimentações existentes no patrimônio de uma entidade são registradas pela Contabilidade, que resume os fatos em forma de relatórios e entrega-os aos interessados em saber como está indo a situação da empresa.

Através destes relatórios são analisados os resultados alcançados e a partir daí são tomadas decisões em relação aos acontecimentos futuros. Sendo assim, a Contabilidade é a responsável pela escrituração (registro em livros próprios) e apuração destes resultados e é só através dela que há condições para se apurar o **lucro** ou **prejuízo** em determinado período.

2.2 – Objeto:

Tem-se por objeto de estudo o **Patrimônio** das entidades/empresas (pessoa jurídica) ou das pessoas (pessoa física). Este patrimônio é administrável e está sempre em constante mudança.

Trata-se na contabilidade a pessoa jurídica da entidade como distinta da pessoa física do proprietário. Sendo assim, a contabilidade é formada para a entidade e não para seus respectivos donos, estando voltada para os estudos da empresa pessoa jurídica.

Portanto, o objetivo principal da Contabilidade, é o de permitir, a cada grupo principal de usuários, a avaliação da situação econômica e financeira da entidade, num sentido estático, bem como fazer inferências sobre suas tendências futuras.

3. **Finalidade e Usuários da Contabilidade**

3.1 – Finalidade:

Desde os seus primórdios que a finalidade básica da Contabilidade tem sido o acompanhamento das atividades realizadas pelas pessoas, no sentido indispensável de controlar o comportamento de seus patrimônios, na função precípua de produção e comparação dos resultados obtidos entre períodos estabelecidos.

A contabilidade faz o registro metódico e ordenado dos negócios realizados e a verificação sistemática dos resultados obtidos. Ela deve identificar, classificar e anotar as operações da entidade e de todos os fatos que de alguma forma afetam sua situação econômica, financeira e patrimonial. Com esta acumulação de dados, convenientemente classificados, a Contabilidade procura apresentar de forma ordenada, o histórico das atividades da empresa, a interpretação dos resultados, e através de relatórios produzir as informações que se fizerem precisas para o atendimento das diferentes necessidades.

As finalidades fundamentais da Contabilidade referem-se à orientação da administração das empresas no exercício de suas funções. Portanto a

Contabilidade é o controle e o planejamento de toda e qualquer entidade sócio-econômica. Controle: a administração através das informações contábeis, via relatórios pode certificar-se na medida do possível, de que a organização está agindo em conformidade com os planos e políticas determinados. Planejamento: a informação contábil, principalmente no que se refere ao estabelecimento de padrões e ao inter-relacionamento da Contabilidade e os planos orçamentários, é de grande utilidade no planejamento empresarial, ou seja, no processo de decisão sobre que curso de ação deverá ser tomado para o futuro.

Fornecendo informações de ordem econômica e financeira sobre o patrimônio, ela facilita a tomada de decisões, tanto por parte dos administradores ou proprietários, como também por parte daqueles que tem a intenção de investir na empresa. Podemos dizer que elas se dividem em:

a) Contabilidade Gerencial: Voltada para os administradores da empresa. Basicamente ela se destina ao controle e planejamento.
b) Contabilidade Financeira: Voltada para atender aquelas pessoas que utilizam das informações contábeis e que não estão dentro da empresa, não tendo acesso aos documentos que geraram as informações contábeis.

3.2 – Usuários da Contabilidade:

Os usuários tanto podem ser internos como externos e, mais ainda, com interesses diversificados, razão pela qual as informações geradas pela Entidade devem ser amplas e fidedignas e, pelo menos, suficientes para a avaliação da sua situação patrimonial e das mutações sofridas pelo seu patrimônio, permitindo a realização de inferências sobre o seu futuro.

Os usuários internos incluem os administradores de todos os níveis (gerentes, diretores e outros que utilizam a informação contábil), que usualmente se valem de informações mais aprofundadas e específicas acerca da Entidade, notadamente aquelas relativas ao seu ciclo operacional.

Já os usuários externos são aqueles que estão fora da empresa e utilizam a contabilidade como fonte de informações e concentram suas atenções, de forma geral, em aspectos mais genéricos, expressos nas demonstrações contábeis. Alguns exemplos de usuários externos são: Bancos, fornecedores, clientes, investidores, governos, etc. Cada qual com interesses diferentes.

4 – Princípios de Contabilidade

Os Princípios de Contabilidade são as verdadeiras normas gerais delimitadoras da aplicação da Ciência Contábil. Se não existissem, cada entidade poderia adotar forma própria de registrar os fatos contábeis, tornando impossível a correta mensuração da riqueza patrimonial, necessária à defesa dos interesses da coletividade, dos particulares e dos próprios sócios e acionistas. É com eles que a contabilidade é regrada.

Estes princípios devem ter três características que ocorram simultaneamente: ser **úteis** (quando deles resultarem informações significativas e valiosas aos usuários das demonstrações contábeis), **objetivos** (quando as informações resultantes de suas aplicações não acabarem sofrendo influência por inclinações pessoais ou prejuízo dos que a fornecem) e **praticáveis** (quando podem ser adotados sem complexidade ou custos indevidos).

São seis os Princípios de Contabilidade:

- Princípio da Entidade;
- Princípio da Continuidade;
- Princípio da Oportunidade;
- Princípio do Registro pelo Valor Original;
- Princípio da Competência;
- Princípio da Prudência.

Princípio da Entidade

Art. 4º O Princípio da ENTIDADE <u>reconhece o Patrimônio como objeto da Contabilidade</u> e afirma a autonomia patrimonial, a necessidade da diferenciação de um Patrimônio particular no universo dos patrimônios existentes, independentemente de pertencer a uma pessoa, um conjunto de pessoas, uma sociedade ou instituição de qualquer natureza ou finalidade, com ou sem fins lucrativos. Por conseqüência, nesta acepção, o Patrimônio não se confunde com aqueles dos seus sócios ou proprietários, no caso de sociedade ou instituição.

Patrimônio = objeto

Parágrafo único. O PATRIMÔNIO pertence à ENTIDADE, mas a recíproca não é verdadeira. A soma ou agregação contábil de patrimônios autônomos não resulta em nova ENTIDADE, mas numa unidade de natureza econômico-contábil.

Princípio da Continuidade

Art. 5º O Princípio da Continuidade pressupõe que a Entidade continuará em operação no futuro e, portanto, a mensuração e a apresentação dos componentes do Patrimônio levam em conta esta circunstância. *(Redação dada pela Resolução CFC nº. 1.282/10)*

Princípio da Oportunidade

Art. 6º O Princípio da Oportunidade refere-se ao processo de mensuração e apresentação dos componentes patrimoniais para produzir informações íntegras e tempestivas.

Parágrafo único. A falta de integridade e tempestividade na produção e na divulgação da informação contábil pode ocasionar a perda de sua relevância, por isso é necessário ponderar a relação entre a oportunidade e a confiabilidade da informação. *(Redação dada pela Resolução CFC nº. 1.282/10)*

Princípio do Registro pelo Valor Original

Art. 7º O Princípio do Registro pelo Valor Original determina que os componentes do Patrimônio devem ser inicialmente registrados pelos valores originais das transações, expressos em moeda nacional.

§ 1º As seguintes bases de mensuração devem ser utilizadas em graus distintos e combinadas, ao longo do tempo, de diferentes formas:

I – Custo histórico. Os ativos são registrados pelos valores pagos ou a serem pagos em caixa ou equivalentes de caixa ou pelo valor justo dos recursos que são entregues para adquiri-los na data da aquisição. Os passivos são registrados pelos valores dos recursos que foram recebidos em troca da obrigação ou, em algumas circunstâncias, pelos valores em caixa ou equivalentes de caixa, os quais serão necessários para liquidar o passivo no curso normal das operações; e

Registro pelo Valor Original

II – Variação do custo histórico. Uma vez integrado ao patrimônio, os componentes patrimoniais, ativos e passivos, podem sofrer variações decorrentes dos seguintes fatores:

a) Custo corrente. Os ativos são reconhecidos pelos valores em caixa ou equivalentes de caixa, os quais teriam de ser pagos se esses ativos ou ativos equivalentes fossem adquiridos na data ou no período das demonstrações contábeis. Os passivos são reconhecidos pelos valores em caixa ou equivalentes de caixa, não descontados, que seriam necessários para liquidar a obrigação na data ou no período das demonstrações contábeis;

b) Valor realizável. Os ativos são mantidos pelos valores em caixa ou equivalentes de caixa, os quais poderiam ser obtidos pela venda em uma forma ordenada. Os passivos são mantidos pelos valores em caixa e equivalentes de caixa, não descontados, que se espera seriam pagos para liquidar as correspondentes obrigações no curso normal das operações da Entidade;

c) Valor presente. Os ativos são mantidos pelo valor presente, descontado do fluxo futuro de entrada líquida de caixa que se espera seja gerado pelo item no curso normal das operações da Entidade. Os passivos são mantidos pelo valor presente, descontado do fluxo futuro de saída líquida de caixa que se espera seja necessário para liquidar o passivo no curso normal das operações da Entidade;

d) Valor justo. É o valor pelo qual um ativo pode ser trocado, ou um passivo liquidado, entre partes conhecedoras, dispostas a isso, em uma transação sem favorecimentos; e

e) Atualização monetária. Os efeitos da alteração do poder aquisitivo da moeda nacional devem ser reconhecidos nos registros contábeis mediante o ajustamento da expressão formal dos valores dos componentes patrimoniais.

§ 2º São resultantes da adoção da atualização monetária:

I – a moeda, embora aceita universalmente como medida de valor, não representa unidade constante em termos do poder aquisitivo;

II – para que a avaliação do patrimônio possa manter os valores das transações originais, é necessário atualizar sua expressão formal em moeda nacional, a fim de que permaneçam substantivamente corretos os valores dos componentes patrimoniais e, por consequência, o do Patrimônio Líquido; e

III – a atualização monetária não representa nova avaliação, mas tão somente o ajustamento dos valores originais para determinada data, mediante a aplicação de indexadores ou outros elementos aptos a traduzir a variação do poder aquisitivo da moeda nacional em um dado período. *(Redação dada pela Resolução CFC nº. 1.282/10)*

Princípio da Competência

Art. 9º O Princípio da Competência determina que os efeitos das transações e outros eventos sejam reconhecidos nos períodos a que se referem, independentemente do recebimento ou pagamento.

Parágrafo único. O Princípio da Competência pressupõe a simultaneidade da confrontação de receitas e de despesas correlatas. *(Redação dada pela*

Resolução CFC n°. 1.282/10)

Princípio da Prudência

Art. 10. O Princípio da PRUDÊNCIA determina a adoção do menor valor para os componentes do ATIVO e do maior para os do PASSIVO, sempre que se apresentem alternativas igualmente válidas para a quantificação das mutações patrimoniais que alterem o patrimônio líquido.

Parágrafo único. O Princípio da Prudência pressupõe o emprego de certo grau de precaução no exercício dos julgamentos necessários às estimativas em certas condições de incerteza, no sentido de que <u>ativos e receitas não sejam superestimados</u> e que <u>passivos e despesas não sejam subestimados</u>, atribuindo maior confiabilidade ao processo de mensuração e apresentação dos componentes patrimoniais. *(Redação dada pela Resolução CFC n°. 1.282/10)*

5 – O PATRIMÔNIO

Patrimônio é o conjunto de Bens, Direitos e Obrigações de uma pessoa ou de uma entidade, com ou sem finalidades lucrativas, avaliado em moeda.

Os *bens* e *direitos* constituem a parte positiva do Patrimônio, chamada Ativo. As *obrigações* representam a parte negativa do Patrimônio, chamada Passivo.

5.1 - Bens:

São bens tudo o que possui valor econômico e que pode ser convertido em dinheiro, sendo utilizado na realização do objetivo principal de seu proprietário. São as coisas úteis, capazes de satisfazer as necessidades das pessoas e das empresas. Os bens classificam-se em: Bens Móveis, Bens Imóveis, Bens Tangíveis e Bens Intangíveis. Os bens fazem parte do **ATIVO** (patrimônio bruto).

5.1.1 - Bens Móveis

São móveis os bens passíveis de remoção sem dano, seja por força própria ou por força alheia. Ou seja, objetos concretos, palpáveis, físicos, que não são fixos ao solo. Ex.: dinheiro, veículos, móveis, utensílios, máquinas, estoques, animais (que possuem movimentos próprios, semoventes), etc.

5.1.2 - Bens Imóveis

São imóveis os bens que não podem ser retirados de seu lugar natural (solo e subsolo) sem destruição ou dano, ou seja, aqueles que, para serem deslocados, terão de ser total ou parcialmente destruídos (pois são fixos ao solo). Ex.: árvores, edifícios, terrenos, construções, etc.

5.1.3 - Bens Tangíveis

Também chamados de *bens corpóreos* e *bens materiais*, são tangíveis os bens que constituem uma forma física, bens concretos, que podem ser tocados. Ex.: veículos, terrenos, dinheiro, móveis e utensílios, estoques, etc.

5.1.4 - Bens Intangíveis

Também chamados de *bens incorpóreos* e *bens imateriais*, são intangíveis os bens que não constituem uma realidade física e que não podem ser tocados. Ex.: nome comercial (marca), patente de invenção, ponto comercial, o domínio de internet, etc.

5.2 - Direitos

São os recursos que a empresa tem a receber e que gerarão benefícios presentes ou futuros. É o poder de exigir alguma coisa. Pode ser, por exemplo, o valor que uma empresa receberá decorrente de uma venda a prazo. O comprador já levou a mercadoria, porém ainda não pagou, então a empresa tem o direito de receber o valor correspondente. Fazem parte do **ATIVO** (patrimônio bruto).

Exemplos de direitos: duplicatas a receber, salários a receber, aluguéis a receber, contas a receber, títulos a receber, etc.

5.3 - Obrigações

São dívidas, valores a serem pagos a terceiros (empresa ou pessoa física). Fazem parte do **PASSIVO**.

Quando se compra um bem a prazo, ele integra-se ao patrimônio a partir do momento que o fornecedor o entrega. Como foi uma venda a prazo, a empresa passa a ter uma obrigação com o fornecedor, representada por uma conta a pagar equivalente ao preço do bem. Assim como aumenta de um lado o Ativo (bem) da empresa, de outro lado aumenta o Passivo (obrigação) da empresa.

Exemplos de Obrigações: salários a pagar, aluguéis a pagar, contas a pagar, Fornecedores ou Duplicatas a pagar (referente a compra de mercadorias a prazo), impostos a pagar (ou impostos a recolher), etc.

5.4 - Patrimônio Líquido (PL)

A *Situação Patrimonial Líquida* também faz parte do **PASSIVO** (obrigações), mas contém uma natureza especial, onde também fazem parte das obrigações os direitos dos acionistas, sócios ou titular da empresa individual em relação ao patrimônio da pessoa jurídica.

Representa aquilo que, de fato, a pessoa tem. Isto é, sua **riqueza efetiva**, o que lhe sobra depois de pagar todas as suas dívidas.

O Patrimônio Líquido é a diferença entre os valores do ativo (+) e do passivo (-) de uma entidade em determinado momento, ou seja, se a empresa tem um Ativo (bens + direitos) de R$100.000,00 e um Passivo (obrigações) de R$40.000,00, o Patrimônio Líquido dessa entidade será de R$60.000,00.

Ativo	Passivo	
R$100.000,00	R$40.000,00	Sendo assim:
	Patrimônio Líquido	
	R$60.000,00	A = P + PL
Total Ativo	**Total Passivo**	
R$100.000,00	R$100.000,00	

O PL também figura no lado do Passivo em virtude de o capital, reservas, etc., pertencerem aos proprietários da empresa (sócios, acionistas) e não deixa de ser uma obrigação da empresa pessoa jurídica para com os proprietários pessoa física.

5.5 - Equações Patrimoniais

O estado patrimonial de uma empresa pode apresentar-se de diferentes maneiras na equação patrimonial:

a) **Ativo = Passivo + Patrimônio Líquido** --> Indica uma situação de normalidade da empresa, pois o conjunto de bens e direitos supera as obrigações (há PL positivo). É uma situação favorável, positiva ou **superavitária**.

b) **Ativo = Patrimônio Líquido (sendo Passivo = 0)** --> Não existe obrigações para com terceiros, o que geralmente ocorre na abertura da empresa, sendo o passivo igual a zero.

c) **Ativo = Passivo (sendo PL = 0)** --> Neste caso, não existe capital próprio, o que significa que o ativo da empresa foi totalmente financiado com recursos de terceiros. É um **estado de alerta**, pois a empresa está com dificuldades financeiras. É uma situação **nula ou compensada**.

d) **Ativo + Patrimônio Líquido = Passivo** --> Nesta situação, a empresa se encontra em estado de insolvência, uma parcela das obrigações ficará sem ser paga, mesmo que a empresa venda todo o seu ativo. Ou seja, o ativo não é suficiente para liquidar todas as dívidas. Para eliminar o déficit, deve-se aumentar o PL com o acréscimo de capital por parte dos seus proprietários. Esta é uma situação denominada **Passivo a Descoberto**. É uma situação desfavorável, negativa ou **deficitária**.

Em resumo, os bens, direitos e obrigações podem ser chamados de **componentes patrimoniais**, sendo o patrimônio representado da seguinte forma:

PATRIMÔNIO	
Ativo	Passivo
Bens	Obrigações
e	Patrimônio
Direitos	Líquido

5.6 - Capital

O Patrimônio pode ser conceituado como um conjunto de capitais, cuja *origem dos capitais* está representada pelo Passivo e a *aplicação dos capitais* pelo Ativo.

O capital é o conjunto de recursos postos à disposição da empresa, seja por terceiros ou por proprietários (passivo ou patrimônio líquido).

Ou seja, é a soma das riquezas ou recursos acumulados que se destinam à produção de novas riquezas.

A expressão Capital tem vários significados distintos,

os quais veremos a seguir.

5.6.1 - Capital Social

É o investimento inicial feito pelos proprietários da empresa e corresponde ao patrimônio líquido inicial. Ele só é alterado quando os proprietários realizam investimentos adicionais (aumentos de capital) ou desinvestimentos (diminuições de capital). Também pode receber a denominação *Capital Nominal* ou *Capital Integralizado*.

5.6.2 - Capital Próprio

Constitui a riqueza líquida à disposição dos proprietários. É a soma do capital social, suas variações, os lucros e as reservas. Ou seja, é aquele que se originou da própria atividade econômica da entidade, como lucros, reservas de capital e reservas de lucros. Equivale ao *Patrimônio Líquido* (ou *Situação Líquida*).

5.6.3 - Capital de Terceiros

Corresponde ao *passivo real* ou *passivo exigível* (obrigações) da empresa e representa os investimentos feitos com recursos de terceiros. Por exemplo: compra de um imóvel financiado pelo banco em 12 vezes

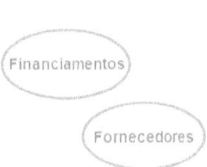

(Financiamentos a pagar) ou compra de mercadorias (estoque) com pagamento a prazo (Fornecedores).

5.6.4 - Capital Total à Disposição da Entidade

Corresponde à soma do passivo + patrimônio líquido da empresa e representa o total dos recursos utilizados no financiamento das atividades (Passivo Total). É igual a soma de todas as origens que estão a disposição da entidade e que estão aplicadas no Ativo (em decorrência do método das partidas dobradas).

Passivo total = Ativo total = Patrimônio bruto = Total das origens = Total das Aplicações = Capital Total a Disposição da Entidade

5.6.5 - Capital Integralizado e Capital a Integralizar

Os recursos destinados pelos proprietários à formação do Capital Social nem sempre estão disponíveis para serem transferidos do patrimônio dos sócios para o patrimônio da entidade (empresa) no ato de constituição da mesma. Ou seja, nem sempre o capital encontra-se totalmente integralizado (ou realizado). O Capital Social só é integralizado (realizado) quando os recursos correspondentes são transferidos do patrimônio dos sócios para o patrimônio da entidade.

Quando um sócio se compromete formalmente (mediante contrato social) a entregar certa importância para compor o Capital Social da entidade à qual pertence, em data futura, embora subscrita, aquela parcela do capital, correspondente aos recursos não entregues, encontra-se a integralizar (ou a realizar).

Subscrição é o ato jurídico formal pelo qual o sócio, acionista ou titular da empresa individual assume a obrigação de transferir bens ou direitos para o patrimônio da entidade à qual está vinculado.

Sendo assim, o **capital subscrito** pode ou não estar integralizado. Se, ato contínuo à subscrição, a titularidade dos bens e direitos é transferida para o patrimônio da entidade, então o capital estará subscrito e integralizado. Caso contrário, embora o capital esteja subscrito, ainda se encontrará a integralizar.

5.6.6 - Capital Autorizado

O capital próprio de Sociedades Anônimas de Capital Aberto (que negociam suas ações em bolsa ou balcão), a partir da Lei nº 6.404/1976, (Lei das S.A.) foi instituído como Capital Autorizado.

Antes desta Lei, toda mudança na Constituição do Capital Social só poderia ser feita através de uma alteração de estatuto, contrato ou registro da empresa na Junta Comercial ou Cartório de Registro Civil das Pessoas Jurídicas, mas, com a nova Lei, nas Sociedades Anônimas a Assembleia Geral dos acionistas pode delegar ao Conselho de Administração (órgão executivo das S.A.) a faculdade de elevar o Capital Social até um determinado limite *autorizado*.

Exemplo: A empresa tem um Capital Social de R$500.000,00, um Capital Integralizado de R$300.000,00 e um Capital Autorizado de R$800.000,00.

5.6.7 - Capital de Giro

Existem dois tipos de investimentos que a empresa recebe quando inicia suas atividades. Um é conhecido como investimento fixo, que serve para a aquisição de máquinas, móveis, prédios, veículos, enfim, para investir em itens do ativo imobilizado. O outro é conhecido como Capital de Giro.

Capital de giro é uma parte do investimento que compõe uma reserva de recursos que serão utilizados para suprir as necessidades financeiras da empresa ao longo do tempo. Esses recursos ficam nos estoques, nas contas a receber, no caixa, no banco, etc. É o conjunto de valores necessários para a empresa fazer seus negócios acontecerem (girar). Existe a expressão "Capital em Giro", que seriam os bens efetivamente em uso.

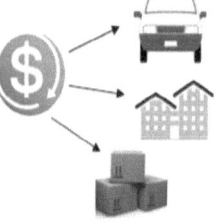

O estoque de uma empresa é formado e mantido em função das necessidades do mercado consumidor, portanto, ele está sempre sofrendo mudanças de investimentos, seja em tipos de itens ou em quantidades. Quanto maior a necessidade de investimento nos estoques, mais recursos financeiros a empresa deverá ter.

Nas vendas, quanto mais prazo você oferece ao cliente ou quanto maior for a parcela de vendas a prazo no seu faturamento, mais recursos financeiros a empresa deverá ter.

É nos Bancos e no Caixa que fica uma parte dos recursos financeiros disponíveis da empresa, ou seja, aquela que a empresa pode utilizar a qualquer tempo para honrar os seus compromissos diversos.

Dependendo do saldo inicial, das entradas e das saídas, pode ocorrer uma falta ou uma sobra desses recursos em um momento específico, dia ou semana. Para isto não ocorrer, as decisões de compra e venda devem ser tomadas com critérios estabelecidos. Sempre que uma decisão for tomada, é necessário que seja feita uma análise sobre a disposição dos recursos financeiros da empresa para isso. Se for tomada uma decisão de compra em excesso ou de dar mais tempo para os clientes nas vendas a prazo, a empresa deverá ter uma quantidade maior de dinheiro (recursos financeiros). Se esse recurso não existe, a entidade vai precisar utilizar recursos emprestados de bancos, de fornecedores ou de outras fontes, o que gerará uma necessidade de pagamentos de juros, diminuindo a margem de lucro do negócio.

Portanto, administrar o capital de giro da empresa significa avaliar o momento atual, as faltas e as sobras de recursos financeiros e os reflexos gerados por decisões tomadas em relação a compras, vendas e à administração do caixa.

Em resumo, Capital de giro (*capital circulante* ou *capital de trabalho*) indica a parte do patrimônio que sofre constante movimentação nas empresas, tais como as disponibilidades e os valores realizáveis, diferenciando-se entre estes os créditos, os estoques e os investimentos. São excluídos, portanto, os capitais permanentes (ativo fixo ou imobilizado, investimentos permanentes) e o ativo pendente, que compreende valores contingentes como, por exemplo, despesas do exercício seguinte.

5.6.8 - Diferença entre Capital e Patrimônio

Tanto *Capital* quanto *Patrimônio* podem, em termos mais amplos, serem considerados sinônimos. Porém é necessário distingui-los, tendo em vista que a expressão *capital* pode assumir nos termos contábeis todos os significados descritos acima, enquanto o Patrimônio será sempre o conjunto de bens, direitos e obrigações vinculados a uma pessoa.

6 – ATOS E FATOS ADMINISTRATIVOS

Os Atos Administrativos ocorrem na empresa e não alteram o Patrimônio da mesma, podendo provocar alterações futuras. Exemplos: Admissão de empregados, assinaturas de contratos de compras e vendas, aval de títulos, fianças a favor de terceiros.

Os Fatos administrativos (Ou Fatos Contábeis) provocam variações nos valores patrimoniais, sejam nos aspectos qualitativos ou quantitativos, podendo ou não alterar o Patrimônio Líquido. Por modificarem o Patrimônio da empresa, são objetos de contabilização através das contas patrimoniais e de resultados. Exemplos: Compras, vendas, pagamentos, recebimentos, consumos, ganhos, obrigações assumidas, direitos adquiridos.

6.1 – Fatos Contábeis Permutativos, Qualitativos ou Compensativos

São fatos que acarretam uma troca (permuta) entre elementos do *ativo*, do *passivo*, ou de ambos, porém sem provocar alteração no Patrimônio Líquido, alterando apenas a composição qualitativa dos elementos pertencentes ao Patrimônio. Ex.: compra de uma máquina à vista - ocorre a permuta de um bem (dinheiro) por outro bem (máquina), ambos elementos do *ativo*.

Débito	Crédito
A	A
P	P
A	P
P	A
PL	PL

9.1 - Modificativos ou Quantitativos

São fatos que alteram a composição do Patrimônio e modificam para mais (modificativos aumentativos) ou para menos (modificativos diminutivos) a situação líquida da empresa.

Modificativos aumentativos: envolvem uma conta patrimonial e uma conta de *receita*, aumentando o Patrimônio Líquido (PL). Ex.: Receita de vendas, receita de aluguel, etc.

Débito	Crédito
A	PL/R
P	PL/R

Modificativos diminutivos: envolvem uma conta patrimonial e uma conta de *despesa*, diminuindo o Patrimônio Líquido (PL). Ex.: pagamento de despesas em geral, etc.

Débito	Crédito
PL/D	A
PL/D	P

6.3 - Mistos ou Compostos

São os que envolvem simultaneamente um fato permutativo (qualitativo) e um fato modificativo (quantitativo), alterando o Patrimônio Líquido (PL), ou seja, a troca de elemento patrimonial com lucro ou prejuízo.

Mistos aumentativos: envolvem duas ou mais contas patrimoniais e uma ou mais contas de *receita* (venda com lucro, aumenta PL). Ex.: recebimento de duplicatas com juros, pagamento de duplicatas com desconto, reforma de dívida com desconto, vendas com lucro, pagamentos de obrigações com desconto, etc.

Débito	Crédito
A	P/PL/R
A/P	A/R

Mistos diminutivos: envolvem duas ou mais contas patrimoniais e uma ou mais contas de *despesa* (venda com prejuízo, diminui PL). Ex.: recebimento de duplicatas com desconto, pagamentos de duplicatas com juros, reforma de dívida com juros, etc.

Débito	Crédito
PL	PL/P
A/P/D	A

Os fatos contábeis alteram o Patrimônio sob seus dois aspectos básicos: o *qualitativo* e o *quantitativo*. Ao analisar os *fatos permutativos*, observa-se que estes provocam variações estritamente qualitativas, isto é, modifica-se apenas a natureza dos elementos patrimoniais envolvidos. Já os *fatos modificativos* e os *fatos mistos* geram mudanças reais na expressão monetária da situação líquida, ou seja, provocam variações de natureza quantitativa.

OBS.: Não confunda **fato** com **ato** administrativo. O ato administrativo, ao contrário do fato administrativo, não produz de imediato qualquer alteração no Patrimônio e não deve ser registrado na contabilidade. Se contabilizado, é chamado de operação extrapatrimonial (conta de compensação). Encarregar um empregado a desempenhar determinada tarefa constitui um ATO ADMINISTRATIVO. Agora, pagar a ele o seu salário define um FATO ADMINISTRATIVO, pois estará alterando o Patrimônio da entidade.

7 – Contas

Conta é o nome técnico que identifica cada componente do patrimônio (Bens, Direitos e Obrigações ou Patrimônio Líquido) e cada elemento de resultado (Despesas e Receitas).

A função da conta é representar a variação patrimonial que um fato promove no patrimônio da empresa. Todo fato mensurável em dinheiro é representado por uma conta.

É através das contas que a contabilidade consegue exercer o seu papel. Todos os acontecimentos que ocorrem diariamente na empresa (como compras, vendas, pagamentos e recebimentos) são registrados pela contabilidade em contas próprias.

Assim, toda movimentação de dinheiro efetuada dentro da entidade é registrada em uma conta denominada Caixa, os objetos comercializados pela entidade são registrados em uma conta denominada Mercadorias/Estoques, e assim por diante.

Exemplo: Suponha que você vá ao banco e efetue um depósito em seu próprio nome. Sendo correntista do banco, você terá uma conta aberta em seu nome, o que significa dizer que o valor depositado vai ser anotado em um registro, destinado a demonstrar todas as suas transações com o banco, chamado Conta. Da mesma forma que o banco, as empresas utilizam contas para registrar as transações ocorridas.

7.1 - Teoria das Contas

Ao longo da história da Contabilidade, a classificação das contas tem dividido os doutrinadores entre várias respostas, resultando em formas diferentes de classificação e interpretação das contas. Isto fez com que aparecessem várias escolas defensoras de seus princípios para justificar os critérios adotados para classificação das contas. Entre as teorias apresentadas pelas escolas, três delas se tornaram as mais importantes: Teoria personalista, Teoria materialista e Teoria patrimonialista.

7.1.1 - Teoria Personalista

Para a escola personalista, as contas (elementos patrimoniais) podem ser representadas por **pessoas** com as quais são mantidas relações jurídicas, ou seja, que se relacionam com a entidade em termos de débito e crédito. Todos os débitos efetuados nas contas dessas pessoas representam suas responsabilidades, enquanto todos os créditos representam seus direitos em relação ao titular do Patrimônio.

Por essa teoria, as contas são classificadas segundo a natureza da relação jurídica que essas pessoas mantêm com o titular do Patrimônio.

Na Teoria personalista, temos três tipos de contas (pessoas):

a) Proprietários: consiste nos responsáveis pelas contas do patrimônio líquido e suas variações, como receitas e despesas. São, portanto, contas dos proprietários: Capital social, Receita de vendas, Custo da mercadoria vendida (CMV), ICMS sobre vendas, Devoluções de vendas, Receitas financeiras, Reserva legal, etc.

b) Agentes consignatários: consiste nas pessoas (contas) a quem a entidade confia a guarda dos bens (Ativo), ou seja, que representam os bens. São, portanto, contas dos agentes consignatários: Caixa, Banco, Veículos, Móveis, Terrenos, etc.

c) Agentes correspondentes: consiste nas pessoas que representam as contas de direitos (Ativo) ou obrigações (Passivo). São terceiros, que se situam na posição de devedor ou credor da entidade. São, portanto, contas dos agentes correspondentes as contas em que a entidade mantém esse tipo de relação jurídica, como por exemplo, Clientes e Fornecedores. Os clientes devem à empresa o valor correspondente a suas compras a prazo e os fornecedores são credores da empresa em relação às vendas a prazo que a esta foram feitas. Daí resulta que Clientes é conta devedora e Fornecedores é conta credora.

7.1.2 - Teoria Materialista

A escola materialista se opôs a teoria personalista, defendendo que as contas representam entradas e saídas de valores e não simples relações de débito e crédito entre pessoas (excluídas as relações com terceiros).

Esta é uma visão mais econômica do que vem a ser a conta, a relação entre as contas e a entidade é uma relação **material** e não pessoal, de sorte que a conta só deve existir enquanto houver também o elemento material por ela representado.

As contas dividem-se em:

a) Integrais (ou Elementares): são as representativas dos bens, dos direitos e das obrigações da entidade, ou seja, Ativo e Passivo Exigível.

b) Diferenciais (ou Derivadas): são as representativas do Patrimônio Líquido, das receitas e das despesas da entidade.

7.1.3 - Teoria Patrimonialista

É a teoria **usualmente adotada** no Brasil. Segundo ela, criada por Vincenzo Masi, o objeto de estudo da ciência contábil é o Patrimônio de uma entidade. A contabilidade tem como finalidade controlar este patrimônio e apurar o resultado das empresas.

Estas contas se classificam da seguinte forma:

a) Contas Patrimoniais: são as contas representativas dos bens e dos direitos (Ativo), das obrigações (Passivo) e do Patrimônio Líquido (PL) da entidade.

b) Contas de Resultado: são as contas que representam as receitas e as despesas da entidade.

7.2 - Classificação das Contas

Em consequência da Teoria Patrimonialista, atualmente mais usada e aceita como a mais adequada entre os contadores, as contas são classificadas em dois grandes grupos: as contas patrimoniais e as contas de resultado.

7.2.1 - Contas Patrimoniais

São aquelas contas que representam o Ativo (indica a existência de Bens e Direitos) e o Passivo (indica a existência de Obrigações e Patrimônio Líquido da entidade, formado pelo capital social, as reservas e os prejuízos acumulados).

São essas contas que representam o Patrimônio da empresa, através do Balanço Patrimonial.

7.2.2 - Contas de Resultado

São as Receitas e as Despesas do período, que devem ser encerradas no final do exercício para que se apure o resultado do exercício. Este resultado, lucro ou prejuízo, será incorporado ao Patrimônio através da conta Prejuízos acumulados (quando o resultado for negativo), ou Reserva de lucros (quando o resultado for positivo).

São acontecimentos que modificam a situação líquida da empresa e representam variações no Patrimônio da entidade. Estas contas não fazem parte do Balanço Patrimonial, mas permitem que o resultado do exercício seja apurado.

7.3 - Classificação das Contas quanto ao Funcionamento do Mecanismo Débito e Crédito

Quanto a sua funcionalidade, as contas se dividem em:

Contas Unilaterais - são aquelas que sofrem variações somente em um sentido (registro a débito ou registro a crédito). Exemplo: as contas de receitas serão via de regra creditadas e as de despesas debitadas.

Contas Bilaterais - São aquelas que sofrem variações nos dois sentidos, aceitando tanto registro de débito quanto de crédito. Exemplo: Caixa, Banco Conta Movimento, Duplicatas a receber, etc. Elas podem apresentar tanto saldo devedor quanto saldo credor. Quando apresenta saldo devedor, é chamada de *Conta bilateral ativa* e quando apresenta saldo credor, é chamada de *Conta bilateral passiva*.

8 – Método das Partidas Dobradas (Digrafia)

A palavra método vem do grego *methodos* (caminho) e se refere ao meio utilizado para chegar a um fim. É o caminho pelo qual se atinge um objetivo. Método de Escrituração é o meio pelo qual procedemos ao registro de fatos contábeis.

Embora haja diversas maneiras diferentes de escriturar os fatos contábeis, todas elas procedem de dois métodos fundamentais: o método das **Partidas Simples** e o método das **Partidas Dobradas**.

8.1 - Método das Partidas Simples

Este método encontra-se em desuso por ser incompleto e deficiente. Nele, registramos apenas as operações realizadas com pessoas, omitindo-se o registro de elementos do patrimônio e do resultado. Todos os itens do patrimônio e do resultado como mercadorias, veículos, imóveis, despesas, receitas, etc., são controlados extra-contabilmente. Nele, apenas uma das operações débito (D) ou crédito (C) é contabilizada.

8.2 - Método das Partidas Dobradas

Frei Lucca Pacciolli, o Pai da Contabilidade

Descrito pela primeira vez em 1494, na Itália, pelo frade Lucca Pacciolli no livro *"Summa de Arithmetica, Geometria, Proportioni et Proportionalità"* (Coleção de conhecimentos de Aritmética, Geometria, Proporção e Proporcionalidade), no capítulo *"Particulario de computies et Scripturis"* (Contabilidade por Partidas Dobradas), que fala sobre um tratado da contabilidade. Neste capítulo, ele enfatiza que a teoria contábil do débito e do crédito corresponde à teoria dos números positivos e negativos. O método teve rápida difusão e foi universalmente aceito e adotado desde esta época, sendo hoje considerado um dos pilares da contabilidade moderna.

Este método reza que **em cada lançamento, o valor total lançado nas contas a débito deve ser sempre igual ao total do valor lançado nas contas a crédito**.

Ou seja, não há devedor sem credor correspondente. A todo **débito** corresponde um **crédito de igual valor** e vice-versa. Se aumentar de um lado, deve consequentemente aumentar do outro lado também. Como é mais comum uma transação conter somente duas entradas, sendo uma entrada de crédito em uma conta e uma entrada de débito em outra conta, daí a origem do nome "dobrado".

Maneiras que podem ser lançadas:

1 conta débito + 1 conta crédito – **Primeira fórmula**
1 conta débito + Várias contas crédito – **Segunda fórmula**
Várias contas débito + 1 conta crédito – **Terceira fórmula**
Várias contas débito + Várias contas crédito – **Quarta fórmula**

Sendo assim, seguem quatro verdades:

- Ativo = Passivo + PL
- Saldo devedor = Saldo credor
- Não há débito sem crédito.
- Não há crédito sem débito.

Exemplo 1: Se "X" tem um crédito de $200,00 contra "Y", é certo que "Y" tem um débito de $200,00 para com "X".

Em consequência do método das partidas dobradas, a soma dos saldos das contas do Ativo deve ser sempre idêntica à soma dos saldos das contas do Passivo e Patrimônio Líquido (no Balanço Patrimonial), de tal forma que, se esses dois saldos não "baterem no centavo", isso denuncia um erro de lançamento que precisa ser detectado e corrigido.

Em algum momento pode ocorrer uma modificação na composição quantitativa ou qualitativa do ativo, sem que ele, como um todo, tenha sido aumentado. Nesse caso, ao aumento de um dos elementos do ativo corresponderá uma diminuição de igual valor em outro elemento do ativo. A mesma coisa se aplica ao passivo.

Exemplo 2: A empresa XYZ possui $200.000,00 do item dinheiro no seu patrimônio. Em determinado momento, foi apurada a necessidade de comprar um veículo para uso da empresa no valor de $40.000,00. Realizada a compra, o item veículo aumentou em $40.000,00 e o item dinheiro foi diminuído nesse mesmo valor.

A utilização das Partidas Dobradas permite que através de um único lançamento, as duas alterações sejam anotadas:

- Redução de $40.000,00 no dinheiro existente no patrimônio; e

- Aumento de $40.000,00 aplicados em aquisição de veículo.

Em termos contábeis: Debita-se a conta veículos (representando a aplicação de recurso) e credita-se a conta caixa (representando a origem dos recursos aplicados).

8.3 - Débito e Crédito

As palavras Débito e Crédito, na linguagem contábil, têm significados muito diferentes daqueles que têm na linguagem cotidiana.

É errado associar o débito e o crédito da contabilidade, com "subtração" e "adição" do financeiro. O correto é associá-los aos termos **Destino** e **Origem**, respectivamente.

Debitar significa anotar na coluna do Débito de uma conta, para aumentar o seu valor (se a conta representa um Bem ou um Direito), ou para diminuir seu valor (se a conta representa uma obrigação).

Creditar significa registrar uma importância na coluna de Crédito de uma conta, para aumentar seu valor (se a conta representa uma obrigação), ou para diminuir seu valor (se a conta representa um Bem ou Direito).

Há duas formas de os lançamentos débito e crédito serem feitos:

D- Estoque	ou	Estoque
C- Bancos		a Bancos

No primeiro caso, "D" e "C" significam débito e crédito, respectivamente. Já no segundo caso, o "**a**" sinaliza crédito, sem a necessidade de colocar a letra "D" antes da conta Estoque. Tem-se por mais usada a primeira opção.

Débito é a aplicação de recurso, enquanto **Crédito** é a origem do recurso aplicado. Ou seja, quando um contador faz um lançamento a débito em uma conta, significa que o dinheiro, o bem ou o serviço destina-se àquela conta. Agora, quando ele faz um lançamento a crédito em uma conta, significa que o dinheiro, o bem ou o serviço teve origem naquela conta.

Por exemplo: Uma empresa comprou um terreno do valor de $80.000,00. Para pagar à vista, foi usado o dinheiro disponível no caixa da empresa. Lançamos o registro destas duas contas da seguinte forma:

D- Imóveis (O terreno teve **destino** na conta em questão, já que faz parte dos imóveis da empresa.)

C- Caixa (O lançamento teve **origem** na conta Caixa, já que foi pago à vista com o dinheiro da empresa.)

Se uma conta recebe algo ou assume o compromisso de entregar algo, é **debitada**. Se uma conta entrega algo ou adquire o direito de receber algo, é **creditada**.

CONTAS	NATUREZA	AUMENTOS	DIMINUIÇÕES
Ativo	Devedora	D	C
Passivo	Credora	C	D
Despesa	Devedora	D	C
Receita	Credora	C	D
Patrimônio Líquido	Credora	C	D

OBS.: Para corrigir um erro em um lançamento contábil, não se usa borracha ou corretivo. Para corrigi-lo, faz-se o registro contrário. Um débito anula um crédito e vice-versa (operação conhecida como estorno). Pode-se usar para corrigir os erros em geral (inversão das contas, lançamentos em duplicidade, omissão de lançamentos, erro no valor, etc.) vários tipos de métodos, como por exemplo, estorno do lançamento, lançamento retificativo, lançamento complementar e ressalva por profissional qualificado.

9 – NATUREZA DAS CONTAS

Em contabilidade, evita-se dizer que uma conta está "positiva" ou "negativa", mas eventualmente é necessário fazê-lo porque somos iniciantes ou porque o saldo de uma conta precisa ser traduzido em termos materiais.

Ativo e despesa têm natureza devedora, ou seja, os saldos das respectivas contas são considerados "positivos" quando são devedores. As contas tornam-se mais positivas quando recebem aplicação (e portanto débito) de recursos.

Passivo, receita e capital têm natureza credora, e a explicação é simétrica. Quando uma conta dessas serve como origem (crédito) de recursos, ela se torna mais positiva. Se for uma conta passiva, espera-se que um dia ela receba um lançamento a débito para ser zerada — ou seja, você pagou a dívida.

A coisa começa realmente a complicar quando uma conta possui saldo negativo. Normalmente, um saldo negativo é erro de lançamento ou erro de classificação. Algumas dicas a respeito:

- Ativo negativo é na verdade um passivo, por exemplo, uma conta-corrente no "vermelho";
- Uma conta tradicionalmente ativa-negativa é a "Provisão para Devedores Duvidosos": não é uma dívida, mas claramente reduz o ativo de contas a receber;
- Passivo negativo é na verdade um ativo, por exemplo, a sua conta-corrente "vermelha" lá na contabilidade do banco. A contabilidade de factoring também apresenta freqüentemente essa distorção;
- Um adiantamento a fornecedor pode criar um saldo momentaneamente devedor na respectiva conta passiva, pois é um ativo disfarçado;
- Da mesma forma, um recebimento adiantado de cliente torna negativa a respectiva conta no Contas a Receber, pois é um passivo disfarçado;
- Receita negativa é despesa. Alguns contadores posicionam determinadas despesas no grupo das receitas por serem "deduções da receita bruta" — um dinheiro que nunca chega a pertencer à empresa e nunca deveria ser tomado como receita real. Exemplo: IRRF sobre serviços, COFINS, PIS (quando cumulativos);

- Despesa negativa definitivamente não faz sentido, poderia ocorrer talvez em um lançamento de estorno, e estornos são coisas meio imperdoáveis numa contabilidade informatizada.
- Capital negativo significa que você ou sua empresa está em sérios apuros, pois deve mais do que possui. Infelizmente, isso acontece mesmo e com alarmante freqüência, geralmente com instituições financeiras. Um banco pode emprestar ("alavancar") até 20 vezes o capital no Brasil (países desenvolvidos permitem alavancagens ainda maiores) e basta um punhado de empréstimos azarados para zerar o capital.

9.1 – Plano de Contas

Plano de Contas (ou Elenco de Contas) é o conjunto de contas, previamente estabelecido, que norteia os trabalhos contábeis de registro de fatos e atos inerentes à entidade, além de servir de parâmetro para a elaboração das demonstrações contábeis.

A montagem de um Plano de Contas deve ser personalizada, por empresa, já que os usuários de informações podem necessitar detalhamentos específicos, que um modelo de Plano de Contas geral pode não compreender.

9.1.1 - OBJETIVOS DO PLANO DE CONTAS

Seu principal objetivo é estabelecer normas de conduta para o registro das operações da organização e, na sua montagem, devem ser levados em conta três objetivos fundamentais:

a) atender às necessidades de informação da administração da empresa;

b) observar formato compatível com os princípios de contabilidade e com a norma legal de elaboração do balanço patrimonial e das demais demonstrações contábeis (Lei 6.404/76, a chamada "Lei das S/A");

c) adaptar-se tanto quanto possível às exigências dos agentes externos, principalmente às da legislação do Imposto de Renda.

9.1.2 - ELENCO DE CONTAS E CORRESPONDENTE CONJUNTO DE NORMAS

O Plano de Contas, genericamente tido como um simples elenco de contas, constitui na verdade um conjunto de normas do qual deve fazer parte, ainda, a descrição do funcionamento de cada conta - o chamado "Manual de Contas", que contém comentários e indicações gerais sobre a aplicação e o uso de cada uma das contas (para que serve, o que deve conter e outras informações sobre critérios gerais de contabilização).

9.1.3 – MODELO DE PLANO DE CONTAS

MODELO SIMPLIFICADO DE PLANO DE CONTAS – ATUALIZADO COM AS LEIS Nº 11.638/07 E Lei Nº 11.941/09.

1.	ATIVO	
1.1	Circulante	
1.1.01	Disponível	
1.1.01.01	Caixa	
1.1.01.01.01		Caixa
1.1.01.02	Banco conta movimento	
1.1.01.02.01		Banco do Brasil S/A.
1.1.01.02.02		Banco Itaú Unibanco S/A.
1.1.01.02.03		Bradesco
1.1.01.03	Aplicações financeiras	
1.1.01.03.01		Banco do Brasil S/A.
1.1.01.03.02		Banco Itaú Unibanco S/A.
1.1.01.03.03		Bradesco S/A.
1.1.02	Clientes	
1.1.02.01	Cliente X	
1.1.02.02	Cliente Y	
1.1.03	Duplicatas a receber	
1.1.04	(-) Duplicatas descontadas	
1.1.04.01		(-) Duplicatas descontadas

Código	Descrição
1.1.05	(-) Provisão p/ créditos de liquidação duvidosa
1.1.05.01	(-) Provisão p/ créditos de liquidação duvidosa
1.1.06	Adiantamento a fornecedores
1.1.07	Adiantamento a empregados
1.1.08	Títulos a receber
1.1.09	Tributos a recuperar
1.1.09.01	ICMS a recuperar
1.1.09.02	IPI a recuperar
1.1.09.03	IRRF a recuperar
1.1.09.04	CSLL a recuperar
1.1.09.05	PIS a recuperar
1.1.09.06	INSS a recuperar
1.1.09.07	COFINS a recuperar
1.1.09.08	Outros tributos a recuperar
1.1.10	Estoques
1.1.10.01	Mercadorias para Revenda
1.1.10.02	Produtos em elaboração
1.1.10.03	Matéria prima
1.1.10.04	Material de embalagem
1.1.10.05	Materiais de Uso/Consumo
1.1.11	Títulos e valores mobiliários
1.1.11.01	Depósito p/ incentivo fiscal
1.1.12	Despesas antecipadas
1.1.12.01	Juros s/ empréstimo de capital de giro
1.1.12.02	Juros s/ financiamento Imobilizado
1.1.12.03	Seguros
1.1.12.04	Outras
1.2	Não Circulante
1.2.01	Realizável a longo prazo
1.2.01.01	Aplicações em Incentivos Fiscais
1.2.02	Investimentos
1.2.02.01	Participação em outras empresas
1.2.02.02	Outros investimentos
1.2.03	Imobilizado
1.2.03.01	Terrenos
1.2.03.02	Móveis e utensílios
1.2.03.03	(-) Depreciação Acumuladas móveis e utensílios

1.2.03.04	Instalações
1.2.03.05	(-) Depreciação Acumuladas instalações
1.2.03.06	Máquinas, equipamentos e ferramentas
1.2.03.07	(-) Depreciação Acumul. máquinas, equipamentos e ferramentas
1.2.03.08	Computadores e periféricos
1.2.03.09	(-) Depreciação Acumuladas Computadores
1.2.03.10	Veículos
1.2.03.11	(-) Depreciação Acumuladas veículos
1.2.04	Intangíveis
1.2.04.01	Marcas e Patentes
1.2.04.02	(-) Amortização Marcas e patentes
1.2.04.03	Direitos autorais
1.2.04.04	(-) Amortização sobre direitos autorais
2.	**PASSIVO**
2.1	Circulante
2.1.01	Obrigações com Fornecedores
2.1.01.01	Fornecedor "A"
2.1.02	Duplicatas a pagar
2.1.02.01	Conta "A"
2.1.03	Empréstimos e financiamentos a pagar
2.1.03.01	Banco "X" S/A conta Empréstimos
2.1.04	Obrigações Fiscais
2.1.04.01	ICMS a Recolher
2.1.04.02	PIS Sobre Faturamento a Recolher
2.1.04.03	COFINS a Recolher
2.1.04.04	IRPJ a Recolher
2.1.04.05	CSLL a Recolher
2.1.04.06	IRRF a Recolher
2.1.04.06	ISS a Recolher
2.1.05	Obrigações Trabalhistas
2.1.05.01	Salários a Pagar
2.1.05.02	INSS a recolher
2.1.05.03	FGTS a recolher
2.1.05.04	Provisão para 13° Salário c/encargos
2.1.05.05	Provisão para Férias c/Encargos

2.1.06	Provisões para IR e CSLL
2.1.06.01	Provisão para I.R.
2.1.06.02	Provisão para C.S.L.L.
2.1.07	Outros Títulos a Pagar
2.1.08	Aluguéis a pagar
2.1.09	Dividendos Propostos a Pagar
2.2	Não Circulante
2.2.01	Exigível a Longo Prazo
2.2.01.01	Promissórias a Pagar de Longo Prazo
2.3	Patrimônio Líquido
2.3.01	Capital Social
2.3.01.01	Capital Subscrito
2.3.01.02	(-) Capital a Integralizar
2.3.02	Reserva de capital
2.3.02.02	Ágio na emissão de ações
2.3.02.03	Alienação de partes beneficiárias
2.3.03	Ajustes de Avaliação Patrimonial
2.3.04	Reservas de Lucros
2.3.04.01	Reserva Legal
2.3.04.02	Reserva Estatutária
2.3.04.03	Reserva para Contingências
2.3.04.04	Reserva de Incentivos Fiscais
2.3.04.05	Reserva de Retenção de Lucros
2.3.04.06	Reserva de Lucros a Realizar
2.3.04.07	Reserva Especial para Dividendos Obrigatórios Não Distribuídos
2.3.05	(-) Ações em Tesouraria
2.3.06	(-) Prejuízos Acumulados
2.3.06.01	Lucros do exercício
2.3.06.02	(-) Prejuízos do exercício
3.	**DESPESAS**
3.1	Custos diretos da produção
3.1.01	Custos dos produtos/Mercadorias vendidas
3.1.01.01	CMV
3.2	Despesas Operacionais

3.2.01	Despesas Administrativas
3.2.01.01	Salários e ordenados
3.2.01.02	Adicional noturno
3.2.01.03	Água / Esgoto
3.2.01.04	Alimentação
3.2.01.05	Aluguéis e arrendamento
3.2.01.06	Assistência médica/social
3.2.01.07	Associação de classe
3.2.01.08	Contribuição/donativos
3.2.01.09	Correios
3.2.01.10	Depreciação/Amortização
3.2.01.11	Despesas com manutenção da loja
3.2.01.12	Farmácia
3.2.01.13	Férias
3.2.01.14	FGTS
3.2.01.15	Gás
3.2.01.16	Horas extras
3.2.01.17	Impostos e taxas
3.2.01.18	Impressos
3.2.01.19	Indenizações/aviso prévio
3.2.01.20	INSS
3.2.01.21	Legais e judiciais
3.2.01.22	Luz e energia
3.2.01.23	Materiais de consumo
3.2.01.24	Multas de trânsito
3.2.01.25	Multas fiscais
3.2.01.26	Pró labore
3.2.01.27	Propaganda e publicidade
3.2.01.28	Reproduções
3.2.01.29	Revistas e jornais
3.2.01.30	13º Salário
3.2.01.31	Seguros
3.2.01.32	Serviços terceiros pessoa física
3.2.01.33	Serviços terceiros pessoa jurídica
3.2.01.34	Telefone
3.2.01.35	Vale transporte
3.2.01.36	Viagens e representações

3.2.02	Despesas Comerciais
3.2.02.01	Créditos de Liquidação Duvidosa
3.2.02.02	Amostra grátis
3.2.02.03	Combustível
3.2.02.04	Comissões de venda
3.2.02.05	Embalagens
3.2.02.06	Fretes na entrega
3.2.02.07	Impostos s/ veículos
3.2.02.08	Manutenção de veículos
3.2.02.09	Propaganda e publicidade
3.2.03	Despesas financeiras
3.2.03.01	Encargos e Juros de Mora
3.2.03.02	Despesas Bancárias
3.2.03.03	Outras taxas e encargos
3.2.04	Provisões
3.3.04.01	Provisões para I.R.
3.3.04.02	Provisões para C.S.L.L.
3.3	Outras Despesas
4.	**RECEITA**
4.1	Receita bruta s/ vendas e serviços
4.1.01	Receita bruta de venda
4.1.01.01	Revenda de mercadorias
4.1.02	Receita bruta de serviços
4.1.02.01	Prestação de serviços
4.2	Dedução de receita bruta vendas/serviços
4.2.01	Dedução de receita bruta de vendas
4.2.01.01	Cancelamento de devoluções
4.2.01.02	Abatimento incondicional
4.2.01.03	ICMS
4.2.01.04	COFINS
4.2.01.05	PIS s/ vendas e serviços
4.2.02	Dedução de receita bruta s/ serviços
4.2.02.01	ISS
4.3	Receita operacional
4.3.01	Receita financeira
4.3.01.01	Variação monetária ativa

4.3.01.02	Juros s/ aplicações financeiras
4.3.01.03	Descontos obtidos
4.3.01.04	Receita de aplicações pré-fixadas
4.3.01.05	Multas ativas
4.3.01.06	Dividendos
4.3.01.07	Juros s/ duplicatas
4.3.02	Recuperações diversas
4.3.02.01	Reembolsos diversos
4.3.02.02	Venda de sucatas
4.3.03	Receitas patrimoniais
4.3.03.01	Resultado da venda de bens
4.4	Receita de Participações Societária
4.4.01	Receita em Participações com Empresa Coligadas
4.4.01.01	Receita de Participações Societária
4.5	Outras Receitas
5.	**CONTAS DE COMPENSAÇÃO**
5.1	Resultado do exercício
	Resultado do exercício
5.1.001	

Capítulo 2 - Escrituração

2.1 - Os Primeiros Lançamentos Contábeis das Empresas

O controle contábil começa com a escrituração dos eventos no livro chamado "Diário", completando-se depois, com os demais livros de escrituração. Os fatos administrativos são responsáveis pela gestão do patrimônio das empresas, sendo controlados pela escrituração.

2.1.1 - Livro Diário

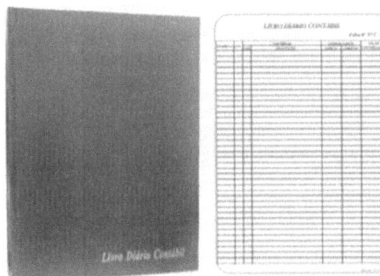

É um livro contábil de preenchimento obrigatório (exigido por lei) e de maior importância, onde são lançadas as operações DIÁRIAS de uma empresa. Nele, são registrados os fatos contábeis em **partidas dobradas**, ou seja, os totais débito e crédito deverão ser sempre iguais, sendo a conta débito lançada **SEMPRE** antes da conta crédito. Suas principais características são: Obrigatório, Cronológico e Fundamental ao processo contábil.

O livro Diário tradicional pode ser substituído por **fichas** (contínuas, em forma de sanfona, soltas ou avulsas). Porém, a adoção desse sistema não exclui a empresa de obediência aos requisitos intrínsecos, previstos na lei fiscal e comercial para o livro Diário.

exemplo de livro diário

As empresas que utilizam fichas, são obrigadas a adotar o livro próprio para a inscrição das demonstrações financeiras.

Em resumo, o Diário registra oficialmente todas as transações de uma empresa. Sendo assim, é necessário que ele atenda determinadas exigências e preencha certas formalidades. Estas formalidades têm a ver com sua apresentação exterior (formalidades extrínsecas) ou com a escrituração (formalidades intrínsecas).

OBS.: O livro Diário foi instituído pelo Decreto-Lei 486 de 03/03/69 e regulamentado pelo Decreto-Lei 64.567 de 22/05/69.

Formalidades extrínsecas

O livro Diário deve:

- Ser encadernado;
- Ter suas folhas numeradas tipograficamente;
- Se for empresa, deverá ser autenticado pelas Juntas Comerciais ou repartições encarregadas do Registro do Comércio;
- Se for Sociedade Simples ou entidade sem fins lucrativos, deverá ser autenticado no cartório de Registro Civil das Pessoas Jurídicas;
- Conter termo de abertura e de encerramento (na primeira e última página, respectivamente) devidamente preenchidos e autenticados.

Termo de abertura: finalidade a que se destina o livro, o número de ordem, o número de folhas, a firma individual ou o nome da sociedade a que pertença, o local da sede ou estabelecimento, o número e data do arquivamento dos atos constitutivos no Órgão de Registro estipulado e o número de registro no Cadastro Nacional de Pessoas Jurídicas (CNPJ).

Termo de encerramento: indica o fim a que se destinou o livro, o número de ordem, o número de folhas e a respectiva firma individual ou sociedade mercantil.

OBS.: Estes termos serão datados e assinados pelo comerciante ou por seu procurador e por um contabilista legalmente habilitado. Na localidade em que não haja profissional habilitado, os termos de abertura e encerramento serão assinados, apenas, pelo comerciante ou seu procurador.

Se estas formalidades não forem respeitadas, o Diário acaba sendo **completamente** invalidado, passando a fazer prova apenas contra o contribuinte.

Formalidades intrínsecas

- Utilização do idioma nacional e da moeda corrente do país;
- Uso da linguagem mercantil;
- Individualização e clareza dos lançamentos nele feitos;
- O registro dos fatos em rigorosa ordem cronológica de dia, mês e ano;
- A inexistência, na escrituração, de intervalos em branco, entrelinhas, borrões, rasuras, emendas, ou transportes para as margens.

Se estas formalidades não forem respeitadas, será invalidado **apenas** os registros onde ocorrerem.

Escrituração Manual

É necessário que o Livro Diário contenha:

- **Data da operação** (transação);
- **Título da conta débito e da conta crédito**;
- **Valor do débito e do crédito**;
- **Histórico** (alguns dados fundamentais sobre a operação em registro: número da nota fiscal, cheque, terceiros envolvidos, etc. O histórico deve ser o mais breve possível, escrito de forma reduzida).

OBS.: Todas as empresas, independentemente do seu porte ou tipo societário, são obrigadas a efetuar escrituração contábil. Cabe destacar ainda que o regime tributário que a empresa venha a utilizar também não pode interferir quanto ao assunto escrituração contábil, pois quem tem autoridade para emanar sobre este tema é tão somente o CFC (Conselho Federal de Contabilidade), para o qual os profissionais de contabilidade são obrigados a prestar contas.

2.1.1.2 - Lançamentos no Livro Diário

Lançamento é o meio pelo qual se processa a escrituração contábil, ou seja, é a forma de se efetuar o lançamento contábil no livro Diário. Este lançamento é feito a partir de operações.

Quando debitar e quando creditar?

Débito	Crédito
+A	-A
-P	+P
-PL	+PL

+A (mais bens e direitos/mais ativo)
-A (menos bens e direitos/menos ativo)
+P (aumenta dívida/mais obrigações/mais passivo)
-P (diminui dívida/menos obrigações/menos passivo)
+PL (mais receita/mais patrimônio líquido)
-PL (menos receita/mais despesa/mais custo/menos patrimônio líquido)

Exemplo 1

Operações realizadas durante o mês de Dezembro de 2015 na empresa "Bem Viver":

1) A empresa retirou dinheiro do caixa para depósito no banco no valor de $200.

D- Banco (+A)..... $200
C- Caixa (-A)....... $200

Explicação: Neste lançamento, a empresa diminui seu dinheiro disponível em caixa (-A) e aumentou seu dinheiro disponível na conta banco (+A).

2) Recebimento de $600 de clientes em dinheiro.

D- Caixa (+A)........ $600
C- Clientes (-A)...... $600

Explicação: A empresa recebeu dinheiro (mais bens) e diminuiu sua conta clientes (menos bens a receber), pois uma parte acaba de ser paga (a conta clientes significa valores que ainda não entraram, mas devem entrar - exemplo: cartão de crédito, cheque).

3) Pagamento de fornecedor em cheque no valor de $500.

D- Fornecedor (-P)...... $500
C- Banco (-A)............. $500

Explicação: A conta Fornecedores diminuiu em $500, ou seja, diminuiu a dívida (-P), e como foi pago em cheque, diminuiu o ativo da conta bancos.

4) Constituição da empresa "ABC" - <u>capital</u> totalmente integralizado em <u>dinheiro</u> - $5.000.

D- Caixa (+A)........................... $5.000
C- Capital subscrito (+PL)........... $5.000

Explicação: Nesta operação, os sócios colocaram dinheiro na empresa, aumentando o caixa. Como o capital aumentou, há também mais receita (+PL).

5) Compra de <u>veículo</u> com pagamento 50% <u>à vista em cheque</u> e 50% <u>financiado</u> a curto prazo em 10 parcelas. Valor total de $2.000.

D- Veículos (+A).......................... $2.000
C- Banco (-A).............................. $1.000
C- Financiamentos a pagar (+P)...... $1.000

Explicação: Com a compra do veículo, a empresa aumentou sua quantidade de bens (+A), pagou 50%, em cheque, diminuindo este valor do banco (menos recursos) e financiou a outra metade em 10 parcelas de $100, ou seja, criou uma dívida/obrigação.

A primeira providência a ser tomada para a constituição de uma empresa é o arquivamento dos seus atos constitutivos no Registro do Comércio ou no Registro Civil das Pessoas Jurídicas. Os lançamentos contábeis a serem registrados inicialmente são aqueles relacionados com o registro de sua constituição. Desta forma serão feitos os registros no livro diário da **"Subscrição do Capital Social" e da "Integralização do Capital Social".** Para melhor entendermos este lançamento precisamos entender o conceito de "Capital Social a Realizar", "Capital Subscrito" e "Capital Integralizado". O valor do capital social e a forma como deverá ser integralizado deverá estar formalizado em estatuto ou contrato social.

Há três formas de integralizar o capital social: em dinheiro; bens ou crédito.

Capital Subscrito:

É a parcela que o proprietário ou acionista de uma entidade se compromete a entregar para formação do Capital Próprio.

Capital Social a Realizar:

É a parcela do capital social subscrito, ainda não integralizado pelos sócios.

Capital Integralizado:

É a parte ou o total do Capital Subscrito que já foi pago ou liquidado pelos proprietários ou acionistas de uma entidade.

Dito isto, vamos ao exemplo prático:

Dois amigos Juarez e Gutierrez resolveram constituir uma sociedade por quotas de responsabilidade limitada. Uma das cláusulas do contrato social firmado entre eles formaliza a realização do capital social da seguinte forma:

- O capital social é de R$ 1.000.000,00 (um milhão de reais), dividido em 1.000.000 (um milhão) de cotas de R$ 1,00 (um real) cada uma, a ser integralizada da seguinte forma:

I – Juarez, 500.000 (quinhentas mil) quotas de R$ 1,00 (um real) cada uma, totalizando R$ 500.000,00 (quinhentos mil reais), sendo que: 300.000 (trezentos mil) quotas, totalizando R$ 300.000,00 (trezentos mil reais), integralizadas, neste ato, em moeda corrente do País, e 200.000 (duzentas mil) quotas, totalizando R$ 200.000,00 (duzentos mil reais) serão integralizadas no prazo de 120 (cento e vinte) dias em moeda corrente do País;

II – Gutierrez, 500.000 (quinhentas mil) quotas de R$ 1,00 (um real) cada uma, totalizando R$ 500.000,00 (quinhentos mil reais), integralizadas, neste ato, mediante incorporação à sociedade de um Galpão avaliado em R$ 300.000,00 (trezentos mil reais), conforme laudo pericial e de um veículo da marca Ford modelo F3000 ano 2011 avaliado em R$ 50.000,00 (cinquenta mil reais) e 150.000 (centro e cinqüenta mil) quotas, totalizando R$ 150.000,00 (cento e cinqüenta mil reais) serão integralizadas no prazo de 120 (cento e vinte) dias em moeda corrente do País.

Registros contábeis:

1) Pela subscrição do capital social:

D - Capital Social a Realizar (Patrimônio Líquido) - R$ 1.000.000,00

C - Capital Social Subscrito (Patrimônio Líquido) -- R$ 1.000.000,00

Histórico: Capital subscrito no valor de R$ 1.000.000,00, dividido em 1.000.000 quotas de R$ 1,00 cada uma, conforme o contrato social arquivado na Junta Comercial do Estado do Rio de Janeiro, cabendo 500.000 quotas ao sócio Juarez e 500.000 quotas ao sócio Gutierrez.

2) Pelo valor integralizado do capital em dinheiro:

D - Caixa (Ativo Circulante) -------------------------- R$ 300.000,00

C - Capital Social a Realizar (Patrimônio Líquido) - R$ 300.000,00

Histórico: Valor referente integralização de parte das quotas do sócio Juarez. 300.000 (trezentas mil).

3) Pela integralização do capital em bens:

D - Edificações (Ativo Imobilizado) R$ 300.000,00

D – Veículos (Ativo Imobilizado) R$ 50.000,00

C - Capital Social a Realizar (Patrimônio Líquido) R$ 350.000,00

Histórico: Valor referente à incorporação ao patrimônio da sociedade, para integralização das quotas do sócio Gutierrez, do imóvel (Galpão) localizado á Rua Comendador Cabral, 3270 – Bairro: Piedade, Rio de Janeiro – RJ e de um veículo da marca Ford modelo F3000 ano 2011.

4) Pela integralização do saldo das quotas dos sócios Juarez e Gutierrez, no prazo de 120 dias:

D - Caixa (Ativo Circulante) - R$ 200.000,00

D - Caixa (Ativo Circulante) - R$ 150.000,00

C - Capital Social a Realizar (Patrimônio Líquido) - R$ 350.000,00

Histórico: Valor da integralização do saldo das quotas dos sócios Juarez e Gutierrez

2.1.2 – Livro Razão

O Razão é um livro fundamental ao processo contábil e exigido pela legislação brasileira para empresas cuja tributação do Imposto de Renda seja com base no Lucro Real. Em virtude de sua eficiência, ele é indispensável em qualquer tipo de empresa.

Por meio do razão é possível controlar separadamente o movimento de todas as contas. O controle individualizado das contas é importante para se conhecer os seus saldos, possibilitando a apuração de resultados e elaboração de demonstrações contábeis, como o balancete de verificação do razão, balanço patrimonial, etc.

Ou seja, é o detalhamento por contas individuais dos lançamentos realizados no diário, sendo usado para resumir e totalizar, por conta ou subconta, estes lançamentos.

Este livro agrega as contas Patrimoniais (contas do BP e da DRE), compostas por ativo, passivo e patrimônio líquido e por receitas, despesas e custos.

Antigamente, o razão existia apenas em forma de livros, onde se atribuía o título de uma conta para cada página. Desta forma, havia uma página para Caixa, outra para Banco, outra para Estoque, e assim por diante. Com o passar do tempo, as folhas avulsas foram substituindo as páginas do livro, sendo muito comum o uso das *fichas razão* hoje em dia.

É dispensada a autenticação ou registro do livro pelos órgãos competentes, isto porque o Razão é cópia autentica do que foi escriturado no Livro Diário. Porém, na escrituração, deverão ser obedecidas as regras da legislação comercial e fiscal aplicáveis aos lançamentos em geral.

Escrituração manuscrita do Livro Razão

Deve conter no mínimo as seguintes informações:

Nome da conta
Data do lançamento: dia, mês e ano de ocorrência do fato que alterou o valor do componente patrimonial;
Contrapartida: é a conta que completa o lançamento de outra conta que está sendo escriturada;
Histórico do lançamento: descrição do fato administrativo do evento registrável na escrituração;
Débito e Crédito: indicação do valor que será acrescido e/ou diminuído do saldo da conta;
Saldo: diferença entre o somatório do débito e somatório do crédito; e
D/C: indicação da natureza do saldo - D (devedor) e C (credor).

OBS.: Se for usado *escrituração mecanizada*, além destes itens, deve conter também o **nº da folha** correspondente no livro diário.

Modelo de Razão

CONTA: CAIXA							
Data	Nº	Contrapartida	Histórico	Débito	Crédito	Saldo	D/C
01/01/20x7	1		Saldo anterior			82.000,00	D
12/01/20x7	1	Veículos	Vlr ref. compra de veículo cfe NF Nº		40.000,00	42.000,00	C
20/01/20x7	2	Estoques	Vlr ref. compra de mercadorias cfe NF Nº		12.000,00	30.000,00	C
27/01/20x7	2	Banco	Vlr ref. aumento de caixa cfe Doc. Nº	10.000,00		40.000,00	D

Razonetes

Razão e razonete são a mesma coisa. O razonete deriva do razão, ele é uma versão simplificada, uma forma didática do razão.

O razonete, também denominado gráfico ou conta em T, é bastante utilizado pelos contadores e é por meio dele que são feitos os registros individuais por conta. Ele foi criado para ser um recurso que ajude o entendimento da mecânica dos lançamentos contábeis.

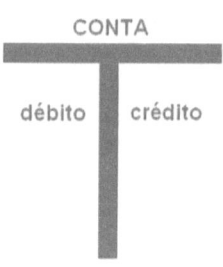

No lado esquerdo do razonete são lançados os **débitos** (saldos devedores) e no lado direito são lançados os **créditos** (saldos credores), ficando o nome da conta na parte de cima do **T**.

Sendo assim, de um lado do razonete registram-se os aumentos e do outro as diminuições. A natureza da conta é que determina que lado deve ser utilizado para aumentos e que lado deve ser utilizado para diminuições.

Toda conta de Ativo e todo acréscimo de Ativo são lançados no lado esquerdo do razonete (lado do débito). Toda conta de Passivo ou Patrimônio Líquido, bem como os acréscimos, serão lançados no lado direito do razonete (lado do crédito). Toda diminuição de Ativo será lançada no lado direito e toda diminuição de Passivo será lançada no lado esquerdo do razonete.

Em resumo, a importância dos razonetes é principalmente didática, para ajudar a entender como as operações de uma empresa ou organização são processadas pela contabilidade. Na prática, a fonte de dados para a obtenção do balancete (que é a fonte do Balanço Patrimonial e da DRE), é o Livro Diário.

2.1.2.1 - Balancete de Verificação do Livro Razão

O *balancete de verificação* é um demonstrativo contábil que reúne todas as contas em movimento na empresa e seus respectivos saldos (saldos de débito/saldos devedores e saldos de crédito/saldos credores).

Através do balancete é possível chegar a vários resultados importantes para a Contabilidade de uma empresa num dado período de tempo, bem como elaborar outros demonstrativos contábeis importantes, como por exemplo, Demonstração do Resultado do Exercício (DRE) e Balanço Patrimonial (BP).

É a relação de Contas extraídas do livro Razão (razonetes) da empresa, ou seja, é o conjunto de todas as contas (patrimonias e de resultado) dos razonetes com seus respectivos saldos finais. O saldo de cada conta é representado de acordo com sua natureza (devedora ou credora), e não apenas de acordo com o grupo a que pertence.

Ou seja, para elaborar um balancete, cada Conta será transferida do razonete para ele, com seu respectivo saldo. Assim, se a Conta no razonete apontar saldo final devedor (lado esquerdo), este saldo será transportado para a coluna do saldo devedor do balancete. Se a Conta apresentar no razonete saldo final credor (lado direito), este saldo será transportado para a coluna do saldo credor do balancete.

Importante: a soma dos saldos devedores deve ser **igual** à soma dos saldos credores. Se houver desigualdade, é sinal de que há erros na Contabilidade da empresa.

Há várias maneiras de se apresentar um Balancete de Verificação. Em todos eles deve existir o cabeçalho onde se indica o nome da empresa e a data do balancete. É possível representá-lo com os saldos iniciais de cada conta (devedor ou credor) e com os respectivos movimentos no período (débitos e créditos), ou simplesmente com os saldos finais das contas (devedor ou credor). Este último caso é o mais comum e também o mais prático.

Exemplo 1

EMPRESA XYZ - Balancete de Verificação em 31/11/20x1		
CONTA	SALDO ($)	
	Devedor	Credor
Caixa	300.000,00	
Banco conta-corrente	50.000,00	
Estoques	9.950,00	
Veículos	70.000,00	

Depreciação acumulada de veículos		1.800,00
Máquinas e equipamentos	217.340	
Móveis e utensílios	200.000	
Fornecedores		210.000,00
Salários a pagar		20.000,00
ICMS a recolher		110.500,00
Capital social		500.000,00
Receita de vendas		450.000,00
Receita financeira		19.000,00
ICMS sobre vendas	110.500,00	
CMV (Custo Mercadoria Vendida)	252.000,00	
Despesa com salários	80.000,00	
Despesa com férias	8.880,00	
Despesa com FGTS	7.600,00	
Despesa com depreciação	5.030,00	
TOTAL	**1.311.300,00**	**1.311.300,00**

* As contas listadas no balancete acima são tanto *patrimoniais* quanto *de resultado*:

- as contas Caixa, Banco conta-corrente, Estoques, Veículos, Máquinas e equipamentos e Móveis e utensílios fazem parte das contas **patrimoniais** (ficam no Ativo);

- a conta Depreciação acumulada de veículos faz parte das contas **patrimoniais** (fica no Ativo), porém, é uma conta **retificadora** (diminui o ativo) e seu saldo é *credor*;

- as contas Fornecedores, Salários a pagar e ICMS a recolher fazem parte das contas **patrimoniais** (ficam no Passivo);

- a conta Capital Social faz parte das contas **patrimoniais**, ficando no Passivo Total, porém, fica na subdivisão do Passivo, chamada Patrimônio Líquido (PL);

- as contas Receita de vendas, Receita financeira, ICMS s/ vendas, CMV, Desp. c/ salários, Desp. c/ férias, Desp. c/ FGTS e Desp. c/ depreciação fazem parte das contas de **resultado**, sendo elas receitas, despesas ou custos.

Exemplo 2

Razonetes:

```
      D       Caixa       C     D    Fornecedores   C     D      Banco       C
   (SI) $10.500,00                $70.000,00 (SI)   (SI) $42.000,00
        $70.000,00  $67.000,00    $10.000,00             $24.500,00  $35.000,00
        $35.000,00

   (SF) $48.500,00                $80.000,00 (SI)(SF) $31.500,00
```

Balancete (simplificado):

EMPRESA ABC - Balancete de Verificação em 12/02/20x9		
CONTA	SALDO ($)	
	Devedor	Credor
Caixa	48.500,00	
Banco	31.500,00	
Fornecedores		80.000,00
TOTAL	**80.000,00**	**80.000,00**

2.1.3 – Livro Caixa

No Livro Caixa são registrados todos os recebimentos e pagamentos em dinheiro, lançados de forma cronológica (dia, mês e ano).

É um livro auxiliar de registro contábil, e seu uso é facultativo. O Livro Caixa se destina ao controle dos lançamentos exclusivos de entrada e saída, da conta Caixa da empresa.

Quando se inicia uma empresa, é necessário que ela possua um controle financeiro de seus lucros e despesas. Neste livro é feito um controle pessoal da empresa, que pode no futuro auxiliar na declaração do Imposto de Renda.

O Livro Caixa é na maior parte das vezes adotado pela tesouraria da empresa (departamento responsável pela execução dos recebimentos de receitas e pagamentos de despesas) ou de qualquer outra entidade com ou sem fins lucrativos.

As anotações devem ser metódicas, diárias e detalhadas. Não deve-se anotar rendimentos futuros (notas que ainda não compensaram e cheques pré-datados). Todas as Notas Fiscais e comprovantes de pagamentos devem ser guardados, pois são eles que ajudarão a preencher o Livro Caixa corretamente (pode ser de gastos de energia elétrica, aluguel, água, telefone, material de expediente (escritório) e de limpeza, bem como reparos e conservação do local, etc.)

Estrutura do Livro Caixa

Deve-se conter no Livro Caixa:

- data do registro;
- breve histórico;
- entradas e saídas (débito e crédito, respectivamente, lembrando que não usa-se os dois em um mesmo registro);
- saldo atual da conta Caixa (saldo anterior mais débito ou menos crédito da conta em questão).

Exemplo:

\multicolumn{4}{c}{LIVRO CAIXA}				
Data	Histórico	Débito (entradas)	Crédito (saídas)	Saldo
01/12/2012	Saldo do mês anterior	-	-	R$750,00
07/12/2012	Recebimento da fatura mês 10/2012 cfe doc nº140	R$890,00		R$1.640,00
15/12/2012	Compra material de expediente cfe		R$250,00	R$1.390,00

	NF nº89367			
20/12/2012	Pagamento aluguel mês 11/12 cfe documento nº127		R$520,00	R$870,00
22/12/2012	Venda de mercadorias cfe NF nº39561	R$1.000,00		R$1.870,00
		Saldo do mês		R$1.120,00
		Saldo anterior		R$750,00
		Saldo atual		**R$1.870,00**

OBS.: As empresas optantes pelo SIMPLES NACIONAL estão obrigadas, perante o fisco, à escrituração do Livro Caixa, observando as exigências contidas na Lei no 9.317/96 e as demais formalidades, inclusive quanto aos termos de abertura e encerramento.

2.1.4 – Livro Registro de Inventário (Fiscal)

Ao final de cada exercício social, deverão ser detalhados nesse livro e agrupados por natureza os materiais existentes em estoques no momento. Tais valores foram utilizados na apuração do resultado da empresa. Devem ser demonstrados os materiais existentes na empresa e aqueles que estão em poder de terceiros (em consignação, para industrialização, em demonstração, em conserto e em feiras ou exposições)

2.1.5 – Livro de Apuração do Lucro Real (LALUR) Decreto 1.598/77 (Fiscal)

É obrigatório para todas as pessoas jurídicas contribuintes do imposto de renda com base no Lucro Real (IN-SRF 028 de 13/06/78). Nele é separado de forma inequívoca, o Lucro Contábil do Lucro Fiscal (para fins de tributação).

Partindo do Lucro Líquido contábil, são feitos ajustes de:

- Adições: Devem ser adicionados ao lucro líquido contábil os valores de:

Custos, despesas, encargos, provisões, assim como qualquer outros valores deduzidos na apuração do lucro líquido contábil, que de acordo com o Regulamento do Imposto de Renda (RIR), são considerados não dedutíveis. Exemplos: Despesas e custos não relacionados com a atividade principal, provisões não dedutíveis, multas por infração fiscal, depreciação acima do limite legal, etc.

- Exclusões: Podem (facultativamente) ser excluídos do lucro líquido contábil, os valores de:

Receitas, rendas ou quaisquer outros valores incluídos na apuração do lucro líquido contábil que de acordo com a legislação, não sejam computados na determinação do Lucro Real. Exemplos: Dividendos recebidos de outras pessoas jurídicas.

O LALUR é composto de duas partes:

- Parte A: Para o lançamento dos ajustes (as adições e as exclusões) do resultado líquido do período de apuração, ou seja, o que não é dedutível será adicionado e o que não é tributável será excluído. Será escriturado também a demonstração do lucro real com os ajustes feitos.

- Parte B: Para controlar os valores que não constam da escrituração comercial, mas que influenciam a apuração do lucro real de exercícios futuros.

2.1.6 – Livros Societários (Lei 6.404/76, artigo 100, incisos I a VIII)

- Registro de ações nominais e registro de ações endossáveis;

- Registro de transferência de ações nominativas;

- Registro de partes beneficiárias e de transferências;

- Registro de debêntures, bônus de subscrição;

- Registro de atas de assembleias gerais;

- Registro de presença de acionistas;

- Registro de atas de reunião da diretoria, do conselho fiscal;

- Registro de atas e pareceres do conselho fiscal.

Capítulo 3 – Regimes Contábeis

3.1 – Regime de Caixa

Regime de caixa é o regime contábil que apropria as receitas e despesas no período de seu efetivo recebimento ou pagamento, independentemente do momento em que foram realizadas.

Em resumo:

1. Uma despesa só é considerada *Despesa Incorrida* quando for paga, independente do momento em que esta foi realizada ou da existência de um compromisso de pagamento (contrato, título, boleto, nota fiscal, etc.).
2. Uma receita só é considerada *Receita Ganha* quando for recebida, independente do momento que o fato gerador tenha ocorrido ou da existência de um compromisso de recebimento.

Exemplos:

1. Suponha a assinatura anual de um jornal que custa $ 120,00 em que a quantia será paga à editora em 4 vezes sem juros de $ 30,00. No regime de caixa o valor pago será considerado uma despesa incorrida no momento de seu pagamento, ou seja, $ 30,00 a cada mês. Em contraste com o **regime de competência,** nele a despesa seria de $ 120,00 incorrida no mês em que a assinatura do jornal foi realizada, independente da forma como ela foi efetivamente paga.
2. Suponha a venda de um bem qualquer (ex. um computador) para pagamento em 60 dias. No regime de caixa a receita só será considerada ganha quando for efetivamente recebida, ou seja, no dia que o pagamento for realizado pelo cliente, isto é, em 60 dias. Já no regime de competência a receita seria considerada receita ganha no momento em que o bem foi vendido, independente do momento que será pago.

O regime de caixa é oposto ao regime de competência, pois considera as saídas e entradas de caixa como "gatilho" para o registro contábil da transação. Trata-se de um sistema utilizado em microempresas ou somente com objetivo gerencial, enquanto o Regime de Competência melhor atende ao Princípio Contábil de Competência.

No Brasil, após a escolha do regime de caixa ou competência, este deverá se manter por todo o ano - não sendo permitido mudar durante o ano base.

Existem ainda mais dois regimes contábeis: o de competência e o misto, sendo este último utilizado na contabilidade pública.

Sob o regime de caixa, os recebimentos e os pagamentos são reconhecidos unicamente quando se recebe ou se paga mediante dinheiro ou equivalente.

Este método é frequentemente usado para a preparação de demonstrações financeiras de entidades públicas. Isto é devido ao fato de que o objetivo principal da contabilidade governamental é identificar os propósitos e fins para os quais se tenham recebido e utilizados os recursos, e para manter o controle orçamentário da citada atividade.

Alguns aspectos da legislação fiscal permitem a utilização do regime de caixa, para fins tributários. Porém, de modo algum o regime de competência pode ser substituído pelo regime de caixa numa entidade empresarial, pois se estaria violando um princípio contábil.

Se a legislação fiscal permite que determinadas operações sejam tributadas pelo regime de caixa, isto não significa que a contabilidade deva, obrigatoriamente, seguir seus ditames. Existem livros fiscais (como o Livro de Apuração do Lucro Real – LALUR), que permitem os ajustes necessários e controles de tal tributação, à margem da contabilidade.

O que não se pode nem se deve é submeter a contabilidade a uma distorção, apenas para cumprir a necessidade de informação de um único organismo, como é o caso do fisco.

3.2 – Regime de Competência

O regime de competência é um princípio contábil, que deve ser, na prática, estendido a qualquer alteração patrimonial, independentemente de sua natureza e origem.

Sob o método de competência, os efeitos financeiros das transações e eventos são reconhecidos nos períodos nos quais ocorrem, independentemente de terem sido recebidos ou pagos.

Isto permite que as transações sejam registradas nos livros contábeis e sejam apresentadas nas demonstrações financeiras do período no qual os bens (ou serviços) foram entregues ou executados (ou recebidos). É apresentada assim uma associação entre as receitas e os gastos necessários para gerá-las.

As demonstrações financeiras preparadas sob o método de competência informam aos usuários não somente a respeito das transações passadas. Portanto, proporcionam o tipo de informações sobre transações passadas e outros eventos, que são de grande relevância aos usuários na tomada de decisões econômicas.

As receitas e as despesas devem ser incluídas na apuração do resultado do período em que ocorrerem, sempre simultaneamente quando se correlacionarem, independentemente de recebimento ou pagamento.

O reconhecimento simultâneo das receitas e despesas, quando correlatas, é conseqüência natural do respeito ao período em que ocorrer sua geração.

Para todos os efeitos, as Normas Brasileiras de Contabilidade elegem o regime de competência como único parâmetro válido, portanto, de utilização compulsória no meio empresarial.

3.2.1 - RECONHECIMENTO DAS RECEITAS

As receitas consideram-se realizadas:

1. Nas transações com terceiros, quando estes efetuarem o pagamento ou assumirem compromisso firme de efetivá-lo, quer pela investidura na propriedade de bens anteriormente pertencentes à ENTIDADE, quer pela fruição de serviços por esta prestados;

2 – Quando da extinção, parcial ou total, de um passivo, qualquer que seja o motivo, sem o desaparecimento concomitante de um ativo de valor igual ou maior;

3 - Pela geração natural de novos ativos independentemente da intervenção de terceiros;

4 – No recebimento efetivo de doações e subvenções.

3.2.2 - RECONHECIMENTO DOS GASTOS

Consideram-se incorridas os gastos:

1 – quando deixar de existir o correspondente valor ativo, por transferência de sua propriedade para terceiro;

2 – pela diminuição ou extinção do valor econômico de um ativo;

3 – pelo surgimento de um passivo, sem o correspondente ativo.

Entendendo a diferença entre Regime de Caixa e Regime de Competência

No **Regime de Competência**, o registro do documento se dá na **data que o evento aconteceu**. Este evento pode ser uma entrada (venda) ou uma saída (despesas e custos). A contabilidade define o Regime de Competência como sendo o registro do documento na data do **fato gerador** (ou seja, na data do documento, não importando quando vou pagar ou receber).

A Contabilidade utiliza o Regime de Competência, ou seja, as Receitas ou Despesas tem os valores contabilizados dentro do mês onde ocorreu o fato Gerador, isto é, na data da realização do serviço, compra do material, da venda, do desconto, não importando para a Contabilidade quando vou pagar ou receber, mas sim quando foi realizado o ato.

Já o **Regime de Caixa** é diferente do regime de competência. No Regime de Caixa, consideramos o registro dos documentos na **data que foram pagos ou recebidos**, como se fosse uma conta bancária.

Regime de Competência	Regime de Caixa
Contabilidade	Financeiro

Para realizar a medição dos resultados de uma empresa, o mais comum e recomendado é que se utilize do Regime de Competência, onde além de se considerar as vendas efetuadas e as despesas realizadas, também considera-se a depreciação, que no Regime de Caixa não é considerada. O **Demonstrativo de Resultados do Exercício (DRE)**, um dos mais importantes relatórios de gestão de uma empresa, é confeccionado pelo Regime de Competência. Através deste relatório podemos saber se uma empresa teve lucro ou prejuízo em um determinado período de tempo.

Porém, o Regime de Caixa também é muito importante. É através dele que são confeccionados os demonstrativos financeiros da empresa, como por exemplo o **Demonstrativo de Fluxo de Caixa (DFC)**, outro dos três demonstrativos essenciais para gestão. Este relatório nos mostra as entradas e saídas de dinheiro da empresa, e é através dele que sabemos como está a saúde financeira da organização.

Muitas vezes a companhia pode ter um grande volume de vendas, e produtos com boas margens, apresentando lucro no DRE. Porém pode ter seus processos de pagamentos e recebimentos mal dimensionados, ficando assim sem disponibilidade de dinheiro em caixa, e isso é obtido exatamente pela leitura do DFC.

Um exemplo bastante simples, mas que nos ajuda a ilustrar a diferença entre regime de caixa e regime de competência é o uso do cartão de crédito pessoal. Imagine uma pessoa que tenha um salário de R$ 1.000 e que tenha gasto durante o mês R$ 700 em seu cartão de crédito, isto em várias compras ao longo do mês. O cartão desta pessoa vence no dia 10 do mês seguinte. Esta será então a data do **regime de caixa**, ou seja, quando a pessoa fará o desembolso para quitar sua fatura. Já a data onde cada compra foi realizada no decorrer do mês é a competência das despesas, ou seja, a data onde houve o fato gerador de cada despesa.

Outro ponto importante neste caso é o equilíbrio que citamos anteriormente. Neste exemplo, a pessoa tem R$ 1.000 de recebimentos e R$ 700 de pagamentos, ou seja, se fôssemos analisar através de um DRE, seria apresentado lucro de R$ 300. Porém, imagine que esta pessoa receba seu salário no dia 15. Como seu cartão vence no dia 10, a pessoa ficaria 5 dias em dívida com o pagamento do cartão, o que se analisássemos através de um DFC, nos mostraria uma falha, uma deficiência de caixa.

Capítulo 4 – Estrutura do Balanço Patrimonial

O Balanço Patrimonial (BP) é a principal Demonstração Financeira existente (relatório contábil obrigatório por Lei). Ele mostra como de fato está o **Patrimônio** da empresa, refletindo sua posição financeira em um determinado momento (no fim do ano ou em qualquer data predeterminada).

No Balanço, o Patrimônio se encontra em equilíbrio, equilibra os bens e direitos com as obrigações e as participações dos acionistas. Desta forma, ele é a igualdade patrimonial. O BP mostra o Patrimônio da entidade tanto quantitativa quanto qualitativamente (apresenta cada item que faz parte do Patrimônio e quanto se tem de cada um).

O termo "Balanço" origina-se do equilíbrio **Ativo = Passivo + PL; Aplicações = Origens; Bens + Direitos = Obrigações**. Parte da ideia de uma balança de dois pratos, onde sempre há a igualdade de um lado com o outro (se não estiver em igualdade, significa que há erros na contabilidade da entidade).

O BP demonstra, de maneira organizada, quais são (aspecto qualitativo) e quanto valem (aspecto quantitativo) os bens, direitos e obrigações.

Em resumo, o Balanço Patrimonial é a demonstração contábil destinada a evidenciar, quantitativa e qualitativamente, numa determinada data, a posição patrimonial e financeira da entidade.

4.1 - Estrutura do Balanço Patrimonial

O BP tem na sua constituição duas colunas: a coluna do lado esquerdo é a do Ativo e a coluna do lado direito é a do Passivo (determinado por convenção).

No lado esquerdo são discriminados os bens e direitos, especificando-se qualitativamente cada componente e indicando seu valor monetário (aspecto quantitativo).

No lado direito são discriminadas as obrigações (dívidas) que a empresa possui para com terceiros, por sua natureza e por sua expressão monetária.

Também no lado direito são discriminadas as contas do Patrimônio Líquido, sendo as obrigações para com a empresa. São os recursos que os acionistas, sócios investiram na entidade. Ex.: investimento feito pelos proprietários (dinheiro aplicado), reserva de lucros, etc.

Balanço Patrimonial	
ATIVO	PASSIVO
bens + direitos	obrigações com terceiros
	PATRIMÔNIO LÍQUIDO
	obrigações com a empresa (diretores, acionistas, etc.)
TOTAL ATIVO $	TOTAL PASSIVO $

(Total ativo = Total passivo)

Conceitos importantes:

Curto prazo - todos os bens e direitos realizáveis em moeda ou passíveis de conversão e as obrigações com vencimento **até o término** do exercício social (ano) seguinte.

OBS.: pode acontecer de a entidade ter o ciclo operacional com duração maior do que o período de 12 meses, dessa forma a classificação como curto ou longo prazo terá por base o prazo desse ciclo.

Longo prazo - todos os bens e direitos realizáveis em moeda ou passíveis de conversão e as obrigações com vencimento **após o término** do exercício social (ano) seguinte.

Grau de liquidez - é o maior ou menor prazo no qual os *Bens* e os *Direitos* podem ser transformados em dinheiro. Ex.: conta Caixa é a de maior liquidez, por já ser dinheiro. Já a conta Veículos é de menor liquidez que a conta Caixa, pois demora mais para se transformar em dinheiro (primeiro precisa-se vender o veículo para depois ter o dinheiro em mãos).

Nível de exigibilidade - é o maior ou menor prazo existente para que as *Obrigações* sejam pagas. As contas que deverão ser pagas mais rapidamente (curto prazo) têm um maior nível de exigibilidade do que as contas que serão liquidadas (pagas) em um prazo maior (longo prazo).

Realizável - representa tudo o que se pode mudar, converter, transformar em disponibilidade (dinheiro), sendo uma expressão usada no Ativo. Exemplo: uma duplicata de cliente é um direito realizável e em um determinado momento ela se transformará em dinheiro.

4.2 - Classificação das Contas no BP

Todos as contas do Ativo encontram-se discriminadas no lado esquerdo do Balanço Patrimonial e são classificadas em **ordem decrescente do grau de liquidez** dos elementos patrimoniais que representam. Ou seja, de acordo com a rapidez com que podem ser convertidas em dinheiro (ordem de liquidar as dívidas, de pagar os compromissos). Os itens de maior liquidez aparecem no começo do Ativo, já os de menor liquidez aparecem em último lugar. Ex.: a conta Caixa é a de maior liquidez, encontrando-se no topo. Já a conta Máquinas e Equipamentos tem uma liquidez menor, encontrando-se classificada mais abaixo, pois não possui o mesmo potencial que a conta Caixa para ser convertida em dinheiro.

Todas as contas do Passivo encontram-se discriminadas no lado direito do Balanço Patrimonial e são classificadas segundo a **ordem decrescente de**

exigibilidade. As contas são originadas de **recursos de terceiros** e são classificadas de acordo com o seu vencimento, isto é, aquelas contas que serão liquidadas mais rapidamente (curto prazo) aparecem no topo da coluna do Passivo, e as que serão pagas em um prazo maior (longo prazo) aparecem mais para o final.

Já no Patrimônio Líquido (PL) (que faz parte do Passivo), também do lado direito do Balanço Patrimonial, as contas são originadas de **recursos próprios**, como investimentos feitos pelos proprietários (dinheiro aplicado) para abertura da empresa, por reserva de lucros, prejuízos ou lucros acumulados, etc. Quando o saldo do PL aumenta, significa que a empresa ficou mais rica. Quando o saldo do PL diminui, significa que ela ficou mais pobre.

IMPORTANTE.: É importante saber que os Lucros Acumulados só podem existir em empresas de *pequeno porte*. Nas Sociedades por Ações (SAs, Companhias, empresas de grande porte), deve haver distribuição de lucros, sendo a conta Lucros Acumulados uma *conta transitória* usada para a transferência do lucro apurado do exercício. De acordo com a Lei 11.638/07, torna-se obrigatória a destinação **total** dos Lucros nas SAs e empresas de grande porte.

IMPORTANTE: Sociedades de Grande Porte são empresas que apresentaram faturamento superior a 300 milhões de reais no exercício imediatamente anterior ao que estamos encerrando. Adicionalmente, são também consideradas de grande porte empresas com ativos iguais ou superiores a 240 milhões de reais.

De acordo com o artigo 178 da Lei 6.404/76 (Lei das Sociedades por Ações), as contas são classificadas nos seguintes grupos, segundo os elementos do patrimônio que representam:

Balanço Patrimonial	
ATIVO	PASSIVO
Circulante	Circulante
Não Circulante	Não Circulante
Ativo realizável a longo prazo	

Investimentos	**Patrimônio Líquido**
Imobilizado	Capital social
Intangível	Reservas de capital
	Ajustes de avaliação patrimonial
	Reserva de lucros
	Ações em tesouraria
	Prejuízos acumulados
TOTAL ATIVO $	**TOTAL PASSIVO** $

O artigo 179 da Lei 6.404/76 (Lei das Sociedades por Ações) fala sobre como as contas deverão ser classificadas. Porém, podemos classificá-las da seguinte forma para um melhor entendimento:

Balanço Patrimonial	
ATIVO	**PASSIVO**
Circulante	**Circulante**
Disponibilidades	Fornecedores
Créditos	Obrigações trabalhistas
Estoques	Empréstimos e financiamentos (CP)
Outros créditos	Obrigações tributárias
Despesas antecipadas	Provisões e encargos das provisões
	Outras obrigações
Não Circulante	
Realizável a longo prazo	**Não Circulante**
Investimentos	Exigível a longo prazo
Imobilizado	
Intangível	**Patrimônio Líquido**
	Capital
	Reservas

	Ajustes de avaliação patrimonial
	Prejuízos acumulados
TOTAL ATIVO $	**TOTAL PASSIVO** $

As contas que fazem parte dos grupos e subgrupos acima demonstrados se classificam de formas diferentes. A partir da próxima página veremos qual o significado de cada grupo (Ativo, Passivo Exigível e Patrimônio Líquido) e também seus subgrupos e contas existentes.

4.2.1 - Ativo

O Ativo faz parte das *Contas Patrimoniais* e compreende o conjunto de Bens e Direitos da organização (entidade, empresa), possuindo valores econômicos e podendo ser convertido em dinheiro (proporcionando ganho para a empresa).

É a parte positiva da posição patrimonial e identifica onde os recursos foram aplicados. Representa os benefícios presentes e futuros para a empresa.

As contas do Ativo são classificadas em **ordem decrescente do grau de liquidez** (de acordo com a rapidez com que podem ser convertidas em dinheiro).

É um recurso controlado pela entidade como resultado de eventos passados e do qual se espera que resultem, no futuro, benefícios econômicos para a entidade. Ou seja, deve ser compreendido como o conjunto de recursos financeiros e econômicos que são administrados de forma a gerarem mais recursos financeiros e econômicos. A finalidade de uma empresa é o lucro, e o Ativo é a aplicação de bens e direitos de modo a produzir lucro.

Para que algo possa ser considerado um ativo, é necessário que ele cumpra quatro requisitos: constituir bem ou direito para a empresa, ser de propriedade, posse ou controle da sociedade, ser mensurável monetariamente e trazer benefícios (ou expectativa de benefícios) para a empresa. O dinheiro é o ativo por excelência, pois é o meio de troca da economia e sua liquidez é plena.

As contas deste grupo não se encerram com a apuração do resultado do exercício e podem ser debitadas ou creditadas, sendo o saldo sempre **devedor** (com exceção das Contas redutoras do ativo).

O Ativo se divide em duas partes: Ativo Circulante e Ativo Não Circulante.

4.2.1.1 - Ativo Circulante

O Ativo Circulante agrupa dinheiro e tudo o que será transformado em dinheiro rapidamente. São contas que estão constantemente em giro, movimento, circulação.

Neste grupo são registrados os bens e direitos que a empresa consegue realizar (transformar) em dinheiro até o final do exercício seguinte, ou seja, no **curto prazo**.

Ex: Uma empresa cujo exercício social encerre em 31 de dezembro, ao realizar o encerramento do exercício de 31 de dezembro de 2006, deverá classificar no curto prazo (ativo circulante) todos os valores realizáveis até 31 de dezembro de 2007.

OBS.: As contas de direitos classificadas nesse grupo se transformarão em dinheiro aumentando o caixa da empresa (ex.: Clientes) ou diminuindo pagamentos pendentes (ex.: Adiantamento a fornecedores).

Fazem parte do Ativo Circulante os grupos a seguir:

1) Disponibilidades

Compreendem valores existentes em Caixa e Bancos, assim como as aplicações de curtíssimo prazo e liquidez absoluta. Significa o que está disponível para a empresa, podendo ser utilizado a qualquer momento e para qualquer fim. As contas deste grupo estão a todo instante sendo movimentadas (entra e sai dinheiro). São elas:

Caixa: dinheiro existente (em espécie) na empresa, sendo o item de maior liquidez (rapidez com que pode ser convertido em dinheiro). Quando for necessário usar este dinheiro, ele estará à disposição na própria empresa.

Banco conta movimento: nessa conta são registrados os recursos depositados em contas-correntes de livre movimentação. As contas de livre movimentação são as contas bancárias cujo saldo pode ser sacado imediatamente pelo cliente, no todo ou em parte. São as contas que a empresa usa para fins de compras (com cheque ou cartão), vendas (recebimentos de compras parceladas), empréstimos, etc.

OBS.: Também pode existir a conta Poupança (se a empresa tiver).

Aplicações financeiras: a curto prazo, representam os investimentos efetuados pela empresa em títulos de liquidação imediata (que sejam prontamente conversíveis em dinheiro). Ou seja, são investimentos por um curto período, pois assim que a empresa necessitar do dinheiro, ela pode se desfazer da aplicação e usá-lo. São realizadas pelas entidades com o objetivo de obter recursos financeiros, geralmente sendo realizadas junto a estabelecimentos bancários (as empresas normalmente efetuam essas aplicações por obter boas taxas remuneratórias, por excesso de recursos monetários, por obrigações contratuais ou por falta de opção de negócios).
- Aplicações com rendimentos prefixados: a empresa fica sabendo, **no dia da aplicação**, o valor dos seus rendimentos, que correspondem à correção monetária prefixada mais os juros.

- Aplicações com rendimentos pós-fixados: a empresa somente fica sabendo quanto ganhou com a operação **no dia do seu resgate**.

Depósitos bancários à vista: para cheques e/ou transferências que entrarão na conta da empresa a curto prazo, Etc.

4.2.1.2) Créditos

São direitos que a empresa tem a receber. Fazem parte deste grupo as contas:

Duplicatas a receber *ou* Clientes: valores a receber decorrentes das vendas efetuadas pela empresa. Esta conta é usada quando o cliente compra e leva o produto ainda sem ter pago o valor total que deve (compra a crédito com cartão ou com cheque pré-datado, compra parcelada a curto prazo). Ou seja, são valores ainda não recebidos decorrentes de vendas de mercadorias.

Provisão para Créditos de Liquidação Duvidosa (PCLD): conta redutora do ativo

Títulos a receber: são representados, na maioria das vezes, por notas promissórias. Esses títulos podem ser originários de duplicatas não pagas no vencimento, cujos valores renegociados passam a ser representados por notas promissórias ou por outro título equivalente com prazo de vencimento dilatado, conforme acordo entre as partes. Representam também valores de empréstimos a receber de terceiros e de vendas não ligadas às operações normais da empresa, tais como vendas de investimentos como ações, debêntures, imóveis, etc.

Outras contas a receber: são valores ainda não recebidos, decorrentes da prestação de serviços a prazo (no curto prazo). São os serviços prestados e ainda não faturados, sendo um direito a receber que a empresa possui. Fazem parte as contas:

Juros a receber: são os juros a receber de terceiros originários de empréstimos, bem como de outras operações nas quais os juros não sejam agregados aos próprios títulos.

Adiantamento a fornecedores: os adiantamentos efetuados a fornecedores de matéria-prima ou produto para revenda são registrados nessa conta. **OBS.:** A baixa será efetuada por ocasião do efetivo recebimento, registrando-se o custo total na correspondente conta de Estoques, e caso haja saldo a pagar, na conta Fornecedores, no passivo circulante. Etc.

4.2.1.3) **Estoques**

São as mercadorias para serem revendidas que a empresa possui. Essa conta registra o valor dos estoques na data do fechamento do balanço. São contas deste grupo:

Estoque de produtos acabados: produtos cujo processo de fabricação foi concluído e já se encontram em condições de venda.

Estoque de mercadorias para revenda: compreende as mercadorias adquiridas para comercialização.

Estoque de produtos em elaboração: são classificados todos os produtos que, no fechamento do balanço, ainda se encontram em fase de produção. Compreende todos os custos aplicados nesses produtos. Em empresas prestadoras de serviços, essa conta é chamada de Serviços em Andamento.

Estoque de matéria-prima: quando se trata de produtos que ainda não tenham sofrido qualquer tipo de uso para produção de novos produtos. No comércio, esse estoque é chamado de Material de Revenda.

Estoque de materiais: compreende todo tipo de material existente na empresa, tanto aquele que se incorpora ao produto como aquele auxiliar da produção, administração e entregas.

OBS.: a conta Estoque de materiais pode ser dividida em outras contas, como por exemplo:

Estoque de matéria-prima

Estoque de materiais secundários

Estoque de embalagens

Estoque de peças para reposição

Etc.

Estoque de mercadorias em trânsito: compreende os bens comprados pela empresa que, na data do balanço, se acham em transporte a caminho da empresa.

Provisão para ajuste ao valor de mercado: conta redutora do ativo

4.2.1.4) Outros créditos

São as contas a receber que não se enquadram nos grupos anteriores, sendo contas de curto prazo, assim como as demais do Ativo Circulante.

OBS.: Deve-se observar a relevância de cada conta do balanço e decidir se vale a pena considerá-las como um item isolado ou não. Se não, deve-se agrupá-las com outras contas. A não ser em casos especiais, nenhum item com menos de 5% do ativo circulante precisa ser destacado. Acima de 10%, convém refletir sobre a necessidade de destacá-lo ou não e com mais de 20% certamente deve ser destacado. Essa não é, contudo, uma regra fixa. É apenas uma sugestão geral que precisa ser analisada em cada caso.

Fazem parte deste grupo:

Impostos a recuperar: impostos pagos no ato da compra de mercadorias, incidentes sobre as compras realizadas. Denomina-se *a recuperar* pois quando ocorrer a vendas das mercadorias, o valor de imposto pago será reduzido dos *Impostos a recolher* (referente à venda de mercadorias). Desta forma, a empresa pagará apenas a diferença de valor, diminuindo o imposto das compras do imposto das vendas. São contas de impostos a recuperar:

ICMS a recuperar: Imposto sobre Circulação de Mercadorias e Serviços (alíquota de 17%, podendo variar dependendo da legislação vigente)

PIS a recuperar: Programa de Integração Social (alíquota de 1,65%, podendo variar dependendo da legislação vigente)

COFINS a recuperar: Contribuição para Financiamento da Seguridade Social (alíquota de 7,6%, podendo variar dependendo da legislação vigente)

IPI a recuperar: Imposto sobre Produtos Industrializados (alíquota varia dependendo do produto)

Etc.

OBS.: A empresa apenas não irá recuperar o imposto quando o valor de compras for maior que o valor de vendas (o que raramente acontece).

Adiantamento a terceiros: pagamentos ou parcelas de pagamentos antecipadas a terceiros, mas sem vinculação específica ao fornecimento de bens, produtos ou serviços predeterminados. Ou seja, se for adiantamento relacionado a produtos para revenda ou que fazem parte do produto, se classificará na conta *Adiantamento a fornecedores*. Já os demais adiantamentos, de coisas que a empresa adquire (sem um tipo determinado), classifica-se nesta conta.

Adiantamento a funcionários: nesta conta devemos juntar todas as operações de créditos a funcionários por adiantamentos concedidos por conta de salários, de despesas, de empréstimos e outros. Quando chegar o dia de pagamento de cada um destes itens, o valor que constar de adiantamento deverá ser reduzido do valor a ser pago pela empresa. São contas de adiantamento a funcionários:

Adiantamento para viagens
Adiantamento de salários
Adiantamento de 13º salário
Adiantamento de férias
Etc.

Aluguéis ativos a receber: valor de aluguel que a empresa tem a receber, sendo um direito. Exemplo: no final do mês, ano, ou data estipulada entre as partes, o cliente deverá pagar para a empresa o valor de aluguel do imóvel. A empresa forneceu o ambiente e agora ela tem o direito de receber o dinheiro equivalente a este aluguel. Sendo assim, é o aluguel que o cliente usou e ainda não pagou (que será pago em uma data estipulada).

Etc.

5) Despesas Antecipadas

Aqui são classificadas as aplicações de recursos em despesas cujo benefícios para a empresa ocorrerão no exercício seguinte. Ou seja, são valores relativos a despesas já pagas e que beneficiarão o exercício seguinte àquele da data de encerramento do balanço (contas realizadas em aproximadamente 12 meses, dependendo do ciclo operacional da empresa).

São despesas a vencer, a apropriar, a transcorrer, antecipadas. Elas serão futuramente apropriadas decorrente dos pagamentos feitos antecipadamente, sendo direitos da empresa.

OBS.: Por se tratar de aplicação antecipada de recursos financeiros em despesas a serem incorridas no exercício seguinte, a sua apropriação às contas de resultado terá lugar à medida que os benefícios forem auferidos (obtidos).

Contas que fazem parte deste grupo:

Prêmio de seguros a vencer (ou a apropriar): quando a empresa faz um contrato de seguro, o segurador se obriga com a segurada mediante pagamento de um prêmio, a indenizá-la de prejuízo decorrente de riscos futuros, previstos no contrato. Ex.: Seguro de vida dos funcionários, Seguro de automóvel, Seguro da empresa, etc.

- Aluguéis passivos a vencer (ou a apropriar): pagamento antecipado de aluguéis pela empresa, mas que ainda não foram usados pelo tempo contratado. Sendo assim, é direito da empresa usufruir dos aluguéis pelo tempo que foram pagos.

    OBS.: Tem a denominação *passivos* pois é uma conta que se relaciona a eventos que importam em redução do patrimônio da entidade. Por isso, é uma conta de despesa.

Assinaturas e anuidades a apropriar: são títulos de assinaturas que a empresa compra por "x" meses ou por um ano, seja de jornais, revistas, TV a cabo, etc. **Ex.:** Assinatura de um jornal pelo período de um ano com pagamento à vista (foi pago pela empresa o valor de um ano de assinatura, sendo assim, por um ano a empresa tem o direito de usufruir do pacote).

Antecipação de comissões e prêmios: referente as comissões e prêmios recebidos pela venda de contratos, venda de produtos, etc.

- Juros passivos a vencer: são juros diversos pagos antecipadamente pela empresa. A realização é "pro rata tempore" (proporcional ao tempo). Aparece, por exemplo, em empréstimos bancários feitos pela empresa, como encargo financeiro. Ex.: Juros de 3% ao semestre.

    OBS.: Assim como na conta *Aluguéis passivos a vencer*, tem a denominação *passivos* pois é uma conta que se relaciona a eventos que importam em redução do patrimônio da entidade, sendo uma conta de despesa.
- Variações monetárias passivas a vencer: quando a empresa faz um empréstimo bancário, há encargos financeiros que deverão ser realizados (pagos) de acordo com o contrato firmado (realização proporcional ao

tempo). É o caso das variações monetárias passivas a vencer. **Ex.:** Correção monetária medida pelo **IGP-M** com índice de 1,75% no 1º semestre/2010 e de 0,38% no 2º semestre/2010. Os índices já foram pagos antecipadamente, por isso devem permanecer nesta conta, sendo um direito da empresa.

OBS.: O **IGP-M** (Índice Geral de Preços do Mercado) registra a inflação de preços desde matérias-primas agrícolas e industriais até bens e serviços finais.

Honorários técnicos antecipados: honorários decorrentes de serviços técnicos-profissionais pagos antecipadamente aos serviços prestados.

Etc.

4.3 - Ativo Não Circulante

São registrados os direitos que serão realizados (transformados em dinheiro) após o final do exercício seguinte (**longo prazo**), assim como os bens de uso (veículos, máquinas, etc.) e de renda da empresa (aluguéis, imóveis para vendas, etc.).

Ou seja, no Não Circulante são incluídos todos os bens de natureza duradoura destinados ao funcionamento normal da sociedade e do seu empreendimento, assim como os direitos exercidos com essa finalidade.

OBS.: As contas que aparecem em um Balanço Patrimonial apurado dia 31/12/12, no grupo Ativo Não Circulante, poderão ser transformadas em dinheiro somente após o dia 31/12/13, pois encontram-se no longo prazo.

O Ativo Não Circulante está dividido em 4 grupos: Realizável a longo prazo, Investimentos, Imobilizado e Intangível.

1) Realizável a longo prazo

São classificados neste grupo as contas de bens e direitos da empresa cujas realizações se darão no **longo prazo** (após o término do exercício seguinte). Também estão inseridas neste grupo as contas de direitos sem prazo de vencimento. Ou seja, quando não se determina o prazo de vencimento do direito, em contabilidade, entende-se como de longo prazo. São contas de natureza devedora, assim como as do Ativo Circulante. **Exemplo:** Venda de mercadorias no valor de R$ 4.500,00, a ser paga em 32 parcelas. Uma parte dessas parcelas serão pagas no longo prazo, sendo assim, serão classificadas na conta *Clientes a LP* no grupo *Realizável a longo prazo*.

Segundo o inciso II do artigo 179 da Lei 6.404/76, as contas no Ativo Realizável a Longo Prazo serão classificadas do seguinte modo:

"Os direitos realizáveis após o término do exercício seguinte, assim como os derivados de vendas, adiantamentos ou empréstimos a sociedades coligadas ou controladas (artigo 243), diretores, acionistas ou participantes no lucro da companhia, que não constituírem negócios usuais na exploração do objeto da companhia."

Vejamos algumas contas que fazem parte deste grupo:

Aplicações financeiras de longo prazo: aplicações que a empresa faz, mas que só terá o direito de retirar o dinheiro aplicado após um prazo de 12 meses. **Ex.:** Aplicação financeira de 18 meses.

Depósitos bancários a longo prazo: cheques e/ou transferências a receber que entrarão na conta da empresa a longo prazo (após o período de 12 meses ou dependendo do ciclo operacional da empresa, se este for superior a 12 meses).

Duplicatas a receber de longo prazo: também conhecida como *Clientes de longo prazo*, são valores a receber decorrentes das vendas efetuadas pela empresa a longo prazo. **Ex.:** Um cliente comprou uma mercadoria no valor de R$3.600,00 e parcelou-a em 36 vezes, sendo cada parcela de R$100,00. Uma parte destas parcelas será classificada na conta *Duplicatas a receber de curto prazo*, já a outra parte será classificada na conta *Duplicatas a receber de longo prazo* (pois serão pagas após o final do exercício seguinte).

Outras contas de longo prazo: haverá, de acordo com cada empresa, diversas outras contas que serão realizadas a longo prazo.

Despesas antecipadas de longo prazo: tem a mesma função que as despesas antecipadas do Ativo circulante, porém, as que aqui são classificadas, irão trazer benefícios para a empresa somente após o final do exercício seguinte (no longo prazo). Elas serão futuramente apropriadas decorrentes dos pagamentos feitos antecipadamente, sendo direitos da empresa.

Empréstimos, adiantamentos ou vendas: independentemente do prazo de realização, por determinação legal, devem ser classificados no *Realizável a longo*

prazo os valores a receber (desde que não constituam negócios usuais na exploração do objeto da empresa) provenientes de:
Empréstimos, adiantamentos ou vendas a sociedades coligadas
Empréstimos, adiantamentos ou vendas a sociedades controladas
Empréstimos, adiantamentos ou vendas a diretores
Empréstimos, adiantamentos ou vendas a sócios
Empréstimos, adiantamentos ou vendas a acionistas
Empréstimos, adiantamentos ou vendas a participantes no lucro da companhia

OBS.: No caso dos empréstimos, eles apenas serão classificados de acordo com a operação (*Ativo Circulante* se for receber até o final do curto prazo ou *Ativo Realizável a Longo Prazo* se for receber após o término do curto prazo) se a atividade da empresa que fez o empréstimo **for efetivamente essa**, ou seja, de fazer empréstimos, pois este é o produto que ela oferece. **Ex.:** Financeiras, bancos, etc.

- Empréstimo compulsório: é um tributo estabelecido por lei, onde o contribuinte adquire uma determinada quantia de dinheiro em forma de empréstimo para depois resgatá-lo, conforme as determinações estabelecidas por lei. Serve para atender a situações excepcionais, e só pode ser instituído pela União.

    OBS.: O Empréstimo compulsório está previsto no Artigo 15 do Código Tributário Nacional, onde diz: *"Somente a União nos seguintes casos excepcional, pode instituir empréstimos compulsórios:*

    I – guerra externa, ou sua iminência;
    ;
    II – calamidade pública que exija auxílio federal impossível de atender com os recursos orçamentários disponíveis;

    III – conjuntura que exija a absorção temporária de poder aquisitivo."

    Cabe ressaltar o que diz o Artigo 148 da Constituição Federal: *"A União, mediante lei complementar, poderá instituir empréstimos compulsórios:*

    I - para atender a despesas extraordinárias, decorrentes de calamidade pública, de guerra externa ou sua iminência;

II - no caso de investimento público de caráter urgente e de relevante interesse nacional, observado o disposto no art. 150, III, "b".

Parágrafo único. A aplicação dos recursos provenientes de empréstimo compulsório será vinculada à despesa que fundamentou sua instituição."

- Empréstimo para incentivo fiscal: incentivo fiscal é um mecanismo pelo qual o governo estimula a parceria público-privada para o financiamento de projetos. Sendo assim, o governo abre mão do recebimento de um imposto (podendo ser uma redução de alíquota, isenção, compensação, etc.) e permite que o pagador (empresa) invista diretamente em atividades que geram algum tipo de ganho social.

- Etc.

2) Investimentos

No grupo Investimentos são classificadas as participações e aplicações financeiras de caráter permanente, com o objetivo de **gerar rendimentos** para a empresa de forma que esses bens e direitos **não** sejam destinados à manutenção das atividades normais da companhia.

Segundo o inciso III do artigo 179 da Lei 6.404/76, as contas do grupo Investimentos serão classificadas da seguinte forma:

"As participações permanentes em outras sociedades e os direitos de qualquer natureza, não classificáveis no ativo circulante, e que não se destinem à manutenção da atividade da companhia ou da empresa."

Segue abaixo algumas contas que fazem parte deste grupo:

- Obras de arte: as obras de arte existentes na empresa são um tipo de investimento, sendo elas desvinculadas da atividade principal da empresa. Para que uma obra de arte seja classificada como investimento, a empresa não deve ter a intenção de vendê-la. **Ex.**: Compra de obras de arte por uma empresa que fabrica parafusos (não faz parte de nada relativo à atividade da empresa).

OBS.: Poderá haver na empresa outros tipos de investimentos, como por exemplo antiguidades (quadros, cerâmicas, louças, estatuetas, antiguidades em ouro e prata, etc.). Todos estes investimentos poderão, em um futuro ainda não previsto, gerar renda caso a empresa opte por colocá-los a venda.

Caso a empresa venha a ter intenção de vender algum bem ou direito não relacionado a atividade da empresa e saiba quando pretende colocá-lo a venda (no curto ou longo prazo), deverá classificar o bem no *Ativo circulante* (se for no curto prazo) ou no *Realizável a longo prazo* (se for no longo prazo), não sendo mais classificado no grupo *Investimentos*.

Investimento em ouro: uma forma de investimento (aplicação) que tem por objetivo gerar lucro para a empresa.

Propriedades para investimento: também conhecido como *bens de renda*, são usadas como forma de gerar renda (lucro) para a empresa, sendo propriedades que não são utilizadas para o desenvolvimento de atividades da própria companhia. **Ex.:** Imóveis alugados a terceiros, terrenos alugados e edificações alugadas.

> Terrenos e imóveis para futura utilização: são bens que a empresa tem mas não usa e também não coloca como geradores de renda. No futuro, essas terras e imóveis poderão servir para expansão da empresa ou para abrigar parte das suas atividades. **Ex.:** Terrenos para expansão
>
> **OBS.:** Quando for decidido que serão usados para este devido fim, deverão ser classificados no Ativo Imobilizado, pois serão de uso para as atividades da empresa.

Participações societárias: são participações (investimentos) em outras sociedades (coligadas e controladas) que não são destinadas à venda. A empresa não deve ter a intenção de se desfazer destes investimentos em um horizonte previsível. Ou seja, são participações em outras empresas obtidas com o objetivo de mantê-las em caráter permanente para se obter o controle societário ou por interesses econômicos, como por exemplo, fonte permanente de renda. Se a empresa comprar a participação esperando sua valorização para vendê-la, ela deve ser registrada no *Realizável a longo prazo*. São elas:

Investimentos em Coligadas: uma sociedade é considerada Coligada quando a empresa investidora possui influência significativa na administração dela mas não a controla. A lei não estabelece um percentual mínimo, mas ela prevê que toda participação acima de 20% é significativa o suficiente para ser considerada uma Coligada.

OBS.: Percentuais menores de participação podem levar uma sociedade a ser considerada coligada, bastando que a empresa detenha ou exerça o poder de participação nas decisões das políticas financeiras ou operacionais da investida, sem controlá-la.

<u>Investimentos em Controladas:</u> quando a empresa investidora controla uma companhia na qual ela participa, esta é chamada de Controlada. Ou seja, é uma sociedade controladora aquela que, direta ou indiretamente, for titular dos direitos acionários que assegurem, de modo permanente, preponderância nas deliberações sociais, bem como o poder de eleger a maioria dos administradores (conselho de administração e diretores), tomando as principais decisões na vida da empresa (este poder fica assegurado quando a empresa investidora possui mais de 50% do capital votante da investida.)

OBS.: Se todas as ações de uma empresa pertencerem a outra, ela não é apenas controlada. Ela passa a ser uma subsidiária integral (empresa cujo capital pertence unicamente a uma outra empresa).

<u>Participações em outras empresas:</u> são ações/cotas em outras empresas que não sejam coligadas e controladas. Dessa forma, quando a empresa compra essas ações, ela passa a fazer parte do quadro de acionistas da empresa em questão. Ou seja, possuir ações de uma empresa é o mesmo que possuir um pedaço dela. Em tese, você é dono de uma fração de cada prédio, automóvel e qualquer outro bem da empresa. E quanto mais ações possuir, maior é sua parcela.

<u>Provisão para perdas prováveis na realização de Investimentos:</u> **conta redutora do ativo**

Etc.

3) Imobilizado

No Imobilizado são classificados os bens e direitos de natureza permanente que serão utilizados para a manutenção das atividades normais da empresa, servindo a sua estrutura. A empresa **não** prentende vender os seus bens e direitos, ou seja, não há intenção de transformá-los em dinheiro. Caracterizam-se por se apresentarem na forma tangível (bens corpóreos).

OBS.: Bens corpóreos, tangíveis ou materiais são os bens que constituem uma forma física, bens concretos, que podem ser tocados.

Segundo o inciso IV do artigo 179 da Lei 6.404/76 (redação dada pela Lei nº 11.638/07), as contas do <u>Ativo Imobilizado</u> serão classificadas da seguinte forma:

"Os direitos que tenham por objeto bens corpóreos destinados à manutenção das atividades da companhia ou da empresa ou exercidos com essa finalidade, inclusive os decorrentes de operações que transfiram à companhia os benefícios, riscos e controle desses bens."

São contas do grupo Imobilizado:

- Imóveis: são os imóveis que fazem parte da empresa e que podem ser usados para o desenvolvimento das atividades necessárias. Fazem parte:

    Terrenos: terrenos de uso da empresa.

    Edificações: são construções de uma forma geral, como por exemplo, casas, prédios, viadutos e indústrias. É uma forma genérica de se referir às construções.

    Etc.

- Máquinas e equipamentos: são as máquinas e equipamentos que a empresa usa para desenvolver as suas atividades. **Ex.:** Em uma padaria, o padeiro precisa usar as máquinas de fazer pães em grande escala para desenvolver o produto que venderá.

- Móveis e utensílios: são os móveis e utensílios usados na companhia, como por exemplo, as mesas e cadeiras da sala da administração de uma empresa, os utensílios de uma empresa de restaurante (garfos, facas, pratos, colheres), entre outros.

- Veículos: são os carros, motos, camionetes, caminhões, etc. que são usados para o desenvolvimento da companhia, seja para entrega de produtos, deslocamento dos funcionários e para qualquer outra atividade da empresa.

- Ferramentas: qualquer instrumento usado para a realização de determinados trabalhos. São usados para facilitar a realização de uma tarefa mecânica que requer o uso de força. **Ex.:** chave de fenda, alicate, martelo, etc.

- Reflorestamento e florestamento: projetos de florestamento e reflorestamento de propriedade da empresa, sendo dever dela ter cuidados permanentes como trabalhos de plantio, capinação, irrigação, adubação, etc.

OBS.: Florestamento é usado quando há implantação de florestas em áreas que não eram florestadas naturalmente. Já o termo Reflorestamento é usado quando há implantação de florestas em áreas naturalmente florestais que, por ação antrópica ou natural, perderam suas características originais. É uma ação ambiental que visa repovoar áreas que tiveram a vegetação removida pelas forças da natureza, como incêndios e tornados ou ações humanas, como queimadas, exploração de madeira e expansão de áreas agrícolas.

Minas e jazidas: exploração de minas e jazidas de minério e pedras preciosas, por exemplo, de uma empresa que trabalha com este devido fim.

(-) Depreciação acumulada: **conta redutora do ativo**

(-) Exaustão acumulada: **conta redutora do ativo**

4) Intangível

São Intangíveis os bens que não podem ser tocados ou vistos, já que são incorpóreos (não tem corpo). Eles possuem valor econômico mas carecem de substância física (material), tendo o valor patrimonial nos direitos de propriedade imaterial que são conferidos a seus possuidores.

Segundo o inciso VI do artigo 179 da Lei 6.404/76 (incluído pela Lei nº 11.638/07), as contas no Intangível serão classificadas da seguinte forma:

"Os direitos que tenham por objeto bens incorpóreos destinados à manutenção da companhia ou exercidos com essa finalidade, inclusive o fundo de comércio adquirido."

Através do Comitê de Pronunciamentos Contábeis (CPC), foi aprovado o CPC 04 que trata de Ativos Intangíveis. Esta norma diz que as entidades devem seguir as novas definições para o novo tratamento contábil dos ativos intangíveis, assim como também seguir os critérios para seu o reconhecimento e mensuração, bem como analisar e efetuar as divulgações específicas referentes a esses ativos (empresa deve reconhecer um ativo intangível somente se determinados critérios forem atendidos, além de especificar como devem ser avaliados e quais são as divulgações necessárias para esse novo subgrupo do Ativo).

OBS.: O Intangível passou a existir e fazer parte do Balanço Patrimonial com a chegada da Lei 11.638 de 2007.

São compreendidas, neste grupo, as despesas incorridas durante o período de desenvolvimento, construção e implantação de projetos, anteriores ao início das operações sociais (fase pré-operacional). Também compreende as despesas incorridas com pesquisas e desenvolvimento de novos produtos, métodos e fórmulas de fabricação, modernização e reorganização da empresa. Ou seja, o intangível se compõe de verdadeiras despesas que aguardam o tempo próprio para serem computadas no resultado.

Esses ativos não estão refletidos nas demonstrações financeiras, mas se transformam em benefícios quando estão associados a alguma atividade ou ação da companhia.

Por exemplo: A capacidade de uma marca alavancar vendas de um novo produto demonstra o uso de um ativo intangível na geração de benefícios.

OBS.: Caso não haja condições de reconhecer um ativo intangível este deve ser registrado como despesa e nem tudo o que é imaterial será classificado no intangível. Ex.: tradição, história, reputação, etc.

São exemplos de Intangíveis:

Softwares (sistemas aplicativos)

Fundo de comércio adquirido

Marcas (É o nome que a empresa utiliza nos seus produtos e serviços. São conhecidos e reconhecidos pelos seus fornecedores e clientes. Ex.: Nike, Coca Cola, Nestlé, etc.)

Patentes (Patentes são de propriedades incorpóreas e de uso exclusivo, ou seja, significa prevenir que os competidores copiem ou vendam a sua invenção ou criação - "marca".)

Direitos de exploração de serviços públicos (Mediante concessão ou permissão do Poder Público.)

Direitos autorais

Licenças

(-) Amortização acumulada: **conta redutora do ativo**

Etc.

Informações Adicionais:

No **intangível** serão lançadas todas as aplicações em conhecimento técnico (investimentos na formação dos participantes da empresa, bolsas de estudos, etc.). Lançamos também o valor referente ao *goodwill* (fundo de comércio) adquirido junto a terceiros.

Goodwill é a capacidade que o empreendimento tem de gerar lucros. É o conjunto de características, qualidades e diferenciais de uma empresa expressos através de sua capacidade de produzir riquezas. São exemplos de características que compõe o goodwill: marcas registradas, conhecimento organizacional, credibilidade de mercado, etc.

Uma das principais características do *goodwill* é a de que ele não está refletido no Balanço Patrimonial, não sendo depreciável ou amortizável. Devido a isso, quanto maior a identificação dos ativos intangíveis como marcas e patentes, na contabilidade menor será o valor do *goodwill* no momento de sua avaliação, e vice-versa, justamente porque ele não é identificável no balanço e os ativos intangíveis são (Marcas, Pesquisas e Desenvolvimento e *Goodwill* são exemplos de ativos que não possuem existência limitada ou duração determinada).

Teste de Impairment (Teste de Recuperabilidade): Tem por objetivo apresentar de forma prudente o valor real líquido de realização de um ativo. Esta realização pode ser de forma direta ou indireta, respectivamente, por meio de venda ou de utilização nas atividades. A essência do teste de recuperabilidade é evitar que um ativo esteja registrado por um valor maior que o valor recuperável. O teste busca verificar se o ativo não está desvalorizado em relação ao valor real. Um ativo estará desvalorizado quando o valor contábil registrado for maior que o valor recuperável, por venda ou por uso.

Contas Redutoras do Ativo

Também chamadas de retificadoras, as contas redutoras são contas que, embora apareçam num determinado grupo patrimonial (Ativo ou Passivo), têm saldo contrário em relação às demais contas desse grupo. Desse modo, uma conta redutora do Ativo terá natureza credora, bem como uma conta redutora do Passivo terá natureza devedora. As contas retificadoras reduzem o saldo total do grupo em que aparecem. A seguir, veremos algumas contas retificadoras do grupo Ativo:

Provisão para Créditos de Liquidação Duvidosa (PCLD)

Quando uma empresa vende a prazo, ela corre o risco de receber ou não o dinheiro devido pelo cliente. Certamente, ela não irá receber 100% do valor em haver, ocorrendo assim a inadimplência.

A Provisão para Créditos de Liquidação Duvidosa (PCLD) existe para reconhecer essa parcela que a empresa não receberá de forma onerosa em seu resultado, representando uma "perda" de valor nos seus títulos a receber, afetando o seu Patrimônio Líquido. Ou seja, é a parcela estimada pela empresa que não será recebida em decorrência dos maus pagadores. Ex.: cheque sem fundos, cartões de crédito sem saldo, clientes que não pagarão, etc.

A PCLD é uma conta de natureza credora, fazendo parte do <u>Ativo Circulante</u>, grupo Disponibilidades. É uma conta redutora, ou seja, entra com saldo negativo no Ativo, deduzindo os valores a receber dos clientes (conta Duplicatas a receber).

A contabilização deve ser feita da seguinte forma:

D- Despesas com PCLD (despesas administrativas (DRE) / -PL)**C-** PCLD (conta retificadora, saldo credor (Ativo) / -A)

OBS.: A empresa deve considerar os fatores de risco conhecidos, para que se possa estimar, criteriosamente, a expectativa de perdas com contas a receber. Pode ser feito através da determinação do valor das perdas já conhecidas com base nos clientes em concordata, falência ou dificuldades financeiras ou ainda estabelecer um valor adicional de provisão para cobrir perdas prováveis, mesmo que ainda não conhecidas, tomando-se como base a taxa de inadimplência ocorrida nos anos anteriores.

Exemplo

- Percentual médio de perdas ocorridas nos três últimos exercícios, em relação ao saldo da conta Clientes na data do balanço de encerramento: **3%**

- Empresa titular de **$5.000.000,00** em Duplicatas a receber

*<u>Valor da provisão:</u>

$5.000.000,00 x 3% = **$150.000,00**

Sendo assim:

D- Despesa com PCLD....$150.000,00

C- PCLD.......................$150.000,00

Provisão para ajuste ao valor de mercado

É conta redutora da conta Estoques (no Ativo Circulante). Tem por finalidade eliminar dos estoques a parcela dos custos que provavelmente não é recuperável. Essa conta prevê prováveis perdas resultantes de estragos, deterioração, obsoletismo, redução nos preços de venda ou de reposição do estoque.

A constituição desta provisão é feita com base no Princípio de Avaliação de Estoque, que é assim determinado: custo ou mercado, dos dois o menor. De acordo com esse princípio, as perdas devem ser reconhecidas no resultado do exercício em que ocorreram e não no exercício em que a mercadoria (produto) é vendida, reposta ou transformada em sucata.

A constituição desta provisão gera um lançamento a crédito nessa conta e a contrapartida é lançada na demonstração de resultado (DRE), no grupo de Despesas Operacionais.

Provisão para perdas prováveis na realização de investimentos

É conta retificadora da conta Participações em outras empresas (Ativo Não Circulante, grupo Investimentos). Deverá ser constituída no exercício social quando, nas empresas investidas, houver perdas de difícil ou improvável recuperação. Ou seja, quando essa perda estiver comprovada como permanente.

Depreciação acumulada

É a diminuição do valor de um bem, resultante do desgaste pelo uso, ação da natureza e obsolescência normal. Ou seja, é o motivo de perda de valor ao passar do tempo, por ter surgido um melhor (desvalorização). A depreciação é o registro da perda de materiais da empresa (desgaste de bens materiais/tangíveis).

A depreciação ocorre apenas nos bens materiais classificados no Ativo Imobilizado e nos bens de renda classificados no grupo de Investimentos do Ativo Não Circulante (**ex.:** imóveis alugados). Ela pode ser calculada mensalmente ou no final do ano, por ocasião da Apuração do Resultado do Exercício (ARE).

OBS.: Obsolescência se dá em função de novos inventos. Um bem obsoleto é um bem antiquado, ultrapassado, fora de moda (na Legislação Tributária é fixado métodos, prazos e critérios para tal).

Taxa de depreciação: percentual fixado em função do tempo de vida útil do bem.

Conta	Taxa (ao ano)	Vida útil

Veículos	20% a.a.	5 anos
Imóveis (prédios)	4% a.a.	25 anos
Móveis e utensílios	10% a.a.	10 anos
Computadores e periféricos	20% a.a.	5 anos
Máquinas e equipamentos	10% a.a.	10 anos
Terreno	Não deprecia	----------

OBS.: Softwares tem taxa de **AMORTIZAÇÃO** de 50% a.a. (sofrem amortização e não depreciação).

Segue abaixo dois exemplos de como se calcula a depreciação de um bem.

Exemplo 1

Bem: Veículos

Valor: $45.000 (valor de aquisição)

Taxa de depreciação: 20% a.a. (ao ano)

$45.000 x 20% a.a. = **$9.000** --> valor da depreciação

A contabilização deve ser feita da seguinte forma:

D- Despesa com depreciação (-PL)
C- Depreciação acumulada veículos (-A)

Exemplo 2

Bem: Móveis e utensílios

Valor: $6.000 (valor de aquisição)

Taxa de depreciação: 10% a.a. (ao ano)

$6.000 x 10% a.a. = **$600** --> valor da depreciação

A contabilização deve ser feita da seguinte forma:

D- Despesa com depreciação (-PL)
C- Depreciação acumulada móveis e utensílios (-A)

Depreciação de bens adquiridos usados

Quando o bem adquirido for usado, deverá ser usado o maior prazo dentre os seguintes:

- metade do prazo de vida útil do bem quando adquirido novo;

- restante da vida útil do bem, considerando este em relação à primeira instalação ou utilização desse bem.

Exemplo: Um maquinário foi adquirido novo em 10/05/96. Vida útil: 4 anos. Estará totalmente depreciado em 10/05/2000. Em 10/08/98, a empresa ABC compra este veículo usado.

Sendo assim: O tempo usado para se realizar a depreciação desse maquinário será de 2 anos na empresa, sendo a taxa de 50% ao ano.

- Vida útil do bem: 4 anos.

- Metade da vida útil do bem: 2 anos ou 24 meses.

- Tempo de vida útil restante do bem: de 10/08/98 a 10/05/2000 (21 meses).

OBS.: Se a empresa adquirir um bem que já sofreu depreciação total (onde o prazo de vida útil já se esgotou), porém esse bem ainda pode ser utilizá-lo, a empresa que o adquirir não poderá utilizar mais a depreciação, visto que foi depreciado totalmente pela empresa que o adquiriu anteriormente.

Exaustão acumulada

É a importância referente à diminuição do valor dos recursos naturais (minérios e outros), resultantes da sua exploração.

Toda e qualquer jazida de minério possui uma capacidade produtiva, ou seja, uma produção limitada de minérios, e a exaustão é o valor da parcela que reduz essa produção. À medida que se extraem os minérios, a jazida vai se exaurindo.

Lançamento contábil:

D- Despesa com exaustão

C- Exaustão acumulada

Amortização acumulada

É o valor correspondente à recuperação de um investimento feito em bens intangíveis, ou de valores aplicados em despesas que contribuam para a formação de resultados de mais de um exercício contábil e que serão lançados como custo ou encargo em cada exercício.

Ou seja, é a perda do valor econômico do capital aplicado em bens intangíveis do Ativo, necessários a manutenção da empresa. É o desgaste de bens imateriais (tem o mesmo sentido que a depreciação).

Os principais bens sujeitos à amortização pertencem ao Ativo Não Circulante (grupo Imobilizado e Intangível). Ex.: marcas e patentes, ponto comercial ou fundo de comércio, benfeitorias executadas em prédios de terceiros, direitos autorais, etc.

O valor total da amortização não poderá ser superior ao custo de aquisição do bem ou do direito.

Quotas de amortização: será determinada pela aplicação da taxa anual de amortização sobre o valor original do capital aplicado.

Taxa anual de amortização: será fixada tendo em vista o número de anos restantes de existência do direito e o número de períodos em que deverão ser usufruídos os benefícios decorrentes das despesas registradas no Ativo Intangível.

Prazo mínimo e máximo: RIR fixa em cinco anos o prazo mínimo de amortização e a Lei 6.404/76 diz que o prazo não deve ser superior a dez anos.

A contabilização deve ser feita da seguinte forma:

D- Despesa com amortização (-PL / DRE)

C- Amortização Acumulada (-A)

Exemplo

Suponhamos que a conta *Benfeitorias em bens de terceiros* apresente saldo de R$40.000,00, o qual deve ser amortizado a taxa de 10% a.a.

Assim temos:

Taxa x valor do bem/100 = Quota de amortização

0,10 x R$40.000,00 = R$4.000,00

R$4.000,00/100 = **R$40,00**

Sendo assim:

D- Despesa com amortização......R$40,00

C- Amortização acumulada..........R$40,00

Etc.

4.4 – Passivo Circulante (Exigível)

O Passivo faz parte das *Contas Patrimoniais* e compreende as obrigações da organização, entidade ou empresa para com terceiros, por sua natureza e por sua expressão monetária.

É a parte negativa do Patrimônio e identifica a **origem** dos recursos aplicados. As contas representam os **recursos de terceiros** que foram usados e são classificadas segundo a **ordem decrescente de exigibilidade** (são classificadas de acordo com o seu vencimento, através do curto e longo prazo).

Ou seja, o Passivo se classifica de acordo com o prazo de realização das obrigações.

As contas do Passivo podem ser debitadas ou creditadas, mas o seu saldo será sempre **credor**, com exceção das contas redutoras do Passivo. Essas contas não se encerram com a apuração do resultado do exercício.

O Passivo compreende as origens de recursos representados pelas obrigações para com terceiros, resultantes de eventos ocorridos que exigirão ativos para a sua liquidação.

Já o PASSIVO, simplificadamente, evidencia toda a obrigação (dívida) que a empresa tem com terceiros, por exemplo: contas a pagar, fornecedores de matéria-prima à prazo, impostos a pagar, financiamentos, empréstimos, etc. O Passivo é uma obrigação exigível, isto é, no momento em que a dívida vencer, será exigida (reclamada) a liquidação da mesma. Por isso é mais adequado chamá-lo Passivo Exigível.

Passivo Circulante

Neste grupo, classificam-se as contas que representam obrigações da empresa para com terceiros no curso do exercício seguinte. Ex.: Salários a Pagar, Fornecedores, Impostos a Pagar, Empréstimos Bancários etc.

São as obrigações (dívidas) exigíveis que deverão ser pagas até o fim do exercício seguinte.

Neste grupo são escrituradas as obrigações da entidade, inclusive financiamentos para aquisição de direitos do ativo não-circulante, quando se vencerem no exercício seguinte. No caso de o ciclo operacional da empresa ter duração maior que a do exercício social, a concepção terá por base o prazo desse ciclo.

1) Fornecedores

Fornecedores

Duplicatas a pagar

Energia elétrica a pagar

Prêmio de seguros a pagar

(onde fica?) Títulos a Pagar: valores que a empresa tem a pagar por compra efetuada a prazo.

2) Obrigações trabalhistas

INSS a recolher (ou a pagar)

FGTS a recolher

Salários a pagar

Comissões a pagar

3) Empréstimos e financiamentos

Financiamentos a pagar de curto prazo

Empréstimos a pagar: podem ser feitos no banco, etc.

4) Obrigações tributárias

IRF a recolher (ou IRRF)

IR a recolher (a pagar)

ISS a pagar

COFINS a recolher: impostos a recolher

ICMS a recolher

PIS a recolher

Impostos sobre vendas a pagar

CSLL a pagar

IRPJ a pagar

5) Provisões e encargos das provisões

Provisão 13º salário

FGTS provisão 13º salário

INSS provisão 13º salário

Provisão férias

FGTS provisão férias

INSS provisão férias

6) Outras obrigações

Juros ativos a vencer

Variações monetárias ativas a vencer

*Aluguéis ativos a vencer: quando a empresa recebe o valor de um ou mais meses de aluguel antecipadamente. Ou seja, ela já recebeu esse valor, agora tem a obrigação para com quem alugou de fornecer o local do aluguel. É uma receita antecipada. É um passivo, pois já recebi a receita antes da empresa usar meu terreno por todo o prazo. (recebeu antecipadamente)

OBS.: Tem a denominação *ativos* pois se trata de uma conta relacionada a fatos que contribuem para o aumento do patrimônio da entidade. Por isso, é uma conta de receita.

Comissões Ativas a Vencer – Comissões Ativas são receitas; a Vencer são "antecipadas". Portanto, trata-se de conta de receita antecipada classificada no passivo exigível.

Aluguel a pagar

Outras contas a pagar

Lucros a distribuir

encargos financeiros a apropriar: conta redutora? passivo? que grupo?

*Adiantamento de clientes: A empresa pode receber de seus clientes adiantamentos por conta de encomendas de bens ou serviços a serem produzidos ou executados. Enquanto não for entregue o bem ou executados os serviços contratados, tais adiantamentos assumem a característica de uma obrigação, devendo ser registrados em conta do Passivo Circulante ou no Exigível a Longo Prazo, conforme o prazo previsto para a entrega do bem ou execução do serviço.

4.5 - Passivo Não Circulante

Neste grupo são escrituradas as obrigações da entidade, inclusive financiamentos para aquisição de direitos do ativo não-circulante, quando se vencerem após o exercício seguinte. No caso de o ciclo operacional da empresa ter duração maior que a do exercício social, a concepção terá por base o prazo desse ciclo.

1) Exigível a longo prazo

Fornecedores longo prazo

Financiamentos longo prazo

São as obrigações exigíveis que deverão ser pagas após o exercício social seguinte ao do levantamento do Balanço.

2) Resultado de exercícios futuros

Neste grupo, classificam-se as contas que representam obrigações da empresa para com terceiros, com vencimento após o curso do exercício seguinte (longo prazo). Ex.: Financiamentos e Empréstimos com prazo superior a um ano.

Ver duplicatas descontadas

Resultados de Exercícios Futuros ????

Neste grupo, classificam-se as contas que representam receitas de exercícios futuros, diminuídas dos custos e das despesas a elas correspondentes. No Brasil, seu uso é significativo apenas em atividades imobiliárias.

4.6 - PATRIMÔNIO LÍQUIDO

"Patrimônio Líquido é o valor residual dos ativos da entidade depois de deduzidos todos os seus passivos".

A lei 11.941/09 determina que o PL é dividido em:

- Capital social
- Reservas de capital
- Reservas de lucros
- Ajustes de avaliação patrimonial
- Ações em tesouraria
- Prejuízos acumulados
- Participação de não controladores (para uma DF consolidada)

Vamos falar brevemente destes itens componentes do PL:

O capital social pode ser definido como os valores recebidos pelos sócios da empresa ou por ela gerados e que foram formalmente incorporados ao capital. Verifica-se que ele é muito mais uma figura jurídica que econômica, já que é praxe algumas empresas terem o capital social a R$ 1,00 (por exemplo).

A reserva de capital é formada por valores recebidos pela companhia e que não transitam pelo resultado, por se tratarem de valores destinados ao reforço de capital, "sem terem como contrapartidas qualquer esforço da empresa em termos da entrega de bens ou serviços, i.e., são transações de capital com os sócios" (IUDÍCIBUS, 2010). Alguns exemplos: reserva de ágio na incorporação, partes beneficiárias.

As reservas de lucros são contas constituídas pela apropriação de lucros da companhia. Vale destacar a conta de Lucros Acumulados, que não podem ter saldo, apenas Prejuízos Acumulados. Cabe lembrar que se houver saldo naquela conta, esta deverá ser distribuída como dividendos. As principais contas componentes das Reservas de Lucros são:

- Reserva legal
- Reservas estatutárias
- Reservas para contingências

A reserva legal visa dar proteção ao credor, sendo constituída pela alíquota de 5% do lucro líquido do exercício até atingir 20% do capital realizado.

As reservas estatutárias são aquelas constituídas por determinação do Estatuto Social da empresa.

As reservas para contingências tem a finalidade de compensar em exercícios futuros a diminuição do lucro decorrente de uma perda com uma contingência. Não devemos confundir reserva para contingências com provisões "para contingências" (sic), já que uma provisão é uma obrigação presente decorrente de eventos passados (passivo) e a reserva, não.

A conta de ajuste de avaliação patrimonial é uma nova rubrica no PL, introduzida pela Lei 11.638/07.

O ajuste da avaliação patrimonial é uma correção do valor apresentado no balanço patrimonial, por um ativo ou passivo, em relação ao seu valor justo. Esta correção busca expressar a realidade patrimonial de uma empresa; e como é um ajuste o valor da conta pode ser pode ser para mais ou para menos. O ajuste da avaliação patrimonial não é reserva, pois não passou pelo resultado e não é sinônimo de reavaliação de ativos, pois não esta relacionado com o mercado, mas sim com um valor justo.

As ações em tesouraria são aquelas adquiridas pela própria entidade que as emitiu. A empresa só pode recomprar suas ações no mercado em: (i) operações de resgate/reembolso ou amortização, (ii) aquisição para permanência em tesouraria ou cancelamento ou (iii) adquirido para diminuição do capital social. Cabe destacar que qualquer ganho ou perda na alienação deve ser lançado no patrimônio líquido e não como resultado (DRE).

Como comentado anteriormente, a conta de lucros acumulados não pode apresentar saldo no fechamento do balanço, apenas prejuízo acumulado, já que este é impossível de ser distribuído e aquele deve ser distribuído (ou destinado para reserva).

O Patrimônio Líquido é formado pelo grupo de contas que registra o valor contábil pertencente aos acionistas ou quotistas.

A partir de 01.01.2008, por força da Lei 11.638/2007, para as sociedades por ações, a divisão do patrimônio líquido será realizada da seguinte maneira:

a) Capital Social

b) Reservas de Capital

c) Ajustes de Avaliação Patrimonial

d) Reservas de Lucros

e) Ações em Tesouraria

f) Prejuízos Acumulados.

CAPITAL SOCIAL

O capital social representa os valores recebidos pela empresa, em forma de subscrição ou por ela gerados.

A integralização do capital poderá ser feita por meio de moeda corrente ou bens e direitos.

Quando a integralização do capital social é feita em moeda corrente, debita-se uma conta específica do ativo circulante (Bancos c/Movimento, por exemplo) e credita-se a conta "Capital Social".

No caso de integralização de capital mediante conferência de bens, debita-se uma conta específica do ativo imobilizado e credita-se a conta "capital social".

RESERVAS DE CAPITAL

A reserva de capital abrange as seguintes subcontas:

a) Reserva de Correção Monetária do Capital Realizado;

b) Reserva de Ágio na Emissão de Ações;

c) Reserva de Alienação de Partes Beneficiárias;

d) Reserva de Alienação de Bônus de Subscrição;

e) Reserva de Prêmio na Emissão de Debêntures; (excluída desde 01.01.2008, por força da Lei 11.638/2007)

f) Reserva de Doações e Subvenções para Investimento; (excluída desde 01.01.2008, por força da Lei 11.638/2007)

g) Até 31.12.2007, a Reserva de Incentivo Fiscal. A partir de 01.01.2008, respectiva reserva passa a fazer parte do grupo de Reservas de Lucros.

RESERVAS DE LUCROS

As reservas de lucros são constituídas pelos lucros obtidos pela empresa, retidos com finalidade específica.

Os lucros retidos com finalidade específica e classificados nesta conta são transferidos da conta de "Lucros ou Prejuízos Acumulados".

LUCROS OU PREJUÍZOS ACUMULADOS

Os lucros ou prejuízos representam resultados acumulados obtidos, que foram retidos sem finalidade específica (quando lucros) ou estão à espera de absorção futura (quando prejuízos).

CAPÍTULO 5 – DEMONSTRAÇÃO DO RESULTADO DO EXERCÍCIO-DRE

A DRE apresenta grande utilidade aos investidores, aos bancos financiadores, ao governo e aos administradores das empresas, que podem avaliar através dela sua capacidade e, quando necessário, modificar a administração da empresa. Quando a DRE retrata a real situação da empresa torna possível uma administração voltada para a eficiência e a competência, e é flexível aos interesses dos usuários de maneira geral.

Este breve artigo tem o objetivo de expor aspectos gerais da DRE introduzindo o tema aos aspirantes e estudantes de contabilidade. O trabalho aborda a definição da DRE, seu conceito e estrutura, bem como expõe os principais objetivos deste procedimento bastante útil para os profissionais da área e para as instituições que necessitam de dados precisos para definir sua política administrativa.

5.1 - Conceito da DRE

Demonstração do resultado do exercício (DRE) é um relatório contábil elaborado em conjunto com o balanço patrimonial, que descreve as operações realizadas pela empresa em um determinado período.

No Brasil a DRE deve ser elaborada obedecendo ao princípio do Regime de Competência. Segundo o Manual de Contabilidade Empresarial "Por este princípio, as receitas e as despesas devem ser incluídas na operação do resultado do período em que ocorreram, sempre simultaneamente quando se correlacionam, independente de recebimento ou pagamento".

Nota-se, assim, que a DRE é elaborada ao mesmo tempo em que se define o balanço patrimonial e que não é possível conceber este relatório dissociado deste outro instrumento contábil.

5.2 - Objetivos da DRE

Seu objetivo é demonstrar a formação do resultado líquido em um exercício através do confronto das receitas, despesas e resultados apurados, gerando informações significativas para tomada de decisão.

Segundo Marion (2003, p. 127) "A DRE é extremamente relevante para avaliar desempenho da empresa e a eficiência dos gestores em obter resultado positivo. O lucro é o objetivo principal das empresas".

De acordo com Gonçalves (1996, p.315) "A Demonstração do Resultado do Exercício apresenta, de forma resumida, as operações realizadas pela empresa, durante o exercício social, demonstrada de forma a destacar o resultado líquido do período".

Para Iudícibus (2004, p.194) "A Demonstração do Resultado do Exercício é um resumo ordenado das receitas e despesas da empresa em determinado período. É apresentada de forma dedutiva (vertical), ou seja, das receitas subtraem-se as despesas e em seguida, indica-se o resultado (lucro ou prejuízo)".

5.3 - 4 Estrutura da DRE

Conforme legislação brasileira (Lei nº 6.404, de15 de dezembro de 1976, Lei das Sociedades por Ações) as empresas deverão discriminar na Demonstração do Resultado do Exercício: A receita bruta das vendas e serviços, as devoluções das vendas, os abatimentos e os impostos; a receita líquida das vendas e serviços; o custo das mercadorias e serviços vendidos e o lucro bruto; as despesas com as vendas, as despesas financeiras, deduzidas das receitas, as despesas gerais e administrativas, e outras despesas operacionais; o lucro ou prejuízo operacional, as receitas e despesas não operacionais; o resultado do exercício antes do Imposto de Renda e a provisão para tal imposto; as participações de debêntures, empregados, administradores e partes beneficiarias, e as contribuições para instituições ou fundos de assistência ou previdência de empregados; o lucro ou prejuízo liquido do exercício e o seu montante por ação do capital social.

A Demonstração do Resultado do Exercício tem como objetivo principal apresentar de forma vertical resumida o resultado apurado em relação ao conjunto de operações realizadas num determinado período, normalmente, de doze meses.

De acordo com a legislação mencionada, as empresas deverão na Demonstração do Resultado do Exercício discriminar:

- a receita bruta das vendas e serviços, as deduções das vendas, os abatimentos e os impostos;

- a receita líquida das vendas e serviços, o custo das mercadorias e serviços vendidos e o lucro bruto;

- as despesas com as vendas, as despesas financeiras, deduzidas das receitas, as despesas gerais e administrativas, e outras despesas operacionais;

- o lucro ou prejuízo operacional, as outras receitas e as outras despesas;

- o resultado do exercício antes do Imposto sobre a Renda e a provisão para o imposto;

- as participações de debêntures, empregados, administradores e partes beneficiárias, mesmo na forma de instrumentos financeiros, e de instituições ou fundos de assistência ou previdência de empregados, que não se caracterizem como despesa;

- o lucro ou prejuízo líquido do exercício e o seu montante por ação do capital social.

Na determinação da apuração do resultado do exercício serão computados em obediência ao princípio da competência:

a) as receitas e os rendimentos ganhos no período, independentemente de sua realização em moeda; e
b) os custos, despesas, encargos e perdas, pagos ou incorridos, correspondentes a essas receitas e rendimentos.

MODELO DA DEMONSTRAÇÃO DO RESULTADO DO EXERCÍCIO

RECEITA OPERACIONAL BRUTA
Vendas de Produtos
Vendas de Mercadorias
Prestação de Serviços

(-) DEDUÇÕES DA RECEITA BRUTA
Devoluções de Vendas
Abatimentos
Impostos e Contribuições Incidentes sobre Vendas

= RECEITA OPERACIONAL LÍQUIDA

(-) CUSTOS DAS VENDAS
Custo dos Produtos Vendidos

Custo das Mercadorias
Custo dos Serviços Prestados

= RESULTADO OPERACIONAL BRUTO

(-) DESPESAS OPERACIONAIS
Despesas Com Vendas
Despesas Administrativas

(-) DESPESAS FINANCEIRAS LÍQUIDAS
Despesas Financeiras
(-) Receitas Financeiras
Variações Monetárias e Cambiais Passivas
(-) Variações Monetárias e Cambiais Ativas

OUTRAS RECEITAS E DESPESAS

    Resultado da Equivalência Patrimonial

    Venda de Bens e Direitos do Ativo Não Circulante

    (-) Custo da Venda de Bens e Direitos do Ativo Não Circulante

= RESULTADO OPERACIONAL ANTES DO IMPOSTO DE RENDA E DA CONTRIBUIÇÃO SOCIAL E SOBRE O LUCRO

(-) Provisão para Imposto de Renda e Contribuição Social Sobre o Lucro

= LUCRO LÍQUIDO ANTES DAS PARTICIPAÇÕES

(-) Debêntures, Empregados, Participações de Administradores, Partes Beneficiárias, Fundos de Assistência e Previdência para Empregados.

(=) RESULTADO LÍQUIDO DO EXERCÍCIO

CAPÍTULO 6 – DEMAIS DEMONSTRAÇÕES CONTÁBEIS SEGUNDO A LEI 6.404/76 E SUAS ALTERAÇÕES

Conforme artigo 176 da Lei 6.404/76, as demonstrações financeiras obrigatórias pelas Leis das S.A. são:

1. Balanço Patrimonial - BP
2. Demonstração de Resultado do Exercício - DRE
3. Demonstração dos Lucros e Prejuízos Acumulados - DLPA

4. Demonstração das Origens e Aplicações dos Recursos – DOAR. *Nota: A partir de 01.01.2008, a DOAR foi extinta, por força da Lei 11.638/2007, sendo obrigatória para apresentação das demonstrações contábeis encerradas até 31.12.2007.*

5. Demonstração das Mutações do Patrimônio Líquido - DMPL - é facultativa (art. 186, §2º) e poderá ser incluída na Demonstração de Lucros ou Prejuízos Acumulados.

Observação: As Notas Explicativas deverão fazer parte das Demonstrações Contábeis, conforme § 4º e §5º, do artigo acima citado.

Além dos aprimoramentos no método de avaliação dos investimentos, a lei exige que, complementarmente às demonstrações financeiras normais, sejam apresentadas demonstrações financeiras consolidadas da investidora com suas controladas.

Essa exigência é requerida somente para as Companhias Abertas e para os Grupos de Sociedades. Assim sendo, as Companhias Fechadas ou os conjuntos de empresas que não se formalizarem como Grupos de Sociedades não terão essa obrigatoriedade.

A consolidação será compulsória para as Companhias Abertas que tiverem mais de 30% do seu patrimônio liquido representado pelos investimentos em controladas. A lei define as normas básicas doe consolidação que incluem a necessidade de eliminação dos saldos e transações intercompanhias, dos lucros ou prejuízos remanescentes nos ativos, a exclusão das partes minoritárias e outros.

A consolidação foi uma das principais inovações da lei atual, já que não era obrigatória até então e apenas algumas raras empresas a publicavam.

Principais alterações conceituais introduzidas pela lei 11.638/07 e mp 449/08

6.1 Conceito e obrigações submetidas às Sociedades de Grande Porte

O <u>artigo 3º da lei nº 11.638/07</u> estendeu, no que coube, às Sociedades de Grande Porte a obrigação de elaborar os demonstrativos contábeis conforme as atuais praticas adotadas no Brasil, bem como sujeitar-se à auditoria independente por auditor registrado na Comissão de Valores Mobiliários.

Neste contexto, a terminologia - Sociedades de Grande Porte - é assim definida no parágrafo único do artigo 3º da Lei 10.638/07:

Considera-se de grande porte, para fins exclusivos desta Lei, a sociedade ou conjunto de sociedades sob controle comum que tiver, no exercício social anterior, ativo superior a R$ 240.000.000,00 (duzentos e quarenta milhões de reais) ou receita bruta anual superior a R$ 300.000.000,00 (trezentos milhões de reais).

Embora estejam submetidas à determinadas observância da lei de sociedades por ações, as sociedades de grande porte não estão inseridas no rol das organizações obrigadas a dar publicidade às demonstrações contábeis.

6.2 Teste de recuperabilidade dos ativos

A organização deverá efetuar, periodicamente, análise sobre a recuperação dos ativos registrados no imobilizado e no intangível, este processo também é conhecido pela terminologia Impairment.

§ 3º A companhia deverá efetuar, periodicamente, análise sobre a recuperação dos valores registrados no imobilizado, no intangível e no diferido, a fim de que sejam:

I - registradas as perdas de valor do capital aplicado quando houver decisão de interromper os empreendimentos ou atividades a que se destinavam ou quando comprovado que não poderão produzir resultados suficientes para recuperação desse valor; ou

II - revisados e ajustados os critérios utilizados para determinação da vida útil econômica estimada e para cálculo da depreciação, exaustão e amortização.

O teste de Impairment passou a ser utilizado em substituição à reserva de reavaliação, esta última, figura suprimida pelas alterações na lei das sociedades por ações.

6.3 Ajuste a Valor Presente

Os elementos do ativo, quando decorrentes de operação de longo prazo ou, nos demais casos, quando houver efeitos relevantes, serão ajustados a valor presente. O Ajuste a Valor Presente - AVP foi regulamentado pela Resolução CFC nº 1.151/09 e tem como objetivo efetuar o ajuste para demonstrar o presente valor de um fluxo de caixa futuro. Esse fluxo de caixa pode estar representado por ingressos ou saídas de recursos. Para determinar o valor presente de um fluxo de caixa, três informações são requeridas: valor do fluxo de caixa futuro, data do referido fluxo de caixa financeiro e taxa de desconto aplicável à transação.

Fato importante é de que o Imposto de Renda Diferido, por está sujeito à norma especifica, não é alcançado pela sistemática do Ajuste a Valor Presente.

6.4 Alteração no Método de Equivalência Patrimonial

Com a alteração introduzida pela MP 449/2008, o artigo 248 da lei 6.404/76, passa a vigor com a seguinte redação:

No balanço patrimonial da companhia, os investimentos em coligadas ou em controladas e em outras sociedades que façam parte de um mesmo grupo ou estejam sob controle comum serão avaliados pelo método da equivalência patrimonial, de acordo com as seguintes normas:

Na pratica as principais alterações foram:

- Fim da relevância para avaliação dos investimentos pelo método de equivalência patrimonial;

- Nas sociedades que fazem partes do mesmo grupo, independente da forma ou percentual de investimento, haverá avaliação pelo método de equivalência patrimonial.

6.5 Arrendamento Mercantil

Em relação ao Arrendamento Mercantil passa a prevalecer o conceito da essência sobre a fórmula. Em determinados casos, os riscos e benefícios inerentes à propriedade de um ativo arrendado são transferidos ao arrendatário (leasing financeiro), nesta hipótese, a operação deve ser contabilizada como venda financiada. Todavia, se os ônus e bônus forem assumidos pelo arrendador, a transação deve ser reconhecida como arrendamento operacional.

Outra significativa alteração em relação ao arrendamento mercantil foi introduzida pelo MP 449/2008, que altera a lei nº 6.099/74.

Art. 40. A Lei no 6.099, de 12 de setembro de 1974, passa a vigorar acrescida do art. 1o-A:

"Art. 1º-A. Considera-se operação de crédito, independentemente da nomenclatura que lhes for atribuída, as operações de arrendamento cujo somatório das contraprestações perfaz mais de setenta e cinco por cento do custo do bem.

Parágrafo único. No porcentual do caput inclui-se o valor residual garantido que tenha sido antecipado." (NR)

Ao classificar as operações de arrendamento, que se enquadram no artigo supracitado, como operação de credito, o legislador a inclui no campo de incidência do Imposto Sobre Operações Financeiras - IOF.

6.6 Regime Transitório de Tributação

O Regime Transitório de Tributação - RTT foi introduzido pelo Capitulo III da MP 449/2008. Tem como objetivo conferir neutralidade tributária, dadas as substanciais alterações decorrentes dos novos métodos e critérios contábeis impetrados no cenário contábil brasileiro.

As alterações nas normas contábeis que modifiquem o critério de reconhecimento de receitas, custos e despesas computadas na apuração do lucro líquido do exercício não terão efeitos para fins de apuração do Lucro Real da Pessoa Jurídica sujeita ao RTT, devendo ser considerados para fins tributários, os métodos e critérios vigentes em 31.12.07.

A opção pelo regime deverá ser manifestada, de forma irretratável, na DIPJ 2009. É facultativa para o biênio 2008-2009, porém, a partir de 2010 será compulsória.

As doações e subvenções, bem como, o premio na emissão de debêntures, deverão seguir norma especifica, conforme disposto na medida provisória em epigrafe, no caso de destinação distinta, ficará sujeita à tributação.

As principais alterações estruturais introduzidas pela lei 11.638/07 e mp 449/08

Substituição da DOAR pela DFC

A Demonstração das Origens e Aplicações de Recursos - DOAR deixou de figurar no rol das demonstrações de elaboração e publicação obrigatória dentro das organizações.

Em substituição se acrescentou a Demonstração dos Fluxos de Caixa - DFC.

A DFC, conforme [Resolução do CFC nº 1.125/08](), vem acompanhada de benefícios, a saber:

A demonstração dos fluxos de caixa, quando usada em conjunto com as demais demonstrações contábeis, proporciona informações que habilitam os usuários a avaliar as mudanças nos ativos líquidos de uma entidade, sua estrutura financeira (inclusive sua liquidez e solvência) e sua capacidade para alterar os valores e prazos dos fluxos de caixa, a fim de adaptá-los às mudanças nas circunstâncias e oportunidades. As informações sobre os fluxos de caixa são úteis para avaliar a capacidade de a entidade gerar recursos dessa natureza e possibilitam aos usuários desenvolver modelos para avaliar e comparar o valor presente de futuros fluxos de caixa de diferentes entidades. A demonstração dos fluxos de caixa também melhora a comparabilidade dos relatórios de desempenho operacional para diferentes entidades porque reduz os efeitos decorrentes do uso de diferentes tratamentos contábeis para as mesmas transações e eventos.

Informações históricas dos fluxos de caixa são freqüentemente usadas como indicador do valor, época e grau de segurança dos fluxos de caixa futuros. Também são úteis para verificar a exatidão das avaliações feitas, no passado, dos fluxos de caixa futuros, assim como para examinar a relação entre a lucratividade e os fluxos de caixa líquidos e o impacto de variações de preços.

A Demonstração dos Fluxos de Caixa é dividida em, no mínimo, três atividades:

- Atividades operacionais: são as principais atividades geradoras de receita da entidade e outras atividades diferentes das de investimento e de financiamento;

- Atividades de investimento: são as referentes à aquisição e à venda de ativos de longo prazo e de outros investimentos não incluídos nos equivalentes de caixa; e;

- Atividades de financiamento: são aquelas que resultam em mudanças no tamanho e na composição do capital próprio e no endividamento da entidade, não classificadas como atividade operacional.

As companhias de capital fechado com patrimônio liquido inferior a R$ 2 milhões, não serão obrigadas a elaborar e publicar a demonstração dos fluxos de caixa.

Obrigatoriedade da DVA

Conforme alteração no inciso V do artigo 176 lei das sociedades anônimas se tornou obrigatória a elaboração e publicação, para as organizações de capital aberto, da Demonstração do Valor Adicionado - DVA.

Art. 176. Ao fim de cada exercício social, a diretoria fará elaborar, com base na escrituração mercantil da companhia, as seguintes demonstrações financeiras, que deverão exprimir com clareza a situação do patrimônio da companhia e as mutações ocorridas no exercício:

I - balanço patrimonial;

II - demonstração dos lucros ou prejuízos acumulados;

III - demonstração do resultado do exercício; e

IV - demonstração dos fluxos de caixa; e (Redação dada pela Lei nº 11.638,de 2007)

V - se companhia aberta, demonstração do valor adicionado. (Incluído pela Lei nº 11.638,de 2007)

Segundo Almeida e Braga (2008), a DVA é uma demonstração surgida na Europa, principalmente por influência da Inglaterra, França e Alemanha, tem sido cada vez mais exigida em nível internacional, inclusive em virtude de expressa recomendação por parte da Organização das Nações Unidas - ONU. A DVA evidencia o quanto de riqueza uma empresa produziu, ou seja, o quanto adicionou de valor, e de que forma essa riqueza foi distribuída (entre empregados, governo, acionistas, financiadores de capital etc.) e quanto ficou retido na empresa. Esta demonstração é bastante útil, inclusive do ponto de vista macroeconômico, uma vez que, conceitualmente, o somatório dos valores adicionados (ou valores agregados) de um país representa, na verdade, seu Produto Interno Bruto (PIB).

Ainda segundo ao autor, essa informação é tão importante que, além de sua utilização pelos países europeus, alguns outros países emergentes só aceitam a instalação e a manutenção de uma empresa transnacional se ela demonstrar qual será o valor adicionado que irá produzir.

Em suma, o objetivo da DVA é apresentar o valor gerado pela organização, além de demonstrar a sua destinação na sociedade.

Nova Classificação - Circulante/Não Circulante

A MP 449/2008 introduziu nova classificação aos Grupos de Contas, passou a adotar as seguintes terminologias:

- Ativo Circulante;

- Ativo não Circulante, composto por ativo realizável a longo prazo; investimento, imobilizado e intangível;

- Passivo Circulante;

- Passivo Não circulante.

Eliminação do Diferido

O Diferido sofreu retaliações introduzidas pela lei 11.638/07, porém, foi por completo eliminado pela MP 449/2008. Na impossibilidade de reclassificação para outro grupo contábil, o saldo do diferido poderá ser mantido, neste caso, obedecerá ao prazo máximo de dez anos para sua completa amortização. No caso do ágio se deve analisar criteriosamente destinação (Ativo Intangível, Investimento ou Resultado).

Para adequada classificação das despesas pré-operacionais, faz-se necessário novos critérios de alocação. Estes dispêndios irão figurar no resultado da organização ou compor o Grupo do Não Circulante.

Desaparecimento do Resultado de Exercícios Futuros

Em face da publicação da MP 449/2008, devido à nova classificação dos elementos patrimoniais no balanço, o grupo de Resultados de Exercícios Futuros desapareceu, neste caso, o saldo deverá ser alocado no Passivo Não Circulante, devidamente rotulado quanto às receitas e despesas.

Subvenção Econômica e Assistências Governamentais

Até a entrada em vigor das recentes alterações introduzidas na lei das sociedades por ações, as subvenções econômicas e assistências governamentais eram reconhecidas diretamente em contas do Patrimônio Líquido. Com as novas regras, os recursos deverão transitar pelo resultado, porém, não devem ser reconhecidos até que exista segurança quanto a seu cumprimento e efetivo recebimento.

No caso de subvenção por redução ou isenção em que, todos os compromissos já estejam cumpridos, o registro será concomitante com o tributo no resultado.

A fim de garantir a neutralidade tributaria, a MP 449/2008 dispõe sobre o tema:

Art. 18. Para fins de aplicação do disposto nos arts. 15 a 17, às subvenções para investimento, inclusive mediante isenção ou redução de impostos, concedidas como estímulo à implantação ou expansão de empreendimentos econômicos, e às doações, feitas pelo Poder Público, a que se refere o art. 38 do Decreto-Lei no 1.598, de 26 de dezembro de 1977, a pessoa jurídica deverá:

I - reconhecer o valor da doação ou subvenção em conta do resultado pelo regime de competência, inclusive com observância das determinações constantes das normas expedidas pela Comissão de Valores Mobiliários, no uso da competência conferida pelo § 3o do art. 177 da Lei no 6.404, de 1976, no caso de companhias abertas e outras que optem pela sua observância;

II - excluir, no Livro de Apuração do Lucro Real, o valor referente à parcela do lucro líquido do exercício decorrente de doações ou subvenções governamentais para investimentos, para fins de apuração do lucro real;

III - manter o valor referente à parcela do lucro líquido do exercício decorrente da doação ou subvenção na reserva de lucros a que se refere o art. 195-A da Lei no 6.404, de 1976; e

IV - adicionar, no Livro de Apuração do Lucro Real, para fins de apuração do lucro real, o valor referido no inciso II, no momento em que ele tiver destinação diversa daquela referida no inciso III.

Parágrafo único. As doações e subvenções de que trata o caput serão tributadas caso seja dada destinação diversa da prevista neste artigo, inclusive nas hipóteses de:

I - capitalização do valor e posterior restituição de capital aos sócios ou ao titular, mediante redução do capital social, hipótese em que a base para a incidência será o valor restituído, limitado ao valor total das exclusões decorrentes de doações ou subvenções governamentais para investimentos;

II - restituição de capital aos sócios ou ao titular, mediante redução do capital social, nos cinco anos anteriores à data da doação ou subvenção, com posterior capitalização do valor da doação ou subvenção, hipótese em que a base para a incidência será o valor restituído, limitado ao valor total das exclusões decorrentes de doações ou subvenções governamentais para investimentos; ou

III - integração à base de cálculo dos dividendos obrigatórios.

Eliminação do Resultado Não Operacional

As normas internacionais têm por regra a não segregação dos resultados operacionais e não operacionais, nesta linha, a MP 449/2008 subtraiu das demonstrações financeiras das organizações as Receitas e Despesas Não Operacionais que, por sua vez, devem ser alocadas no Grupo Operacional.

Criação do Intangível

O grupo do Ativo Intangível foi introduzido pela alteração na lei das sociedades por ações. A Resolução CFC Nº 1.152/09, trás as seguintes ponderações sobre o ativo Intangível:

O novo grupo de contas introduzido pela nova Lei está relacionado a direitos que tenham por objeto bens incorpóreos destinados à manutenção da entidade ou exercidos com essa finalidade, inclusive o fundo de comércio adquirido.

Um ativo intangível deve ser reconhecido no balanço se, e apenas se:

a)- for provável que os benefícios econômicos futuros esperados atribuíveis ao ativo sejam gerados em favor da entidade;

b)- o custo do ativo puder ser mensurado com segurança; e

c)- for identificável e separável, ou seja, puder ser separado da entidade e vendido, transferido, licenciado, alugado ou trocado, seja individualmente ou em conjunto com um contrato, ativo ou passivo relacionado.

Os ativos intangíveis são amortizados conforme sua vida econômica. Os intangíveis sem vida útil econômica foram amortizados normalmente em 2008, a partir deste exercício, em substituição à amortização, será requerido o teste de recuperabilidade (impairment).

Eliminação da reserva de reavaliação

A prerrogativa de, com base em laudo de profissional especialista, reavaliar espontaneamente um bem foi vetada. Os valores constantes na reserva de reavaliação devem ser mantidos até sua efetiva realização, ou podiam ter sido estornados até o término do exercício social de 2008.

Criação de Ajuste de Avaliação Patrimonial

No patrimônio liquido foi criado o subgrupo - Ajuste de Avaliação Patrimonial - AAP.

Este, permite o registro de determinadas variações dos ativos, a saber:

I. Instrumentos financeiros;

II. Registro de Variação Cambial sobre investimentos; e;

III. Demais ajustes advindos de norma especifica.

Extinção da conta de lucros acumulados

A alteração introduzida pela MP 449/08 suprimiu a figura do lucro acumulado da estrutura do balanço patrimonial.

§ No passivo, as contas serão classificadas nos seguintes grupos:

I - ativo circulante; e

II - passivo não circulante; e

III - patrimônio liquido, dividido em capital social, reserva de capital, ajustes de avaliação patrimonial, reserva de lucros, ações em tesouraria e prejuízos acumulados.

Note que a terminologia lucro acumulado foi abolida pelo legislador, independente do porte ou classificação da organização.

Todavia, por meio da Resolução CFC Nº. 1.157/09 é apresentado o seguinte conceito:

115. A obrigação de essa conta não conter saldo positivo aplica-se unicamente às sociedades por ações, e não às demais, e para os balanços de exercício social terminado a partir de 31 de dezembro de 2008. Assim, saldos nessa conta precisam se totalmente destinados por proposta da administração da companhia no pressuposto de sua aprovação pela assembléia geral ordinária.

116. Essa conta continuará nos planos de contas, e seu uso continuará a ser feito para receber o resultado do exercício, as reversões de determinadas reservas, os ajuste de exercícios anteriores, para distribuir os resultados nas varias formas e destinar valores para reservas de lucros.

Desta feita, as sociedades de grande porte poderão manter a conta de resultado - Lucro Acumulado. Assim como, mesmo as sociedades por ações, manterão tal conta no plano.

Estrutura atual do balanço patrimonial

Visando a convergência das demonstrações contábeis para o padrão internacional, o balanço patrimonial das organizações, após alterações introduzidas pela Lei nº 11.638/2007 e MP 449/2008, passa a vigorar com a seguinte estrutura:

ATIVO	PASSIVO + PATRIMÔNIO LÍQUIDO
Ativo Circulante	Passivo Circulante
Ativo Não Circulante	Passivo Não Circulante
Realizável a Longo Prazo	Patrimônio Líquido
Investimento	Capital Social
Imobilizado	(-) Gastos com Emissão de Ações
Intangível	Reservas de Capital
	Opções Outorgadas Reconhecidas
	Reservas de Lucros
	(-) Ações em Tesouraria
	Ajustes de Avaliação Patrimonial
	Ajustes Acumulados de Conversão
	Prejuízos Acumulados

Obs: Ações em Tesouraria é conta retificadora da reserva utilizada para tal fim.

1 - EXERCÍCIOS DE CONTABILIDADE GERAL

001) Considerando que a Contabilidade está voltada ao controle e a obtenção de informações acerca das entidades econômico-administrativas, marque a opção para cujas pessoas a Contabilidade não tem nenhum interesse.

a) Um acionista de uma grande empresa da qual detenha apenas uma ação.

b) Os diretores de uma empresa, cujo objeto social está relacionado com semoventes.

c) O sócio de uma cooperativa que está falida.

d) Os depositantes de conta corrente de casas bancárias.

e) Nenhuma das anteriores.

002) Assinale a opção **incorreta**:

a) A Contabilidade não é aplicada no serviço público.

b) Rédito é o resultado da atividade econômica.

c) Pelo regime de caixa, o rédito é apurado pelo confronto entre recebimentos e os pagamentos efetuados no decorrer do período administrativo.

d) Período administrativo é, em regra, o período de um ano.

e) As sociedades comerciais distinguem-se das associações porque aquelas buscam um rédito econômico.

003) Com relação às finalidades para as quais se usa a informação contábil, marque a alternativa **incorreta**.

a) Controle.

b) Planejamento.

c) Como meio de verificação.

d) Como meio de comunicação

e) Para apuração do rédito (exclusivamente).

004) A contabilidade visa, essencialmente, fornecer informações úteis acerca da gestão econômica da azienda.

005) As pessoas físicas não aplicam a contabilidade, haja vista usarem o regime de caixa e a contabilidade usa, somente, o regime de competência.

006) A finalidade da Contabilidade é:

a) determinar o resultado das entidades

b) atender a legislação comercial e fiscal, que exige das empresas a elaboração das chamadas demonstrações financeiras

c) controlar o patrimônio das entidades, apurar o resultado e prestar informações sobre a situação patrimonial e o resultado das entidades aos usuários da informação contábil

d) registrar os custos, as despesas, as receitas e apurar o resultado da entidade

e) estabelecer as relações de débito e de crédito do proprietário com os agentes consignatários e agentes correspondentes

007) É verdadeira a afirmação que exclui o ente público do rol dos interessados na ciência contábil.

008) De todas, a mais importante finalidade da Contabilidade, ressalte-se, modernamente, a de:

a) servir de base para a apuração e tributação do Imposto de Renda;

b) possibilidade de cumprimento das exigências da Legislação Comercial;

c) ter conseguido um refinamento na linguagem e nos procedimentos adotados;

d) constituir instrumento essencial nas funções de planejamento e controle para a empresa;

e) n.d.a.

009) Embora as finalidades para as quais se usa a informação contábil possam ser catalogadas de várias formas, podemos indicá-las da seguinte forma:

a) controle e planejamento

b) análise e escrituração

c) previsão e registros contábeis

d) econômica e sociológica

e) política e auditoria

010) Não constitui finalidade da contabilidade:

— Obter informações acerca da composição política da diretoria de uma S.A..

011) A contabilidade visa estudar o patrimônio das entidades, por isso é finalidade da contabilidade o registro da riqueza dos sócios de uma entidade.

012) (**MEMORIAL/SP/99**) O objetivo da utilização da informação pelo FISCO é:

a) Avaliação da informação para tomada de decisões

b) Verificação da liquidez da sociedade

c) Comprovação dos dividendos distribuídos

d) Tributação das atividades da empresa

e) n.d.a.

013) **(CESPE/TCU-1998)** O campo de atuação da contabilidade pública

abrange as entidades privadas que recebem recursos oriundos de contribuições parafiscais.

estende-se às pessoas jurídicas de direito público, bem como a algumas de suas entidades vinculadas, não apenas de direito público.

abrange as fundações e empresas públicas que utilizam recursos à conta do orçamento público.

visa precipuamente ao controle da aplicação dos recursos públicos provenientes do Tesouro.

não visa, diferentemente da contabilidade empresarial, ao controle do patrimônio público, mas sim ao controle dos recursos orçamentários disponíveis.

014) Assinale a opção **incorreta**.

a) A Contabilidade registra os fenômenos econômicos que afetam o patrimônio das aziendas, provocadas/consentidas ou não pela administração.

b) Agentes fiscais, gerentes de bancos, clientes fornecedores, acionistas, administradores e investidores têm interesse na informação contábil.

c) Avaliar as decisões e o planejamento, auxiliar o controle e determinar o rédito de período são objetivos (fins) da Contabilidade.

d) A escrituração é o método utilizado pela Contabilidade para registrar os fatos contábeis ocorridos em uma entidade.

e) O campo de aplicação da Contabilidade abrange qualquer tipo de pessoa física ou jurídica, com finalidades lucrativas ou não, que tenha necessidade de exercer atividades econômicas para alcançar suas finalidades.

015) Quanto à Contabilidade como um todo, analise e julgue os itens abaixo:

É o único meio utilizado para o planejamento eficaz.

As leis que disciplinam sua eficácia são veiculadas pelo Conselho Federal de Contabilidade.

Rédito é sinônimo de resultado e este pode ser positivo ou negativo, conforme lucro ou prejuízo

Um bom controle evita perda de tempo e dinheiro.

Gestão é aplicada às Aziendas para obtenção de rédito positivo, enquanto que Administração está voltada para réditos beneficentes

016) A Contabilidade deve registrar:

Todos os atos administrativos, praticados durante a gestão da Azienda

Todos os fatos que alteram o patrimônio, quer qualitativamente, quer quantitativamente

Todos os fenômenos que possam gerar riquezas futuras à entidade, em observância ao princípio da prudência

As receitas de exercícios futuros em contas do passivo exigível quando estas podem, por algum motivo, ser devolvidas.

As receitas de vendas a prazo somente no recebimento e as despesas somente no pagamento em observância ao princípio da competência do pagamento

017) Num contexto de economia globalizada, mister se faz que as entidades econômico-administrativas se especializem cada vez mais, no sentido de obterem controles eficazes de suas existências para salvaguardarem os seus ativos e não incorrer em passivos insolváveis. Para tanto, necessitam de pessoas que tenham conhecimentos plenos das teorias, práticas e da legislação acerca de diversos assuntos. Dentre essas entidades inclui-se o Estado. Diante do exposto, em termos de Contabilidade, assinale, dentre as opções abaixo, o conceito de Contabilidade que a defina com "aspecto" de oficialidade.

a) Contabilidade é uma metodologia especialmente concebida para captar, acumular, resumir e interpretar os fenômenos que afetam as situações patrimoniais, financeiras e econômicas de qualquer ente, seja pessoa física, entidade de finalidades não lucrativas, empresa, ou mesmo, pessoa jurídica de Direito Público com fins lucrativos.

b) Contabilidade é a ciência que estuda e pratica as funções de orientação, de controle e de registro relativos à administração econômica.

c) Contabilidade é a ciência que estuda e controla o patrimônio das entidades, mediante o registro, a demonstração expositora e a interpretação dos fatos nele ocorridos, com o fim de oferecer informações sobre sua composição e variação, bem como sobre o resultado econômico decorrente da gestão da riqueza patrimonial explorada.

d) Contabilidade é a arte de registrar os fatos contábeis.

e) Contabilidade é a ciência que pratica o estudo do patrimônio com o fim de apurar o rédito.

018) Quanto a função de controle, a Contabilidade pode ser utilizada, exceto para:

a) Como meio de comunicação.

b) Como motivação.

c) Como meio de verificação.

d) Exclusivamente apuração do rédito (resultado).

e) Avaliar a gestão.

019) Assinale a alternativa que conceitue corretamente CONTABILIDADE:

a) Ciência que trata dos fenômenos relativos à produção, distribuição, acumulação e consumo dos bens materiais

b) Técnica que registra as ocorrências que afetam o patrimônio de uma entidade

c) Ciência que estuda e pratica as funções de orientação, controle e registro dos atos e fatos de uma administração econômica

d) Técnica que consiste na decomposição, comparação e interpretação dos demonstrativos do estado patrimonial e do resultado econômico de uma entidade

e) Conjunto de princípios, normas e funções que tem por fim ordenar os fatores de produção e controlar a sua produtividade e eficiência, para se obter determinado resultado

020) A Contabilidade registra:

a) os fenômenos econômicos que afetam o patrimônio das aziendas, provocados ou consentidos pela administração;

b) os fenômenos econômicos e não-econômicos que afetam o patrimônio das aziendas, provocados, consentidos ou não pela administração;

c) os fenômenos econômicos e não-econômicos que afetam o patrimônio das aziendas provocados ou consentidos pela administração;

d) os fenômenos econômicos que afetam o patrimônio das aziendas, provocados e consentidos ou não pela administração;

e) n.d.a.

021) (ESAF/TTN–1992/SP) O Primeiro Congresso Brasileiro de Contabilidade, realizado na cidade do Rio de Janeiro, de 17 a 27 de agosto de 1924, formulou um conceito oficial de CONTABILIDADE. Assinale a opção que indica esse conceito oficial.

a) Contabilidade é a ciência que estuda o patrimônio do ponto de vista econômico e financeiro, observando seus aspectos quantitativo e específico e as variações por ele sofridas

b) Contabilidade é a ciência que estuda e pratica as funções de orientação, de controle e de registro relativas à Administração Econômica.

c) Contabilidade é a metodologia especial concebida para captar, registrar, reunir e interpretar os fenômenos que afetam as situações patrimoniais, financeiras e econômicas de qualquer ente.

d) Contabilidade é a arte de registrar todas as transações de uma companhia que possam ser expressas em termos monetários e de informar os reflexos dessas transações na situação econômico-financeira dessa companhia.

e) Contabilidade é a ciência que estuda e controla o patrimônio das entidades, mediante registro, demonstração expositiva, confirmação, análise e interpretação dos fatos nele ocorridos.

022) É objeto da Contabilidade:

a) Os bens, direito e situação líquida.

b) O conjunto dos haveres, direitos e obrigações.

c) O controle da entidade

d) O conjunto de bens, direitos e obrigações.

e) A evidenciação do patrimônio, para que os bancos possam emprestar dinheiro às entidades.

023) A Contabilidade tem por objeto

a) a empresa

b) a pessoa física e jurídica

c) a apuração de resultado de uma entidade

d) o patrimônio

e) os lançamentos a débitos de uma conta e a crédito de outra conta

024) O campo de aplicação e o objeto da Contabilidade:

a) confundem-se;

b) são distintos, pois o primeiro é o patrimônio e o segundo é a azienda;

c) podem ser dissociados, pois o primeiro independe da existência do segundo;

d) são distintos, pois o primeiro é a azienda e o segundo é o patrimônio;

e) n.d.a

025) De acordo com a corrente doutrinária hoje dominante, o objeto e o campo de aplicação da Contabilidade são, respectivamente:

a) o crédito e as organizações;

b) as contas da azienda e o seu patrimônio;

c) o controle dos valores patrimoniais e a administração financeira das empresas;

d) o patrimônio e a azienda;

e) n.d.a

026) (ESAF/TTN-1994/vespertino) -"O patrimônio, que a contabilidade estuda e controla, registrando todas as ocorrências nele verificadas."

"Estudar e controlar o patrimônio, para fornecer informações sobre sua composição e variações, bem como sobre o resultado econômico decorrente da gestão da riqueza patrimonial."

As proposições indicam, respectivamente,

a) o objeto e a finalidade da contabilidade

b) a finalidade e o conceito da contabilidade

c) o campo de aplicação e o objeto da contabilidade

d) o campo de aplicação e o conceito de contabilidade

e) a finalidade e as técnicas contábeis da contabilidade

2 - FUNÇÃO ECONÔMICA DA CONTABILIDADE

027) É função econômica da Contabilidade:

a) apurar lucro ou prejuízo;

b) controlar o patrimônio;

c) evitar erros e fraudes;

d) efetuar o registro dos fatos contábeis;

e) verificar a autenticidade das operações.

3 - TÉCNICAS CONTÁBEIS

028) O Balanço Patrimonial é (C ou E):

Uma situação dinâmica e se presta a decomposição para análises.

Um demonstrativo que fornece a situação de uma entidade em dado momento, como se fora uma fotografia.

Um dos principais demonstrativos e deve ser elaborado segundo os princípios de Contabilidade e a Lei n.º 6.404/76.

Um demonstrativo que fornece, por si só, amplos aspectos de análise, visto que é composto por todas as contas analíticas

Uma técnica contábil de partidas dobradas de duas colunas, sendo que do lado esquerdo vão os bens e direitos e do lado direito as obrigações.

029) (MEMORIAL/SP/99) Ao fim de cada exercício social, a Diretoria fará elaborar, com base na escrituração mercantil da companhia, as seguintes demonstrações financeiras, que deverão exprimir com clareza a situação do patrimônio da companhia e as mutações ocorridas no exercício: Com base nas informações acima indique a proposição que responde corretamente ao indicado pela Lei das Sociedades por ações.

a) balanço patrimonial, demonstração do resultado do exercício, demonstração das origens e aplicações de recursos;

b) demonstração dos lucros ou prejuízos acumulados e demonstração do resultado do exercício;

c) demonstração do resultado do exercício e demonstração das origens e aplicações de recursos;

d) demonstração das origens e aplicações de recursos;

e) n.d.a.

030) As técnicas de que a Contabilidade se utiliza para alcançar os seus objetivos são:

a) escrituração, planejamento, coordenação e controle

b) escrituração, balanços, inventários e orçamentos

c) contabilização, auditoria, controle e análise de balanços

d) auditoria, análise de balanços, planejamento e controle

e) auditoria, escrituração, análise de balanços e demonstração

031) Considera-se ramo contábil:

a) a auditoria e análise de balanço

b) a fiscalização e auditoria

c) o planejamento e análise de balanço

d) o controle e auditoria

e) a meteorologia e escrituração

032) (TFC/ESAF/96) Decomposição, comparação e interpretação dos demonstrativos do estado patrimonial e do resultado econômico de uma entidade é

a) função econômica da Contabilidade

b) objeto da Contabilidade

c) técnica contábil chamada Análise de Balanços

d) finalidade da Contabilidade

e) função administrativa da Contabilidade

033) (CONTROLADADORIA/2000) Os fatos contábeis provocam modificações na estrutura de patrimônio e o seu registro deverá ser feito de maneira cronológica, selecionando-os em grupos homogêneos e evidenciando seus aspectos qualitativos e quantitativos. Isso caracteriza a Técnica Contábil de

a) Controle

b) Planejamento

c) Auditoria

d) Escrituração

e) Demonstrações Contábeis

4 - PATRIMÔNIO

034) Quando A < P, sendo A o Ativo e P o Passivo exigível, teremos:

a) inexistência de Dívida

b) inexistência de Ativo

c) passivo a descoberto

d) passivo menor que Bens e Direitos

e) situação superavitária

035) Numa situação patrimonial o ATIVO, em nenhuma hipótese, poderá ser:

a) maior do que o Passivo Exigível

b) menor do que o Passivo Exigível

c) maior do que a Situação Líquida

d) menor do que a Situação Líquida

e) maior do que o Capital dos Proprietários

036) Considerando A = Ativo, P = Passivo Exigível e SL = Situação Líquida, assinale a opção que identifique estado patrimonial **inconcebível**.

a) A P   A
   b)
   SL   P SL
c) A   P   d) A P
   SL
e) A SL

037) O Patrimônio Líquido de uma empresa **não pode ser**:

a) maior do que o Ativo

b) menor do que o Passivo Exigível

c) menor do que o Ativo

d) maior do que o Passivo Exigível

e) igual ao Passivo Exigível

038) Assinale a **incorreta**

a) O método de escrituração utiliza-se da técnica das partidas dobradas.

b) O patrimônio é composto pelo conjunto de bens, direitos e obrigações.

c) Chama-se de ativo o conjunto de bens e direitos e de passivo exigível ao conjunto das obrigações.

d) Azienda tem correlação com fazenda, uma vez que ambos consideram um patrimônio sob ação (gestão) do homem.

e) Apurar resultado é função econômica da Contabilidade e nas sociedades comerciais o objetivo é um rédito positivo.

039) Abaixo são dadas diversas situações patrimoniais. Assinale a que indica a pior situação econômica da empresa:

a) Situação Líquida igual a zero

b) Situação Líquida igual ao ativo

c) Situação Líquida igual ao Passivo Exigível

d) Situação Líquida positiva, mas menor que o Passivo Exigível

e) Passivo Exigível maior do que o Ativo

040) Assinale a alternativa que indica situação patrimonial inconcebível:

a) Situação Líquida igual ao Ativo

b) Situação Líquida maior do que o Ativo

c) Situação Líquida menor do que o Ativo

d) Situação Líquida maior do que o Passivo Exigível

e) Situação Líquida menor do que o Passivo Exigível

041) Com relação ao Patrimônio, julgue os seguintes itens:

Patrimônio bruto é igual ao capital aplicado

Patrimônio líquido negativo quer dizer passivo a descoberto, que ocorre somente se tivermos a conta prejuízos acumulados com saldo diferente de zero.

O patrimônio deve ser autônomo, não podendo ser compartilhado por diversas empresas, pois do contrário teríamos diversos patrimônios autônomos, segundo o Princípio da Entidade.

Patrimônio líquido menor em decorrência de diminuições de ativos, legalmente previstas, satisfaz a correta aplicação do princípio da Prudência.

O ativo realizável a longo prazo e o passivo exigível a longo prazo não podem existir em um patrimônio, cuja Entidade tem o seu término previsto no final do exercício social em curso.

042) Não são considerados bens sob o ponto de vista econômico:

a) Semoventes.

b) Frutos pendentes.

c) Animais no pasto.

d) Águas do mar

e) Uma marca de empresa.

043) Na maioria das empresas comerciais, o Ativo suplanta o Passivo (Obrigações). Assim, a representação mais comum do patrimônio de uma empresa comercial assume a forma:

a) Passivo + Ativo = Patrimônio Líquido;

b) Ativo + Patrimônio Líquido = Passivo;

c) Ativo = Passivo + Patrimônio Líquido;

d) Ativo Permanente + Ativo Circulante = Passivo;

e) Ativo + Situação Líquida = Passivo.

044) Diz-se que a situação líquida é negativa quando o Ativo total é:

a) maior que o Passivo Total;

b) maior que o Passivo Exigível;

c) igual à soma do Passivo Circulante com o Passivo Exigível a Longo Prazo;

d) igual ao Passivo Exigível;

e) menor que o Passivo Exigível.

045) Assinale a alternativa que indica situação patrimonial inconcebível:

a) Situação Líquida igual ao Ativo;

b) Situação Líquida maior que o Ativo

c) Situação Líquida menor que o Ativo;

d) Situação Líquida maior que o Passivo Exigível;

e) Situação Líquida menor que o Passivo Exigível.

046) Assinale a alternativa correta:

a) Patrimônio é um conjunto de bens, direitos e obrigações;

b) os bens se dividem em tangíveis e intangíveis;

c) as alternativas A e B estão corretas;

d) Patrimônio é um conjunto de bens;

e) n.d.a.

047) Assinale a alternativa correta:

a) direitos representam valores a receber, por vendas a prazo;

b) obrigações representam dívidas ou compromissos perante terceiros;

c) resultado é a diferença entre o valor das receitas e o valor das despesas;

d) a pessoa física ou natural é o ser humano (o homem ou a mulher), enquanto pessoa jurídica é o ser de existência abstrata que nasce da reunião de duas ou mais pessoas físicas ou jurídicas;

e) todas as alternativas estão

048) (TFC/ESAF/96) Em relação ao patrimônio bruto e ao patrimônio líquido de uma entidade, todas os afirmações abaixo são verdadeiras, exceto

a) o patrimônio bruto nunca pode ser inferior ao patrimônio líquido

b) o patrimônio bruto e o patrimônio líquido não podem ter valor negativo

c) o patrimônio bruto e o patrimônio líquido podem ter valor inferior ao das obrigações da entidade

d) o soma dos bens e direitos a receber de uma entidade constitui o seu patrimônio bruto, enquanto o patrimônio líquido é constituído desses mesmos bens e direitos, menos as obrigações

e) o patrimônio bruto pode ter valor igual ao patrimônio líquido

049) (TFC/ESAF/96) Na composição do patrimônio de uma empresa

a) se o ativo for maior do que o passivo exigível, a situação líquida também o será

b) se o passivo exigível for maior do que a situação líquida, caracteriza-se o chamado passivo descoberto

c) se ativo e passivo exigível tiverem valores iguais, a situação líquida terá valor negativo

d) se o ativo tiver valor igual a zero, a situação líquida também o terá

e) se a ordem decrescente de valores for ativo, passivo exigível e situação líquida, a situação líquida será positiva

050) (TFC/ESAF/96) Entre as situações patrimoniais abaixo relacionadas, marque a opção que indica maior percentual de riqueza própria

a) P=SL e SL<A

b) A>SL e SL>P Legendas:

c) A=SL e SL>P A = ativo

d) SL<P e P<A P = passivo exigível

e) A=P e P>SL SL = situação líquida

051) O campo de aplicação da Contabilidade é a Azienda. A Azienda é um ente cuja existência se verifica a partir da reunião dos seguintes elementos essenciais:

a) Patrimônio, Trabalho e Organização

b) Contabilidade, Patrimônio e Gestão

c) Planejamento, Organização e Controle

d) Patrimônio, Trabalho e Administração

e) Registro, Orientação e Controle.

052) Assinale a alternativa correta

a) Os elementos essenciais da azienda são patrimônio, administração e Contabilidade

b) O organismo administrativo é composto por órgãos diretivos, órgãos executivos e órgãos vocativos

c) O objeto da Contabilidade é o patrimônio, que ela estuda e pratica, registrando as ocorrências que lhe afetam a estrutura qualitativa

d) Contabilidade é a ciência que estuda e pratica as funções de registro, de auditoria e de coordenação dos atos da administração econômica

e) O campo de atuação e o objeto da Contabilidade são distintos um do outro, pois, o primeiro é a azienda e o segundo é o patrimônio

053) O campo de aplicação da Contabilidade é a azienda. Por azienda compreende-se:

a) a entidade de natureza econômica, com finalidade lucrativa

b) o controle das operações de uma organização

c) o planejamento das atividades econômica-financeiras de uma empresa

d) o complexo de bens, direitos e obrigações, considerado juntamente com a entidade que o administra

e) a série de atos e fatos praticados e ocorridos numa entidade

054) A palavra AZIENDA é comumente usada na Contabilidade como sinônimo de fazenda, na acepção de:

a) conjunto de bens e haveres;

b) mercadorias;

c) finanças públicas;

d) grande propriedade rural;

e) patrimônio, considerado juntamente com a pessoa que tem sobre ele poderes de administração e disponibilidade.

056) Assinale a opção **incorreta**:

a) A Contabilidade não é aplicada no serviço público.

b) Rédito é o resultado da atividade econômica.

c) Pelo regime de caixa, o rédito é apurado pelo confronto entre recebimentos e os pagamentos efetuados no decorrer do período administrativo.

d) Período administrativo é, em regra, o período de um ano.

e) As sociedades comerciais distinguem-se das associações porque aquelas buscam um rédito econômico.

057) Dentre os itens abaixo, assinale aquele que não representa uma assertiva verdadeira.

a) A contabilidade é uma ciência que possui princípios próprios, cujo fundamento reside na valoração econômica dos bens.

b) A administração Pública utiliza a contabilidade de modo diferenciado em relação à administração privada, pois na escrituração das receitas utiliza o regime de caixa.

c) O regime de caixa produz, invariavelmente, o mesmo resultado que o regime de competência.

d) Capital em giro da sociedade é a soma dos capitais próprios e de terceiros.

e) Capital de giro é relativo as disponibilidades e o realizável, ressalvadas as contingências, mas incluídos os investimentos.

058) (AFC/STN/ESAF/2000) Ao fim de cada exercício social, a Diretoria fará elaborar, com base na escrituração mercantil da companhia, as demonstrações financeiras, para exprimir com clareza a situação do patrimônio da companhia e as mutações ocorridas durante o exercício.

A seguir temos cinco frases a respeito desse assunto. Assinale aquela que representa uma afirmativa verdadeira.

a) O exercício social terá a duração de 1 (um) ano e a data do início e do término deverá ser fixada no estatuto.

b) As demonstrações financeiras deverão registrar a destinação do lucro proposta pelos órgãos da administração, desde que tenha havido a aprovação pela assembléia geral.

c) As notas explicativas deverão indicar os investimentos em outras sociedades, mas apenas aqueles investimentos que forem, e quando forem, relevantes.

d) Como componentes do grupo resultados de exercícios futuros deverão ser classificadas as receitas de exercícios futuros, ou seja, aquelas receitas que tiverem sido recebidas antecipadamente.

e) As contas de depreciação acumulada são componentes do ativo imobilizado, enquanto que as contas de amortização acumulada integram o ativo diferido.

059) (ANALISTA JUDICIÁRIO/TRF/4ª/2001) É registro que caracteriza regime de competência, o relativo ao

a) de uma despesa a pagar.

b) da compra de mercadorias à vista.

c) do pagamento de duplicata pela compra de veículo a prazo.

d) da venda de mercadoria à vista.

e) do pagamento de uma despesa.

060) (ESAF/AFC/STN/2000) Uma empresa que contabiliza suas operações pelo regime de caixa, quando as comparar com o princípio da competência, para fins de balanço, vai verificar que as despesas incorridas, mas não pagas no exercício, provocaram

a) um passivo menor que o real e um lucro maior que o real

b) um passivo maior que o real e um lucro menor que o real

c) um ativo maior que o real e um lucro maior que o real

d) um ativo maior que o real e um lucro menor que o real

e) um ativo maior que o real e um passivo menor que o real

061) (AFRF/ESAF/2001) José Henrique resolveu medir contabilmente um dia de sua vida começando do "nada" patrimonial.

De manhã cedo nada tinha. Vestiu o traje novo (calça, camisa, sapatos, etc.), comprado por R$ 105,00, mas que sua mãe lhe deu de presente. Em seguida tomou R$ 30,00 emprestados de seu pai, comprou o jornal por R$ 1,20, tomou o ônibus pagando R$ 1,80 de passagem. Chegando ao CONIC, comprou fiado, por R$ 50,00, várias caixas de bombons e chicletes e passou a vendê-los no calçadão. No fim do dia, cansado, tomou uma refeição de R$ 12,00, mas só pagou R$ 10,00, conseguindo um desconto de R$ 2,00. Contou o dinheiro e viu que vendera metade dos bombons e chicletes por R$ 40,00.

Com base nessas informações, podemos ver que, no fim do dia, José Henrique possui um "capital próprio" no valor de:

a) R$ 120,00

b) R$ 189,00

c) R$ 2,00

d) R$ 187,00

e) R$ 107,00

062) **(TRF/ESAF/2000)** Ao inventariar sua riqueza de acordo com o regime contábil de caixa, os proprietários concluíram que, hoje, sua firma possui débitos no valor de R$ 190.000,00, créditos no valor de R$ 180.000,00, um capital registrado e todo integralizado no valor de R$ 80.000,00, além de diversos bens no valor de R$ 100.000,00.

Foi também apurada a existência de R$ 1.000,00 de receitas já ganhas mas ainda não quitadas; de R$ 1.300,00 de despesas quitadas antecipadamente; de uma conta de energia elétrica no valor de R$ 2.000,00 vencida e não paga; além da expectativa de perda da ordem de 1% no recebimento de letras com valor nominal de R$ 50.000,00.

Ao demonstrar o patrimônio acima indicado, contabilizando-o segundo os princípios contábeis da Prudência e da Competência de Exercícios, essa empresa vai evidenciar no grupo Patrimônio Líquido um lucro acumulado no valor de

a) R$ 9.800,00

b) R$ 7.200,00

c) R$ 10.000,00

d) R$ 27.200,00

e) R$ 30.000,00

063) (UFSC/FISCAL-SC-1998) Num dado momento, seja **A** o valor do Ativo, **P** o valor do Passivo e **PL** o valor do Patrimônio Líquido de uma entidade. Sejam as equações:

I. $A - P = PL$

II $P = A - PL$

III $A + PL = P$

IV. $A - P - PL = 0$

À luz da Resolução CFC nº 750, de 29 de dezembro de 1993, pode-se afirmar que

A.( ) apenas as equações I e II são equivalentes.

B.( ) as equações I e III são equivalentes.

C.( ) apenas as equações I e IV são equivalentes.

D.( ) as equações I, II e IV são equivalentes.

E.( ) a equação III é válida quando a entidade apresenta uma situação de "passivo a descoberto".

064) (ESAF/TTN-1994/matutino) Considere os dados a seguir:

01.05.93 - Vendas á vista Cr$ 4.000.000,0001.05.93 - Vendas a prazo Cr$ 8.000.000,0001.05.93 - Compras a prazo Cr$ 2.400.000,0001.05.93 - Pagamento de duplicatas Cr$ 5.000.000,0001.05.93 - Depósito bancário Cr$ 2.800.000,0001.05.93 – Recebimento de duplicata Cr$ 3.800,000,0002.05.93 - Saldo inicial Cr$ 100.000,00

O saldo final de Caixa, em 30.04.93, era de

a) Cr$ 100.000,00, devedor

b) Cr$ 200.000,00, credor

c) Cr$ 200.000,00, devedor

d) nihil

e) Cr$ 100.000,00, credor

065) Marque a opção **correta**.

a) O princípio da competência impõe que as despesas sejam apropriadas ao período a que corresponderem, assim temos que num empréstimo bancário com pagamento de juros antecipados, estes devem ser apropriados ao período em que foram pagos.

b) A gestão econômica denomina-se exercício social, que consiste no espaço de tempo em que, ao seu término, as entidades apuram e demonstram seus resultados, sendo que sempre coincide com o ano-calendário.

c) Escrituração é o método contábil encarregado no registro dos fatos patrimoniais de forma contínua e metódica, tendo como apoio a documentação relativa a esses fatos.

d) A análise de balanço é a técnica e/ou especialização da Contabilidade que consiste na transformação dos dados para obter informações estatísticas acerca do patrimônio analisado.

e) As receitas consideram-se realizadas, pelo regime de competência, sempre que desaparecer um passivo sem o correspondente ativo, com um lançamento a crédito no passivo.

066) Julgue os itens abaixo:

Uma das formas de controle contábil é ordenar um fluxo para os documentos que devem informar a escrituração

A análise de balanço é uma técnica e uma especialização da Contabilidade, e baseia-se nas demonstrações contábeis.

Pelo princípio do registro pelo valor original, devemos entender que os componentes patrimoniais não poderão ter alterados os seus valores intrínsecos, não configurando alteração a atualização monetária

A escrituração deve ser feita sempre que se tiver razoável certeza dos fatos, mesmo que não se possua a documentação hábil que os instrui.

A técnica da escrituração é a base de toda Contabilidade, devendo esta ser efetuada em ordem cronológica de dia, mês e ano, não se admitindo, em hipótese alguma, que os registros não estejam em ordem cronológica.

067) As técnicas Contábeis se distinguem dos métodos contábeis. Entende-se que as técnicas são gêneros dos quais os métodos são espécies.

068) Representa uma obrigação a conta:

a) Prêmio de Seguros

b) Seguros a Pagar

c) Seguros a Vencer

d) Seguros Contratados

e) Seguros Pagos Antecipadamente

069) Através das funções contábeis, a contabilidade exerce as atividades de:

Escriturar, organizar e apurar as condições do patrimônio

Inspecionar e informar aos administradores as condições do patrimônio

Escriturar e informar as condições do patrimônio, somente

Escriturar e informar a situação do patrimônio, somente

As afirmativas 1 e 2 estão corretas

070) A Contabilidade é uma:

Técnica que consiste na decomposição, comparação e interpretação dos demonstrativos do estado patrimonial e do resultado econômico de uma entidade

Ciência

Ciência com metodologia especialmente concebida para captar, registrar e interpretar os fenômenos que afetam as situações patrimoniais

Ciência com metodologia especialmente concebida para captar, registrar e interpretar os fenômenos que não afetam as situações patrimoniais

As afirmativas 1 e 3 estão corretas

071) Pela diferença aritmética entre os direitos e as obrigações, podemos analisar o patrimônio sob o aspecto:

Jurídico

Econômico

Específico

Financeiro

As alternativas 3 e 4 estão erradas

GABARITO DOS EXERCÍCIOS DESTE CAPÍTULO

001- E	002 A 003- E	004- C	005- E	006-C	007 E	008 D 009 A	010 C
011- E	012 D 013- E C E E	014- D	015- E E C C E	016- E C E C E	017- B		
018- D	019- C 020- D	021- B	022- D	023- D	024- D 025- D 026- A 027- A		
028- E C C E E 029- A 030- E		031- A	032- C	033- D	034- C 035- D 036- B		
037- A	038- A 039- C	040- B	041- C C C C C 042- D		043- C 044- E 045- B		
046- C	047- E 048- B	049- E	050- C	051- D	052- E 053- D 054- E 055- B		
056- A	057- C 058- C	059- A	060- A	061- E	062- A 063- D 064- A 065- D		
066- C C C E E 067- C 068- B		069- C C E E C	070- E C C E E 071- E C E E C				

5 - PRINCÍPIOS DE CONTABILIDADE

072) O Código Civil conceitua as pessoas em naturais ou físicas e jurídicas. Estas são uma criação abstrata da lei. Com relação ao assunto, marque a assertiva **correta**, com relação a Contabilidade.

a) Por ser a pessoa jurídica uma criação abstrata da lei, não há nenhuma implicação, antes o contrário, de se misturar as contas particulares com as da pessoa jurídica.

b) Do princípio da entidade, que é um dos princípios fundamentais da Contabilidade, infere-se que os bens particulares não se confundem com os bens da entidade que é formada pelo conjunto de bens dos particulares, mas a recíproca não é verdadeira.

c) O administrador deve ter soberania, em função do princípio da autonomia da entidade, sobre seu patrimônio, não importando a forma como gere seus negócios.

d) A entidade, que é dos sócios, rege-se pelo contrato social ou estatuto, conforme o caso, e este pode, expressamente, autorizar os administradores (diretores e gerentes) a usar recursos da sociedade (como por exemplo veículos) em atividades particulares.

e) Eventuais saldos de balanço podem ser rateados entre os diretores da área financeira e contábil, se assim os estatutos, expressamente, permitirem.

073) Quanto aos bens de uma empresa, assinale a **incorreta**.

a) Devem ser relacionados de forma distinta dos de seus sócios.

b) Constituem uma entidade autônoma de seus titulares.

c) A azienda não deve ser confundida com o patrimônio dos particulares, visto a gestão ser dos particulares e estes devem, sempre que a empresa necessitar e pelo princípio da continuidade, socorrê-la economicamente ou com bens.

d) A Contabilidade tem como objetivo o controle, o planejamento e o rédito, para salvaguardar bens e direitos, entre outros.

e) A tributação envolve a transferência de patrimônio dos particulares (bens numerários) aos cofres públicos, decorrendo daí, entre outras, uma necessidade do conhecimento de Contabilidade dos servidores de órgãos arrecadadores, ou seja, envolve patrimônio, que é o objeto da Contabilidade.

074) (TCU/CESPE-1995) Os princípios fundamentais de Contabilidade estão consubstanciados na Resolução n.º 750, de 1993, do Conselho Federal de Contabilidade, que, posteriormente, editou um apêndice destinado a um maior esclarecimento de seu conteúdo e abrangência. Com base no exposto, julgue os itens a seguir.

(1) Os princípios, ao contrário das normas, devido à diversidade das entidades e à evolução contínua do ambiente econômico, são adotados segundo as concepções teórico-doutrinárias dos profissionais da Contabilidade.

(2) A existência de duas entidades sob controle comum, ainda que consolidem suas demonstrações contábeis, não afeta o princípio da entidade, mantendo-se as respectivas autonomias patrimoniais.

075) (PCF/UnB/CESPE-97)Os princípios fundamentais de contabilidade representam a essência das doutrinas e teorias relativas à ciência da contabilidade, consoante o entendimento predominante nos universos científico e profissional brasileiros. Concernem, pois, à contabilidade no seu sentido mais amplo de ciência social, cujo objeto é o patrimônio das entidades. Com base nesse assunto, julgue os itens a seguir.

(1) O patrimônio pertence à entidade, mas a recíproca não é verdadeira. A soma ou agregação contábil de patrimônios autônomos não resulta em nova entidade, mas em uma unidade de natureza econômico-contábil.

076) (INSS/CESPE-98) A Resolução CFC n.º 750, de 29 de dezembro de 1993, estabeleceu os princípios fundamentais de contabilidade aplicáveis ás sociedades brasileiras. A respeito desse assunto, julgue os itens seguintes.

(1) Na aplicação dos princípios fundamentais de contabilidade a situações concretas, a essência das transações deve prevalecer sobre seus aspectos formais.

077) (CVM/ESAF/ANALISTA-2001) O procedimento de segregar o patrimônio da empresa avaliada do patrimônio de seus sócios está fundamentado no conceito da

a) entidade

b) identidade

c) prudência

d) materialidade

e) relatividade

078) (TÉC-CONTAB/CONTROLADORIA-99) Ao analisar a formação e a estrutura patrimonial, é correto afirmar que

a) o Ativo representa "Bens e Direitos" que são elementos negativos na estrutura do patrimônio

b) o complexo de bens, materiais ou não, direitos, ações, posse e tudo o mais que pertence a uma pessoa ou empresa e seja suscetível de apreciação econômica, denomina-se Patrimônio

c) a pessoa jurídica é a unidade jurídica resultante de um agrupamento humano organizado, estável, objetivando fins de utilidade pública ou privada, inteiramente distinta dos indivíduos que a compõem, capaz de possuir, exercitar direitos e contrair obrigações

d) a conta que representa o investimento dos sócios é a conta Caixa

e) no Ativo registramos somente os bens tangíveis que são representados, por exemplo, por Marcas e Patentes

079) (ESAF/FISCAL-FORTALEZA/98) Jorge Trapalhão é comerciante (revenda de produtos veterinários) e fazendeiro. Apesar de a fazenda não estar incorporada ao patrimônio da firma comercial, ele não faz distinção dos fatos decorrentes de sua dupla atividade, na escrituração do estabelecimento comercial, em que pese utilizar normalmente empregados e produtos de um em outro estabelecimento.

O procedimento de Jorge Trapalhão, analisado sob o aspecto contábil, está

a) correto, porque Jorge Trapalhão é pessoa física, uma vez que, de acordo com o Código Civil, a pessoa jurídica não pode ser formada de um único indivíduo

b) incorreto, porque contraria o princípio contábil da Competência

c) correto, porque, qualquer que seja o seu sistema de escrituração, o resultado de suas atividades reverter-se-á totalmente em seu benefício

d) incorreto, porque contraria o princípio contábil da Entidade

e) correto, porque, apesar de os misturar, ele não omite nem adultera os fatos contábeis decorrentes de sua dupla atividade

080) (ANALISTA/JUD-CONTADOR-99) A autonomia patrimonial, fulcro do Princípio da Entidade, objetiva especificamente estabelecer que

a) não seja confundido o patrimônio da entidade com o de seus sócios.

b) a contabilidade deve individualizar um patrimônio particular no universo dos patrimônios.

c) o patrimônio se caracteriza como o objeto da contabilidade.

d) o patrimônio pertence a uma pessoa, a um conjunto de pessoas, a uma sociedade, ou a uma instituição de qualquer natureza.

e) a soma de patrimônios autônomos não resulta em nova entidade.

081) (TCU/CESPE-1998) Os princípios fundamentais de contabilidade representam a essência das doutrinas e das teorias relativas à ciência da contabilidade, consoante o entendimento predominante nos universos científico e profissional brasileiros. Concernem, pois, à contabilidade no seu sentido mais amplo de ciência social, cujo objeto é o patrimônio das entidades. Relativamente a esse assunto, julgue os itens a seguir.

(1) A suspensão das atividades de uma entidade pode provocar efeitos na utilidade de determinados ativos, com a perda, até mesmo integral, de seu valor.

082) (TCU/CESPE-1995) Os princípios fundamentais de Contabilidade estão consubstanciados na Resolução n.º 750, de 1993, do Conselho Federal de Contabilidade, que, posteriormente, editou um apêndice destinado a um maior esclarecimento de seu conteúdo e abrangência. Com base no exposto, julgue os itens a seguir.

(1) O princípio da continuidade aplica-se tanto à cessação integral quanto parcial das atividades de uma entidade, bem como em relação ao grau de utilização de suas instalações, com reflexos no nível de produção.

083) (PCF/UnB/CESPE-97)Os princípios fundamentais de contabilidade representam a essência das doutrinas e teorias relativas à ciência da contabilidade, consoante o entendimento predominante nos universos científico e profissional brasileiros. Concernem, pois, à contabilidade no seu sentido mais amplo de ciência social, cujo objeto é o patrimônio das entidades. Com base nesse assunto, julgue os itens a seguir.

(1) A denominação **princípio da continuidade**, como também a **entidade em marcha**, ou **going concern**, é encontrada em muitos sistemas de normas no exterior e também na literatura contábil estrangeira. Embora tal principio também parta do pressuposto de que a entidade deva concretizar seus objetivos continuamente — o que nem sempre significa a geração de riqueza no sentido material —, não se fundamenta na idéia da entidade em movimento.

084) (INSS/CESPE-98) A Resolução CFC n.º 750, de 29 de dezembro de 1993, estabeleceu os princípios fundamentais de contabilidade aplicáveis ás sociedades brasileiras. A respeito desse assunto, julgue os itens seguintes.

(1) Conforme o principio do registro pelo valor original, uma vez integrado ao patrimônio, o bem, o direito ou a obrigação não poderá ter alterado seu valor intrínseco, admitindo-se, tão-somente, sua decomposição em elementos e/ou sua agregação, parcial ou integral, a outros elementos patrimoniais.

085) (ANALISTA/JUD-CONTADOR-99) O Princípio da Continuidade objetiva afirmar que a Entidade

a) é susceptível de descontinuidade.

b) tem a composição de seu patrimônio afetada, na descontinuidade de suas atividades.

c) tem seu patrimônio afetado, segundo as condições prováveis em que se possam desenvolver suas operações.

d) pode ter a utilidade de alguns de seus ativos afetada, na suspensão de suas atividades.

e) na sua aplicação, tem como situação-limite, a completa cessação de suas atividades.

086) (AFPS/CESPE-Unb/2001) A continuidade influencia o valor econômico dos ativos e, em, em muitos casos, o valor ou o vencimento dos passivos, especialmente quando a extinção da entidade tiver prazo determinado, previsto ou previsível.

087) (TCU/CESPE-1998) Os princípios fundamentais de contabilidade representam a essência das doutrinas e das teorias relativas à ciência da contabilidade, consoante o entendimento predominante nos universos científico e profissional brasileiros. Concernem, pois, à contabilidade no seu sentido mais amplo de ciência social, cujo objeto é o patrimônio das entidades. Relativamente a esse assunto, julgue os itens a seguir.

(1) Como resultado da observância do princípio da oportunidade, o registro deve ensejar o reconhecimento universal das variações ocorridas no patrimônio da entidade, em um período de tempo determinado, base necessária para gerar informações úteis ao processo decisório da gestão.

088) (PCF/UnB/CESPE-97) Os princípios fundamentais de contabilidade representam a essência das doutrinas e teorias relativas à ciência da contabilidade, consoante o entendimento predominante nos universos científico e profissional brasileiros. Concernem, pois, à contabilidade no seu sentido mais amplo de ciência social, cujo objeto é o patrimônio das entidades. Com base nesse assunto, julgue os itens a seguir.

(1) Como resultado da observância do principio da oportunidade, o registro compreende os elementos quantitativos e qualitativos, referindo-se apenas aos aspectos monetários.

089) (INSS/CESPE-98) A Resolução CFC n.º 750, de 29 de dezembro de 1993, estabeleceu os princípios fundamentais de contabilidade aplicáveis ás sociedades brasileiras. A respeito desse assunto, julgue os itens seguintes.

(1) Como resultado da observância do princípio da oportunidade, o registro das variações patrimoniais não deve ser feito na hipótese de somente existir razoável certeza de sua ocorrência, mesmo que tecnicamente estimável.

090) (TEC/CEF/2000) Com relação aos princípios contábeis, julgue os itens a seguir.

(1) O registro das variações patrimoniais, mesmo que tecnicamente estimável, deve ser feito apenas quando existir total certeza de sua ocorrência.

091) (PCF/UnB/CESPE-97) Os princípios fundamentais de contabilidade representam a essência das doutrinas e teorias relativas à ciência da contabilidade, consoante o entendimento predominante nos universos científico e profissional brasileiros. Concernem, pois, à contabilidade no seu sentido mais amplo de ciência social, cujo objeto é o patrimônio das entidades. Com base nesse assunto, julgue os itens a seguir.

(1) Do princípio do registro pelo valor original, resulta que a avaliação dos componentes patrimoniais deve ser feita com base nos valores de entrada, considerando-se como tais os resultantes do consenso com os agentes externos ou da imposição destes.

092) (INSS/CESPE-98) A Resolução CFC n.⁰ 750, de 29 de dezembro de 1993, estabeleceu os princípios fundamentais de contabilidade aplicáveis às sociedades brasileiras. A respeito desse assunto, julgue os itens seguintes.

(1) A continuidade influencia o valor econômico dos ativos e, em muitos casos, o valor ou o vencimento dos passivos.

093) (TEC/CEF/2000) Com relação aos princípios contábeis, julgue os itens a seguir.

(1) A avaliação dos componentes patrimoniais deve ser feita com base nos valores de saída, considerando-se como tais os resultantes do consenso com agentes externos ou que sejam impostos por estes.

094) Com relação aos princípios fundamentais de Contabilidade, assinale a alternativa **incorreta**.

a) Pelo princípio da oportunidade deve-se contabilizar de imediato e de forma integral os fatos que estejam tecnicamente estimados, mesmo que exista somente razoável certeza de sua ocorrência.

b) Os registros contábeis, pelo princípio da oportunidade, compreendem os elementos quantitativos e qualitativos, contemplando os aspectos físicos e monetários.

c) A observância do princípio da oportunidade é indispensável à correta aplicação do princípio da competência.

d) A continuidade influencia o valor econômico dos ativos e, em muitos casos, o valor ou o vencimento dos passivos, especialmente quando a entidade tem prazo determinado, previsto ou previsível ou em decorrência de passivo a descoberto.

e) A análise de balanço, quando utilizados mais de um período, deve ter os efeitos externos (inflação por exemplo) eliminados, presenciando-se neste momento o princípio da atualização monetária.

095) (TCU/CESPE-1995) Os princípios fundamentais de Contabilidade estão consubstanciados na Resolução n.º 750, de 1993, do Conselho Federal de Contabilidade, que, posteriormente, editou um apêndice destinado a um maior esclarecimento de seu conteúdo e abrangência. Com base no exposto, julgue os itens a seguir.

(1) A aplicação do princípio da atualização monetária possibilita a recomposição do valor original de todos os componentes patrimoniais das entidades, e de suas variações, por meio de índices específicos de preços.

096) Pelo princípio da competência as receitas devem ser reconhecidas:

a) Pelo surgimento de um ativo em contrapartida de um passivo de igual valor.

b) Pelo recebimento antecipado de clientes, por conta de entrega futura de bens e/ou serviços.

c) Pelo recebimento, em doação, de uma máquina que vai ser utilizada na atividade fabril da empresa, mas que já se encontrava totalmente depreciada pela entidade doadora.

d) Nas transações com terceiros, quando estes efetivarem o pagamento ou assumirem compromisso firme de efetivá-lo, quer pela investidura da propriedade de bens anteriormente pertencentes a entidade, quer pela fruição de serviços por eles prestados.

e) Pela geração natural de novos passivos independentemente da intervenção de terceiros.

097) Ainda, com relação ao princípio da competência, julgue os itens abaixo e assinale a alternativa **correta**.

a) A despesa considera-se ocorrida sempre que desaparecer um ativo.

b) O surgimento natural de novos passivos é considerado como sendo uma despesa.

c) Considera-se incorrida a despesa no recebimento de clientes, com desconto.

d) Nas transações com terceiros, só se considera incorrida as despesas, no momento do pagamento.

e) Sempre que se da algum desconto, mesmo que incondicional, considera-se incorrida uma despesa.

098) Julgue os itens abaixo e assinale a opção **incorreta**.

a) O patrimônio é o conjunto de bens, direitos e obrigações.

b) Quando uma empresa ganha uma receita, aumenta o seu ativo e o PL.

c) A ocorrência de uma despesa acarreta a diminuição das disponibilidades.

d) Entende-se como "receita diferida" uma receita recebida e ainda não ganha.

e) O fato gerador de uma receita de serviço enquadra-se, normalmente, de maneira mais adequada, ao período da execução do serviço.

099) (TCU/ESAF-1999) Registrada em 25 de fevereiro de 1998, a "Firma Mento Ltda." funcionou normalmente até o fim do ano, contabilizando seus resultados sob a ótica do Regime Contábil de Caixa. Ao chegar a dezembro foi informada de que, para elaborar seus balanços, teria de observar o Regime Contábil da Competência de Exercícios, em obediência aos princípios contábeis e às determinações legais.

O lucro do exercício de 1998 já estava contabilizado sob regime de caixa e computava os seguintes elementos:

- Salários correspondentes aos meses de fevereiro a dezembro: R$ 3.960,00, faltando pagar apenas o mês de dezembro, no valor de R$ 360,00;

- Seguros correspondentes aos meses de fevereiro de 1998 a janeiro de 1999, totalmente pago, à razão de R$ 80,00 por mês;

- Serviços prestados durante todo o período, à razão de R$ 450,00 ao mês, inclusive fevereiro de 1998, faltando receber apenas o mês de dezembro/98;

- Juros vencidos a favor da "Firma Mento", no valor de R$ 600,00, totalmente recebidos;

- Impostos e taxas municipais no valor de R$ 400,00, já vencidos mas ainda não pagos;

- Comissões recebidas em 1998 mas que se referem ao exercício de 1999, no valor de R$ 100,00.

Ao fazer as correções de lançamentos para ajustar o lucro líquido ao regime de competência, a empresa, naturalmente, provocou alterações no valor contábil do resultado antes contabilizado. Essas alterações significaram:

a) redução do lucro em R$ 330,00

b) redução do lucro em R$ 640,00

c) aumento do lucro em R$ 310,00

d) aumento do lucro em R$ 370,00

e) aumento do lucro em R$ 1.030,00

100) (TCU/CESPE-1998) Os princípios fundamentais de contabilidade representam a essência das doutrinas e das teorias relativas à ciência da contabilidade, consoante o entendimento predominante nos universos científico e profissional brasileiros. Concernem, pois, à contabilidade no seu sentido mais amplo de ciência social, cujo objeto é o patrimônio das entidades. Relativamente a esse assunto, julgue os itens a seguir.

(1) De acordo com o princípio da competência, considera-se realizada uma despesa quando da extinção, parcial ou total, de um passivo, qualquer que seja o motivo, sem o desaparecimento concomitante de um ativo de valor igual ou maior.

101) (TCU/CESPE-1998) Os princípios fundamentais de contabilidade representam a essência das doutrinas e das teorias relativas à ciência da contabilidade, consoante o entendimento predominante nos universos científico e profissional brasileiros. Concernem, pois, à contabilidade no seu sentido mais amplo de ciência social, cujo objeto é o patrimônio das entidades. Relativamente a esse assunto, julgue os itens a seguir.

(1) A receita de serviços deve sempre ser reconhecida de forma proporcional ao recebimento das parcelas contratuais.

102) (TCU/CESPE-1995) Os princípios fundamentais de Contabilidade estão consubstanciados na Resolução n.º 750, de 1993, do Conselho Federal de Contabilidade, que, posteriormente, editou um apêndice destinado a um maior esclarecimento de seu conteúdo e abrangência. Com base no exposto, julgue os itens a seguir.

(1) Constitui receita, segundo o princípio da competência, o cancelamento de uma dívida originada em exercício anterior, que seria apurada no exercício corrente e provisionada em contrapartida a ajuste de exercícios anteriores.

103) (MPOG/ESAF/2000) Na aplicação dos Princípios Fundamentais de Contabilidade, é correto afirmar que:

a) havendo completa cessação das atividades da entidade, os valores diferidos não poderão mais ser convertidos em despesas.

b) as variações patrimoniais não são reconhecidas quando não há certeza definitiva de sua ocorrência.

c) no recebimento de doação pela entidade, o registro deve ser feito pelo valor de mercado.

d) a utilização da moeda do País nos registros contábeis assegura a representação de unidade constante de poder aquisitivo.

e) a apropriação de receitas e despesas é vinculada ao recebimento de numerário ou ao desembolso de caixa.

104) (INSS/CESPE-97) De acordo com o princípio da competência, as receitas e as despesas devem ser incluídas na apuração do resultado do período em que ocorrerem, sempre simultaneamente quando se relacionarem, independentemente de recebimento e pagamento. Em conformidade com esse conceito, as receitas devem ser reconhecidas.

(1) nas transações com terceiros, quando estes efetuarem o pagamento ou assumirem compromisso firme de efetivá-lo, que pela investidura da propriedade de bens anteriormente pertencentes à entidade, quer pela fruição de serviços por esta prestados.

(2) quando da extinção, parcial ou total, de um ativo, qualquer que seja o motivo, sem desaparecimento concomitante de um passivo de valor igual ou menor.

(3) ela geração natural de novos passivos, independentemente da intervenção de terceiros.

(4) pelo recebimento efetivo de coações destinada à cobertura de despesas administrativas.

(5) pelo recebimento antecipado de clientes, por conta de entrega futura de bens e/ou serviços.

105) (MIC/ESAF/98) O Chefe pediu ao Contador uma conciliação dos resultados do mês de março para saber se a firma andava com os pagamentos em dia. Na conciliação o Contador apurou que havia:

- juros de fevereiro, pagos em março, no valor de R$ 1.000,00;
- aluguel de março ainda não pago, no valor de R$ 2.000,00;
- conta relativa ao consumo de energia elétrica em março, paga no mesmo mês, no valor de R$ 3.000,00;

- aluguel relativo ao mês de abril, já pago antecipadamente no mês de março, no valor de R$ 4.000,00;
- juros ganhos no mês de março, mas ainda não recebidos, no valor de R$ 4.000,00;
- receitas recebidas em março, por serviços que só serão realizados no mês de abril, no valor de R$ 3.000,00;
- juros relativos ao mês de março, recebidos no próprio mês, no valor de R$ 2.000,00; e
- comissões ganhas em fevereiro mas recebidas apenas no mês de março, no valor de R$ 1.000,00.

O Contador fez o trabalho e informou ao Chefe que, de acordo com o Princípio Contábil da Competência, o resultado apurado no mês de março foi:

a) um prejuízo de R$ 2.000,00

b) um prejuízo de R$ 1.000,00

c) um resultado nulo ou igual a zero

d) um lucro de R$ 1.000,00

e) um lucro de R$ 2.000,00

106) (ESAF/AFC-STN-2000) Uma empresa que contabiliza suas operações pelo regime de caixa, quando as comparar com o princípio da competência, para fins de balanço, vai verificar que as despesas incorridas, mas não pagas no exercício, provocaram

a) um passivo menor que o real e um lucro maior que o real

b) um passivo maior que o real e um lucro menor que o real

c) um ativo maior que o real e um lucro maior que o real

d) um ativo maior que o real e um lucro menor que o real

e) um ativo maior que o real e um passivo menor que o real

107) (AFTN/ESAF/98) A empresa Jasmim S/A, cujo exercício social coincide com o ano-calendário, pagou, em 30/04/97, o prêmio correspondente a uma apólice de seguro contra incêndio de suas instalações para viger no período de 01/05/97 a 30/04/98. O

valor pago de R$ 30.000,00 foi contabilizado como despesa operacional do exercício de 1997. Observando o princípio contábil da competência, o lançamento de ajuste, feito em 31.12.1997, provocou, no resultado do exercício de 1998, uma

a) majoração de R$ 10.000,00

b) redução de R$ 30.000,00

c) redução de R$ 20.000,00

d) majoração de R$ 20.000,00

e) redução de R$ 10.000,00

108) Assinale a opção com texto incorreto:

a) O princípio da Prudência impõe a escolha da hipótese de que resulte menor patrimônio líquido, quando se apresentarem opções igualmente aceitáveis diante dos demais Princípios Fundamentais de Contabilidade

b) O uso da moeda do País na tradução do valor dos componentes patrimoniais constitui imperativo de homogeneização quantitativa dos mesmos.

c) O reconhecimento simultâneo das receitas e despesas, quando correlatas, é conseqüência natural do respeito ao período em que ocorrer sua geração

d) O desaparecimento, parcial ou total, de um passivo, qualquer que seja o motivo, e o surgimento de um passivo, sem o correspondente ativo, considerando-se, respectivamente, despesa incorrida e receita realizada.

e) A atualização monetária não representa nova avaliação, mas, tão-somente, o ajustamento dos valores originais para determinada data, mediante a aplicação de indexadores, ou outros elementos aptos a traduzir a variação do poder aquisitivo da moeda nacional em um dado período.

109) (TEC/CEF/2000) Com relação aos princípios contábeis, julgue os itens a seguir.

(1) As receitas consideram-se realizadas nas transações com terceiros, quando estes efetuarem o pagamento ou assumirem o compromisso firme de efetivá-lo, quer pela

investidura na propriedade de bens anteriormente pertencentes à entidade vendedora, quer pela fruição de serviços por esta prestados.

110) (TEC/CEF/2000) Com relação aos princípios contábeis, julgue os itens a seguir.

(1) A despesa é considerada incorrida pelo surgimento de um passivo, sem o correspondente ativo.

111) (TRT-4ª/ANAL.JUD.-2001) É registro que caracteriza regime de competência, o relativo ao

(A) da compra de mercadorias à vista.

(B) do pagamento de duplicata pela compra de veículo a prazo.

(C) da venda de mercadoria à vista.

(D) do pagamento de uma despesa.

(E) de uma despesa a pagar.

112) (Fiscal-Natal-RN-ESAF-2001) A firma Previdente S/A, em 01/08/01, contratou um seguro anual para cobertura de incêndio avaliada em R$ 300.000,00, com vigência a partir da assinatura do contrato. O exercício social da Previdente é coincidente com o ano calendário. O prêmio cobrado pela seguradora é equivalente a 10% do valor da cobertura e foi pago em 31 de agosto de 2001. Em consonância com o princípio contábil da competência de exercícios, no balanço patrimonial de 31/12/01, a conta "Seguros a Vencer" constará com saldo atualizado de

    a) R$ 175.000,00
    b) R$ 30.000,00
    c) R$ 20.000,00
    d) R$ 17.500,00
    e) R$ 12.500,00

113) (MEMÓRIA/1999-SP) No término do exercício social, uma empresa prestadora de serviços observou que havia alguns serviços prestados a clientes que não estavam ainda faturados. Em obediência ao princípio da Competência, registrou contabilmente o fato mediante o seguinte lançamento:

a) Clientes Diversos a Serviços a Faturar

b) Serviços a Faturar a Receita Antecipada de Serviços

c) Serviços a Faturar a Receita de Serviços

d) Clientes Diversos a Receita Antecipada de Serviços

e) n.d.a.

114) (ESAF/AFTN-1994/setemb.) Assinale a opção com texto <u>incorreto</u>:

a) O princípio da Prudência impõe a escolha da hipótese de que resulte menor patrimônio líquido, quando se apresentarem opções igualmente aceitáveis diante dos demais Princípios Fundamentais de Contabilidade

b) O uso da moeda do País na tradução do valor dos componentes patrimoniais constitui imperativo de homogeneização quantitativa dos mesmos.

c) O reconhecimento simultâneo das receitas e despesas, quando correlatas, é conseqüência natural do respeito ao período em que ocorrer sua geração

d) O desaparecimento, parcial ou total, de um passivo, qualquer que seja o motivo, e o surgimento de um passivo, sem o correspondente ativo, considerando-se, respectivamente, despesa incorrida e receita realizada.

e) A atualização monetária não representa nova avaliação, mas, tão-somente, o ajustamento dos valores originais para determinada data, mediante a aplicação de indexadores, ou outros elementos aptos a traduzir a variação do poder aquisitivo da moeda nacional em um dado período.

115) (ESAF/FISCAL-FORTALEZA/98) No término do exercício social, uma empresa prestadora de serviços observou que havia alguns serviços prestados a clientes que não estavam ainda faturados. Em obediência ao princípio da Competência, registrou contabilmente o fato mediante o seguinte lançamento:

a) Clientes Diversos

a Serviços a Faturar

b) Serviços a Faturar

a Receita Antecipada de Serviços

c) Receita Antecipada de Serviços

a Receita de Serviços

d) Clientes Diversos

a Receita Antecipada de Serviços

e) Serviços a Faturar

a Receita de Serviços

116) (ESAF/TTN-1994/vespertino) - O pagamento de salários do mês de dezembro de 1992, feito em cheque, em 05.01.93, foi registrado mediante o seguinte lançamento (exercício social: 01.01 a 31/12):

a) Despesas de Salários

a Salários a Pagar

b) Salários a Pagar

a Despesas de Salários

c) Salários a Pagar

a Bancos

d) Despesas de Salários

a Bancos

e) Bancos

a Salários a Pagar

117) (AGERS/RS/98) Para uma empresa com exercício social igual ao ano civil e ciclo operacional de até 12 meses, uma compra feita no dia 10.12.X0, com vencimento para 15.12.X1 (prazo superior a um ano), sendo paga somente em 10.01.X2, será classificada nos balanços de 31.12.X0 e 31.12.X1, respectivamente, como:

a) PELP e PC

b) PC e PELP

c) PC e PC

d) PELP e PELP

e) Resultados de exercícios futuros e PELP.

118) (AFPS/CESPE-Unb/2001) Os juros de uma aplicação financeira de longo prazo com taxa prefixada devem ser contabilizados, em cada período, apenas pelos valores ganhos realizados no período, a débito do ativo de aplicação, em contrapartida da conta de receita financeira, não se reconhecendo como ativo real o valor futuro da aplicação.

119) (ESAF-CVM/2001) A Companhia de Reparos S.A. tem exercício social coincidente com o ano civil. Em dezembro de 2000 prestou serviços a uma indústria (conserto de máquinas), cobrando-lhe R$ 10.000,00, dos quais recebeu, contra recibo, dez por cento. Em janeiro de 2001 faturou o restante, dividindo o pagamento em 18 parcelas mensais e sucessivas de igual valor, vencendo a primeira delas em 31.01.01. De acordo com a Lei no 6.404/76 (Lei das Sociedades por Ações) a Companhia deve assim apropriar a receita

a) R$ 10.000,00 em 2000

b) R$ 1.000,00 em 2000 e R$ 9.000,00 em 2001

c) R$ 10.000,00 em 2001

d) R$ 1.000,00 em 2000; R$ 6.000,00 em 2001 e R$ 3.000,00 em 2002

e) R$ 7.000,00 em 2001 e R$ 3.000,00 em 2002

120) A escrituração, as Demonstrações financeiras ou contábeis, a auditoria e a análise de balanço são técnicas contábeis e dentre elas a auditoria e a análise de balanço são também especializações da Contabilidade. A Contabilidade se resume, basicamente, naquelas quatro técnicas, no entanto, para que as técnicas sejam corretamente aplicadas, há de se observar os princípios fundamentais de Contabilidade, e neste particular, assinale a assertiva **correta**.

a) Todos os custos relacionados à venda no período de apuração do resultado devem ser classificados como despesa operacional quando decorrerem de operações normais da entidade, o que satisfaz plenamente aos princípios da competência, oportunidade e prudência.

b) O registro pelo valor original é imperativo à correta contabilização, decorre do fato que não pode haver nenhuma alteração desses valores, sendo portanto incompatíveis entre si o princípio do registro pelo valor original e o princípio da prudência.

c) Pelo princípio da prudência deve-se classificar como despesa os custos de aquisição de imobilizado, de valor médio, que seja utilizado em somente três exercícios sociais, para diminuir a carga tributária de imediato, diminuindo, conseqüentemente, o PL.

d) O princípio da continuidade tem relevância fundamental na Contabilidade e toda sua essência esta na distribuição de lucros ou não aos diretores.

e) Pelo princípio da prudência devemos contabilizar os estoques pelo valor de realização, isto é, com o percentual de lucro embutido no preço de venda, quando estas estivem com razoável certeza.

121) Marque certo (C) ou errado (E), conforme o caso.

(1) A Contabilidade preocupa-se com fatos economicamente valorizáveis.

(2) Pelo princípio da prudência, deve-se registrar, dentre duas situações igualmente válidas, a que resultar no menor PL.

(3) Em decorrência do princípio da competência, considera-se receita do exercício social atual o recebimento de aluguéis adiantados.

(4) Uma empresa que possui um passivo maior que o ativo não possui patrimônio.

(5) O patrimônio de uma entidade filantrópica não carece de contabilização, pois não possui proprietários, nem sócios.

122) Assinale a **incorreta**.

a) A Contabilidade utiliza-se de meios para atingir sua finalidade. Como técnicas contábeis podemos citar: escrituração, demonstrações financeiras ou contábeis, auditoria e análise de balanço.

b) Princípios contábeis são preceitos fundamentais em que se baseiam a doutrina e a técnica contábil.

c) Os estoques devem ser avaliados pelo custo ou mercado, dos dois o menor. A afirmação satisfaz o princípio da prudência.

d) Uma empresa tem em estoque determinada mercadoria cujo custo de aquisição é de R$ 450,00. O seu valor de mercado, à data do balanço, é de R$ 380,00. O responsável pela Contabilidade resolveu, conhecedor dos princípios de Contabilidade que é e baseado no princípio da prudência, registrar uma provisão de R$ 70,00 para ajustar ao valor de mercado.

e) Os princípios fundamentais de Contabilidade vigentes no Brasil, que são em número de sete, a saber: o da entidade; o da continuidade; o da oportunidade; o do registro pelo valor original; o da atualização monetária; o da competência e o da prudência, estão legalmente formalizados por lei federal elaborada pelo Conselho Federal de Contabilidade.

123) Os princípios fundamentais de contabilidade representam a essência das doutrinas e teorias relativas à ciência da contabilidade, consoante o entendimento predominante nos universos científico e profissional brasileiros. Concernem, pois, à contabilidade no seu sentido mais amplo de ciência social, cujo objeto é o patrimônio das entidades. Com base nesse assunto, julgue os itens a seguir.

O patrimônio pertence à entidade, mas a recíproca não é verdadeira. a soma ou agregação contábil de patrimônios autônomos não resulta em nova entidade, mas em uma unidade de natureza econômico-contábil.

Como resultado da observância do princípio da oportunidade, o registro compreende os elementos quantitativos e qualitativos, referindo-se apenas aos aspectos monetários.

Do princípio do registro pelo valor original, resulta que a avaliação dos componentes patrimoniais deve ser feita com base nos valores de entrada, considerando-se como tais os resultantes do consenso com os agentes externos ou da imposição destes.

O princípio da prudência impõe a escolha da hipótese da qual resulte maior patrimônio líquido, quando se apresentarem opções igualmente aceitáveis diante dos demais princípios fundamentais de contabilidade.

A denominação **princípio da continuidade**, como também a entidade em marcha, ou going concern, é encontrada em muitos sistemas de normas no exterior e também na literatura contábil estrangeira. Embora tal princípio também parta do pressuposto de que a entidade deva concretizar seus objetivos continuamente - o que nem sempre significa a geração de riqueza no sentido material -, não se fundamenta na idéia da entidade em movimento.

124) Pagamento de salários em 05 de outubro, relativo ao mês de setembro é:

um fato permutativo em observância ao princípio da competência

um fato modificativo quando usado o regime de caixa

um fato misto, pois envolve o regime de competência e o regime de caixa

um fato que está em desacordo com os princípios contábeis

um fato diminutivo do PL pela correta aplicação do princípio da Prudência

125) Acerca do princípios de Contabilidade, julgue os itens seguintes:

A autonomia da entidade é o pressuposto principal do princípio da Entidade

A data da ocorrência do fato gerador de uma venda deve ser considerada como a data da ocorrência da receita e despesa, mesmo que o comprador seja um caloteiro e não paga as prestações , caso a venda seja a prazo

A constituição de provisão para ajuste ao valor de mercado é prática correta pela observância do princípio da Prudência

Ações em tesouraria são contas devedoras, que figuram no passivo, retificando o mesmo

Dividendos a pagar é uma correta aplicação do princípio da competência, e deve ser classificada no passivo circulante por representar uma obrigação da Companhia para com os acionistas da mesma.

126) (TCU/CESPE-1998) Os princípios fundamentais de contabilidade representam a essência das doutrinas e das teorias relativas à ciência da contabilidade, consoante o entendimento predominante nos universos científico e profissional brasileiros. Concernem, pois, à contabilidade no seu sentido mais amplo de ciência social, cujo objeto é o patrimônio das entidades. Relativamente a esse assunto, julgue os itens a seguir.

(1) A aplicação do princípio da prudência ganha ênfase quando, para definição dos valores relativos às variações patrimoniais, devam ser feitas estimativas que envolvam incertezas de grau variável.

127) (TCU/CESPE-1996) De acordo com a Resolução CFC n.º 750, de 29 de dezembro de 1993, é considerado princípio de Contabilidade o princípio

(1) da entidade.

(2) da objetividade.

(3) da oportunidade.

(4) da materialidade.

(5) do registro pelo valor original.

128) (PCF/UnB/CESPE-97) Os princípios fundamentais de contabilidade representam a essência das doutrinas e teorias relativas à ciência da contabilidade, consoante o entendimento predominante nos universos científico e profissional brasileiros. Concernem, pois, à contabilidade no seu sentido mais amplo de ciência social, cujo objeto é o patrimônio das entidades. Com base nesse assunto, julgue os itens a seguir.

(1) O principio da prudência impõe a escolha da hipótese da qual resulte maior patrimônio líquido, quando se apresentarem opções igualmente aceitáveis diante dos demais princípios fundamentais de contabilidade.

129) (INSS/CESPE-97) O princípio da prudência determina a adoção do menor valor para os componentes do ativo e do maior para os do passivo, sempre que se apresentem alternativas igualmente válidas para a quantificação das mutações patrimoniais que alterem o patrimônio líquido. Em consonância com esse princípio,

(1) os custos devem ser considerados como despesa no período em que ficar caracterizada a impossibilidade de eles contribuírem para a realização dos objetivos operacionais da entidade.

(2) todos os custos relacionados à venda no período de apuração do resultado devem ser classificados como despesa.

(3) os encargos financeiros decorrentes do financiamento de ativos de longa maturação devem ser ativados no período pré-operacional, com amortização a partir do momento em que o ativo entrar em operação.

(4) os custos relevantes de aquisição de ativo imobilizado são suscetíveis de apropriação para despesa, visando reduzir a carga tributária.

(5) é passível de contabilização como ativo o direito relativo a questão judicial, com possibilidade apenas remota de ganho.

130) (MIC/ESAF/98) A Minha Empresa mantém em estoque 800 unidades de mercadorias avaliadas em R$ 10.000,00, sendo R$ 4.000,00 relativos à mercadoria tipo "A", que tem custo unitário de R$ 10,00 e R$ 6.000,00 correspondentes à mercadoria tipo "B", cujo custo unitário é de R$ 15,00. No último dia do exercício social o custo de mercado dessas mercadorias estava cotado a R$ 12,00, tanto para o tipo "A" como para o tipo "B". O Contador, cumprindo as determinações da Lei 6.404/76 e em obediência ao Princípio Contábil da Prudência, deve apresentar no balanço patrimonial

a) Mercadorias (-) Provisão para Ajuste de Estoque R$ 10.000,00(R$ 400,00)

b) Mercadorias(-) Provisão para Ajuste de Estoque R$ 10.000,00(R$ 1.200,00)

c) Mercadorias (-) Provisão para Ajuste de Estoque R$ 10.000,00(R$ 2.400,00)

d) Mercadorias R$ 9.600,00

e) Mercadorias R$ 8.800,00

131) (**TEC/CEF/2000**) Com relação aos princípios contábeis, julgue os itens a seguir.

(1) O princípio da prudência impõe a escolha da hipótese da qual resulte maior patrimônio líquido, quando se apresentarem opções igualmente aceitáveis diante dos demais princípios fundamentais de contabilidade.

132) (**AFTN/ESAF/96**) Os efeitos no resultado do exercício decorrentes da mudança de critérios de avaliação dos estoques devem constar das notas explicativas. Este procedimento contábil está de acordo com o princípio contábil da (do)

1. prudência
2. evidenciação
3. custo histórico como base de valor
4. continuidade
5. confrontação

133) (**AF-CE-ESAF-98**) Em 15.12.97, um auditor tributário lavrou auto de infração contra uma sociedade anônima, por falta de recolhimento do Imposto sobre Serviços (ISS), notificando-a a recolher a importância de R$ 15.000,00, até o dia 15 de janeiro de 1998. Em 20.12.97, a empresa impugnou parcialmente o ato, discutindo o valor de R$ 5.000,00 e concordando em recolher o restante na data aprazada.

Sabendo que a empresa adota em sua escrituração os princípios da Competência e da Prudência, indique o procedimento correto para registrar o fato, por ocasião do levantamento do balanço patrimonial, em 31.12.97.

a) Não efetuar nenhum lançamento contábil, consignando o fato apenas em nota explicativa.

b) Lançar como despesa do exercício findo o valor total do auto de infração

c) Constituir reserva para contingências no valor de R$ 15.000,00.

d) Lançar como despesa do exercício findo o valor de R$ 10.000,00 e fazer provisão para contingências no valor de R$ 5.000,00.

e) Lançar como despesa do exercício findo o valor de R$ 10.000,00 e constituir reserva para contingências no valor de R$ 5.000,00.

134) (BACEN/CESPE/97) O princípio da prudência determina a adoção do menor valor para os componentes do ativo, e do maior, para os do passivo, sempre que se apresentem opções igualmente válidas para a quantificação das mutações patrimoniais que alterem o patrimônio líquido. Com base nessa afirmação, julgue os itens abaixo.

A Contabilidade deve manter um comportamento prudente e reconhecer as despesas mesmo antes que surja o fato gerador, sempre que se puder prever um acréscimo do passivo.

O Princípio da prudência impõe a escolha da hipótese da qual resulte um menor patrimônio líquido, quando se apresentarem opções igualmente aceitáveis diante dos demais princípios fundamentais da Contabilidade.

O princípio da prudência somente se aplica às mutações posteriores, constituindo ordenamento indispensável à correta aplicação do princípio da competência.

A aplicação do princípio da prudência ganha ênfase quando, para a definição dos valores relativos às variações patrimoniais, devam ser feitas estimativas que envolvam incertezas de grau variável.

O princípio da prudência é perfeitamente coerente com o registro no ativo de depósitos judiciais relativos a processos cuja probabilidade de sucesso é remota, sem que haja lançamento de provisão para contingência correspondente no passivo.

135) Marque a opção **incorreta**.

a) O pagamento antecipado de aluguel deve ser registrado como despesa no exercício social do efetivo pagamento pela correta observância do princípio da prudência.

b) O fato de um AFRF ou um AFPS vasculhar ou devassar a Contabilidade de uma empresa, não fere o princípio da entidade.

c) O fato de uma empresa, que trabalha com vendedores externos, adiantar a estes certa quantia para prováveis despesas de viagem, não contabilizar esses valores como despesa no ato do adiantamento, não estará infringindo o princípio da prudência.

d) A provisão do imposto de renda é uma decorrência do princípio da competência.

e) O rédito deve ser apurado, pelo menos, ao final de cada exercício social, devendo este ser feito com a extensão correta dos fatos efetivamente ocorridos naquele período.

136) (TÉC-CONTR-INTERNO) Devemos adotar o Princípio da Prudência sempre que se apresentem opções igualmente válidas para quantificação das mutações patrimoniais que alterem o Patrimônio Líquido.

A adoção deste princípio tem por objetivo

a) não proporcionar variação no patrimônio líquido

b) representar o ativo pelo maior valor

c) proporcionar menor valor para o resultado

d) representar o passivo pelo menor valor

e) proporcionar maior valor no resultado do exercício

137) (MEMÓRIA/1999-SP) São Princípios Fundamentais de Contabilidade, reconhecidos pelas Normas Brasileiras de Contabilidade:

I - o da ENTIDADE;

II - o da CONTINUIDADE;

III - o da OPORTUNIDADE;

IV - o do REGISTRO PELO VALOR ORIGINAL;

V - o da ATUALIZAÇÃO MONETÁRIA;

VI - o da COMPETÊNCIA e

VII - o da PRUDÊNCIA.

a) As afirmativas I e II estão corretas

b) As afirmativas I,II,III estão corretas

c) As afirmativas IV , V ,VI, e VII estão corretas

d) Todas as opções estão corretas

e) n.d.a.

138) (ESAF/TTN-1994/matutino) Assinale a opção com afirmativa incorreta.

a) Lançamento de complementação é aquele que vem posteriormente, complementar, aumentando ou reduzindo, o valor anteriormente registrado.

b) O critério de maior valor para os itens do ativo e da receita e o de menor valor para os itens do passivo e despesa, com os efeitos correspondentes no Patrimônio Liquido. serão adotados para registro, diante de opções na escolha de valores.

c) São elementos essenciais do lançamento: local e data, conta debitada, conta creditada, histórico e valor.

d) O estorno consiste em lançamento inverso àquele feito erroneamente, anulando-o totalmente.

e) Lançamento de transferência é aquele que promove a regularização de conta indevidamente debitada ou creditada, através da transposição do valor para a conta adequada.

139) (INSS/CESPE-98) A Resolução CFC n.º 750, de 29 de dezembro de 1993, estabeleceu os princípios fundamentais de contabilidade aplicáveis ás sociedades brasileiras. A respeito desse assunto, julgue os itens seguintes.

(1) Na aplicação dos princípios fundamentais de contabilidade a situações concretas, a essência das transações deve prevalecer sobre seus aspectos formais.

(2) Como resultado da observância do princípio da oportunidade, o registro das variações patrimoniais não deve ser feito na hipótese de somente existir razoável certeza de sua ocorrência, mesmo que tecnicamente estimável.

(3) A continuidade influencia o valor econômico dos ativos e, em muitos casos, o valor ou o vencimento dos passivos.

(4) Conforme o principio do registro pelo valor original, uma vez integrado ao patrimônio, o bem, o direito ou a obrigação não poderá ter alterado seu valor intrínseco, admitindo-se, tão-somente, sua decomposição em elementos e/ou sua agregação, parcial ou integral, a outros elementos patrimoniais.

(5) O princípio da prudência não se aplica somente às mutações posteriores.

140) (CESPE/TCU-1995) Os princípios fundamentais de Contabilidade estão consubstanciados na Resolução n.º 750, de 1993, do Conselho Federal de Contabilidade, que, posteriormente, editou um apêndice destinado a um maior esclarecimento de seu conteúdo e abrangência. Com base no exposto, julgue os itens a seguir.

(1) Os princípios, ao contrário das normas, devido à diversidade das entidades e à evolução contínua do ambiente econômico, são adotados segundo as concepções teórico-doutrinárias dos profissionais da Contabilidade.

(2) A existência de duas entidades sob controle comum, ainda que consolidem suas demonstrações contábeis, não afeta o princípio da entidade, mantendo-se as respectivas autonomias patrimoniais.

(3) O princípio da continuidade aplica-se tanto à cessação integral quanto parcial das atividades de uma entidade, bem como em relação ao grau de utilização de suas instalações, com reflexos no nível de produção.

(4) A aplicação do princípio da atualização monetária possibilita a recomposição do valor original de todos os componentes patrimoniais das entidades, e de suas variações, por meio de índices específicos de preços.

(5) Constitui receita, segundo o princípio da competência, o cancelamento de uma dívida originada em exercício anterior, que seria apurada no exercício corrente e provisionada em contrapartida a ajuste de exercícios anteriores.

141) **(CESPE/TCU-1998)** Os princípios fundamentais de contabilidade representam a essência das doutrinas e das teorias relativas à ciência da contabilidade, consoante o entendimento predominante nos universos científico e profissional brasileiros. Concernem, pois, à contabilidade no seu sentido mais amplo de ciência social, cujo objeto é o patrimônio das entidades. Relativamente a esse assunto, julgue os itens a seguir.

(1) De acordo com o princípio da competência, considera-se realizada uma despesa quando da extinção, parcial ou total, de um passivo, qualquer que seja o motivo, sem o desaparecimento concomitante de um ativo de valor igual ou maior.

(2) A aplicação do princípio da prudência ganha ênfase quando, para definição dos valores relativos às variações patrimoniais, devam ser feitas estimativas que envolvam incertezas de grau variável.

(3) Como resultado da observância do princípio da oportunidade, o registro deve ensejar o reconhecimento universal das variações ocorridas no patrimônio da entidade, em um período de tempo determinado, base necessária para gerar informações úteis ao processo decisório da gestão.

(4) A receita de serviços deve sempre ser reconhecida de forma proporcional ao recebimento das parcelas contratuais.

(5) A suspensão das atividades de uma entidade pode provocar efeitos na utilidade de determinados ativos, com a perda, até mesmo integral, de seu valor.

GABARITO DOS EXERCÍCIOS DESTE CAPÍTULO

072- B 073- C 074-EC 075- C 076- C 077- A 078- C 079- D 080- B 081- C
082- C 083- C 084- C 085- C 086- C 087- C 088- E 089- E 090- E 091- C
092- C 093- E 094- D 095- E 096- C 097- C 098- C 099- A 100- E 101- E
102- E 103- C 104- C E E C E 105- D 106- A 107- E 108- D 109- C 110- C
111- E 112- D 113- C 114- D 115- E 116- C 117- C 118- C 119- A 120- A
121- C C E E E 122- E 123- C E C E C 124- C C E E E 125- C C C C C 126- C
127- C E C E C 128- E 129- C C C E E 130- B 131- E 132- B* NULA 133- E
134- E C C C E 135- A 136- C 137- D 138- B 139- C E C C E 140- E C C E E
141- E C C E C

6 - O ESTUDO DO CAPITAL

142) (ESAF/TTN-1994/matutino)

- Empresa: Cia. Industrial Camilinha   Cr$
- Capital Social em 30/06/92:   2.400,00
- Reserva da Correção Monetária do Capital Social em 30/06/92: 7.200,00
- Reserva de Lucro Suspenso em 30/06/92:   4.800,00
- Aumento do Capital Social em 30/11/92:
  1) Em moeda corrente: 24.000,00
  2) Com Reserva da Correção Monetária do Capital Social: 21.600,00
  3) Com Reserva de Lucro Suspenso: 12.000,00

Obs.: As reservas incorporadas ao capital social estavam atualizadas até a data do evento.

- Valores da UFIR diária (hipotéticos)

em 30/06/92: Cr$ 24,00 em 30/11/92: Cr$ 60,00 em 31/12/92: Cr$ 80,00

- Registro Contábil da Correção Monetária do Balanço Periodicidade: Mensal

- Periodicidade dos balanços em 1992: Semestral

Após a contabilização em 30/11/92 do aumento do capital social, a conta Reserva da Correção Monetária do Capital Social apresentou, na mesma data, o seguinte saldo:

a) zero

b) Cr$ 18.000,00

c) CR$ 14.400,00

d) Cr$ 16.800,00

e) Cr$ 2.400,00

143) (ESAF/TTN-1994/matutino)

- Empresa: Cia. Industrial Camilinha   Cr$

- Capital Social em 30/06/92: 2.400,00
- Reserva da Correção Monetária do Capital Social em 30/06/92: 7.200,00
- Reserva de Lucro Suspenso em 30/06/92: 4.800,00
- Aumento do Capital Social em 30/11/92:

1) Em moeda corrente: 24.000,00
2) Com Reserva da Correção Monetária do Capital Social: 21.600,00
3) Com Reserva de Lucro Suspenso: 12.000,00

Obs.: As reservas incorporadas ao capital social estavam atualizadas até a data do evento.

- Valores da UFIR diária (hipotéticos)

em 30/06/92: Cr$ 24,00 em 30/11/92: Cr$ 60,00 em 31/12/92: Cr$ 80,00

- Registro Contábil da Correção Monetária do Balanço Periodicidade: Mensal

- Periodicidade dos balanços em 1992: Semestral

No período de 01/11/92 a 31/12/92 não houve aumento ou redução do capital social da Cia. Industrial Camilinha e, em decorrência, o saldo da conta Reserva da Correção Monetária do Capital Social, em 31/12/92, importou em

a) Cr$ 22.400.00

b) Cr$ 12.800.00

c) Cr$ 32.000.00

d) Cr$ 8.000.00

e) Cr$ 20.000.00

144) (ICMS/MS/2000) A empresa Concursus Ltda. efetuou um débito no total de R$ 100,00 em uma conta de ativo. Simultaneamente registrou um crédito de igual montante em uma conta do patrimônio líquido. Assinale, dentre as alternativas abaixo, aquela que melhor representa essa transação :

a) Venda de um imóvel.

b) Aquisição de um veículo por meio de operação de leasing.

c) Financiamento a curto prazo.

d) Aumento do capital social com integralização de numerário.

145) (MEMÓRIA/1999-SP) É correto afirmar que os recursos investidos pelos proprietários, serão classificadas no seguinte grupo:

a) passivo circulante;

b) passivo exigível a longo prazo;

c) resultados de exercícios futuros;

d) patrimônio líquido;

e) n.d.a.

147) Com relação ao o que se pode afirmar sobre capital, julgue os seguintes itens

É o conjunto de bens e direitos aplicados no ativo, tratando-se no caso de capital total à disposição da entidade.

Capital social é o mesmo que capital nominal menos capital a integralizar

O capital de terceiros mais o capital próprio é igual ao somatório das origens de recursos e este por sua vez é igual ao total das aplicações

Capital social representa o montante de recursos colocado a disposição da entidade, pelos sócios, e em certos casos, acrescido do produto da gestão formalmente a ele incorporados.

Capital subscrito é aquele pelo qual os sócios ou acionistas se comprometem com a entidade, sendo responsabilidade dos mesmos a sua integralização.

148) (INSS/CESPE-97) No balanço patrimonial, a diferença entre o valor dos ativos e dos passivos e o resultado de exercícios futuros representa o patrimônio líquido que é o valor contábil pertencente aos acionistas ou sócios. De acordo com a Lei n.º 6.404/76, o patrimônio líquido pode incluir

1. capital social, que representa valore recebidos pela empresa ou valores por ela gerados que estão formalmente incorporados ao capital social.

2. reservas de capital, que representam valores recebidos, inexigíveis e que não transitam por contas de resultado.

3. provisões para contingências, representando prováveis compromissos futuros, de fatos contábeis ocorridos.

4. reservas de lucros, representando lucros obtidos pela empresa e retidos com finalidade específicas.

5. estoques de ouro, representando as reservas reais da empresa para garantir ou lastrear os títulos emitidos e adquiridos no mercado de valores mobiliários.

149) (AFPS/CESPE-Unb/2001) O aumento do capital social com reservas de capital, sem emissão de novas ações, dá-se com um lançamento à crédito das reservas de capital a serem utilizadas, em contrapartida de um débito na conta de capital social.

150) (Unb/CESPE-STM-99) No balanço patrimonial de uma sociedade por ações, a conta do capital social discriminará, entre os elementos do patrimônio líquido, o montante

a) das disponibilidades.

b) das reservas de capital.

c) subscrito e, por dedução, a parcela ainda não-realizada.

d) de ações emitidas.

e) subscrito apenas pelo acionista controlador.

151) "A" e "B" constituíram a empresa comercial A & B Ltda., com capital de R$ 20.000,00, dividido em parte iguais. "A" integralizou em dinheiro R$ 5.000,00 e "B" integralizou em imóveis a totalidade do capital por ele subscrito. Depois dessas operações, o Capital social realizado, o Capital de Terceiros e o Capital Próprio da empresa tinham, respectivamente, os valores de R$:

a) 20.000,00   15.000,00   5.000,00

b) 20.000,00   ZERO   20.000,00

c) 15.000,00   ZERO   15.000,00

d) 15.000,00   15.000,00   ZERO

e) 20.000,00   5.000,00   15.000,00

152) (TRT-4ª/ANAL.JUD.-2001) O capital subscrito e realizado pelo titular, sócio ou acionista é considerado capital próprio em virtude do princípio ou convenção

(A) do conservadorismo.

(B) da continuidade.

(C) da entidade.

(D) da realização das receitas.

(E) da objetividade.

153) (ICMS/MS/2000) A empresa Firma Ltda. tem registrado, na conta Lucros Acumulados, o montante de R$ 10.000,00, e na conta Capital Social, a cifra de R$ 100.000,00. Em 3 de janeiro de 2000 foi decidido um aumento da conta Capital Social, mediante a utilização do total contabilizado na conta Lucros Acumulados. Assinale a alternativa abaixo que melhor reflete essa operação :

a) Somente diminuição do patrimônio líquido.

b) Aumento do passivo e/ou diminuição do ativo.

c) Não há nem aumento, nem diminuição no patrimônio líquido.

d) Somente aumento do patrimônio líquido.

154) Marque a opção **incorreta**.

a) O capital a disposição da empresa engloba o capital próprio e o capital de terceiros, esses capitais estão totalmente aplicados no ativo.

b) A compra de mercadorias a prazo gera, pelo método das partidas dobradas, o registro contábil de duas contas: uma é o estoque de mercadorias e a outra, fornecedores ou duplicatas a pagar. Esta representa um débito de funcionamento.

c) A nota promissória representa uma obrigação que não possui nenhuma vinculação ao seu fato gerador, e constitui obrigação de quem a emite.

d) A duplicata mercantil tem como característica a sua vinculação ao fato gerador, e representa um direito de quem a emite.

e) O recebimento de clientes, em cheques pré-datados, deve ser classificado como direitos, pela observância das normas societárias e legais, bem como ao princípio da competência e da prudência.

155) Capital e Capital a Realizar são contas do Patrimônio Líquido. Em relação a elas é correto afirmar:

a) ambas possuem saldo devedor

b) ambas possuem saldo credor

c) a primeira tem saldo credor e a segunda, devedor

d) a primeira tem saldo devedor e a segunda, credor

e) a primeira é retificadora da segunda

156) (TRF/ESAF/2000) Se determinada empresa decide aumentar o próprio capital com o aproveitamento das reservas existentes, terá que contabilizar esse fato administrativo da forma seguinte:

a) Capital Social

a Reservas

b) Capital a Integralizar

a Reservas

c) Capital a Integralizar

a Capital Social

d) Reservas

a Capital Social

e) Reservas

a Capital a Integralizar

157) (TÉC-CONTR-INTERNO) O balancete de verificação da Cia Delta apresentava a seguinte posição em reais:

Contas	Saldo 30.11.t1	Saldo 01.12.t1
Máquinas	8.500,00	8.500,00
Caixa	18.000,00	18.000,00
Receita Serviços	48.700,00	58.700,00
Capital	80.000,00	130.000,00
Depreciação Acumulada	1.700,00	1.700,00
Serviços de Terceiros	6.300,00	6.300,00
Lucros / Prejuízos Acumulados	14.200,00	-
Material Consumo (estoque)	15.000,00	15.000,00
Terrenos	30.000,00	30.000,00
Bancos C/Mov.	62.300,00	62.300,00
Reservas de Lucro	7.000,00	-
Contas a Pagar	9.700,00	9.700,00
Custos dos Serviços	21.200,00	21.200,00
Clientes	-	10.000,00
Veículos	-	28.800,00

A estrutura de capital da empresa foi alterada. Os novos recursos investidos na estrutura patrimonial pelos sócios foram de

a) R$ 21.200,00

b) R$ 28.800,00

c) R$ 38.800,00

d) R$ 50.000,00

e) R$ 60.000,00

158) Considerando: CP = Capital Próprio; CTe = Capital de Terceiros; CN = Capital Nominal ; CTO = Capital Total à disposição da empresa; PL = Patrimônio Líquido; SLp = Situação Líquida positiva e A = Ativo, pode-se afirmar que CTO é igual a:

a) CP + CTe = SLp;

b) A + CTe;

c) CP + CTe;

d) A (-) SLP;

e) CP + CTe + CN.

159) (TÉC-CONTR-INTERNO) A estrutura de capital da empresa Alagoas é representada por capital próprio mais passivo real. O volume de capital próprio excedeu ao investimento no ativo fixo no ANO II. Ao se admitir que não ocorreu no ativo fixo nenhuma modificação e que o capital circulante próprio passou a ser positivo no ANO II, poderemos justificar esse fato em função

a) do lucro no exercício/ prêmio na emissão de debêntures/distribuição de dividendos

b) da reavaliação do ativo/ subscrição e integralização de capital/redução por distribuição de dividendos

c) do resultado positivo no exercício/ redução por distribuição de dividendos/doação e subvenções para investimentos recebidos

d) da reavaliação do ativo/ subscrição e integralização de capital/prejuízo do exercício

e) do lucro no exercício/ subscrição e integralização de capital/ prêmio recebido na emissão de debêntures

GABARITO DOS EXERCÍCIOS DESTE CAPÍTULO

142- A 143- E 144- D 145- D 146- C E E C C 147- C E C C C 148- C C E C E

149- E 150- C 151- C 152- C 153- C   154- E   155- C   156- D 157- B 158- C
159- E

7 - A EQUAÇÃO PATRIMONIAL

160) Marque a opção **incorreta**.

a) A ocorrência de despesas acarreta, em tese, redução de PL.

b) A ocorrência de receita acarreta, em tese, aumento de PL.

c) Situação líquida significa patrimônio líquido.

d) O patrimônio é o conjunto de bens, direitos e obrigações.

e) todas estão incorretas.

161) Assinale a alternativa **incorreta**.

a) Não devemos registrar como ativo o direito relativo a questão judicial, com possibilidade apenas remota de ganho, em função do princípio da Prudência.

b) Pelo mesmo princípio do item anterior, devemos registrar as obrigações relativas a questões judiciais, com valor estimado de perda, como provisão.

c) Vendas a prazo normais, para diretores, devem ser registradas no circulante se se vencerem até o final do exercício seguinte.

d) Numa empresa individual, os empréstimos e retiradas de seu patrimônio não precisam ser discriminados na Contabilidade por tratar-se de unicidade de pessoas.

e) Numa sociedade comercial, com quatro sócios, os empréstimos que estes usufruírem da sociedade, mesmo que os mesmos vençam em um mês, ou até mesmo no dia seguinte, devem ser, sempre, classificados no longo prazo.

162) Assinale a **incorreta**.

a) Os investimentos efetuados pelos proprietários em troca de ações, quotas e outras participações são fontes de PL.

b) Definimos patrimônio Líquido, situação líquida ou capital próprio como sendo a diferença entre o valor do ativo e do passivo de uma entidade, em determinado momento e circunstância.

c) Os lucros acumulados na entidade são fontes (adicionais) de financiamento.

d) O capital de terceiros corresponde aos investimentos feitos na empresa, com recursos proveniente de terceiros.

e) Capital nominal é a mesma coisa que capital próprio.

163) Num balanço patrimonial, o capital próprio da empresa é representado pelo saldo:

a) do grupo de contas do Patrimônio Líquido

b) do grupo de contas do Ativo

c) da conta Caixa

d) das contas Caixa e Bancos - C/Movimento

e) da conta Capital

164) Haverá passivo a descoberto, se o Passivo Exigível for:

a) menor do que o Patrimônio Líquido

b) maior do que o Patrimônio Líquido

c) menor do que o Ativo

d) maior do que o Ativo

e) maior do que o Ativo Circulante

165) Se o Passivo Exigível de uma empresa é de R$ 19.650,00 e o Patrimônio Líquido de R$ 9.850,00, o valor do seu Capital Próprio será de:

a) R$ 29.500,00

b) ZERO

c) R$ 9.800,00

d) R$ 9.850,00

e) R$ 19.650,00

166) Um examinador, ao preparar uma questão para prova, não se deu conta de que colocara alternativas que, embora diferentemente redigidas, tinham a mesma significação conceitual. A questão estava assim formulada:

Surge o Passivo a Descoberto quando:

1) o valor do Ativo excede o valor do Passivo;

2) o valor do Passivo é menor que o valor do Ativo;

3) o valor do Ativo é menor que o valor do Passivo;

4) os bens e direitos superam as obrigações;

5) a Situação Líquida tem valor negativo.

As alternativas com significação idêntica, são as de n.º.:

a) 1/2/4 e 3/5;

b) 1/3 e 2/5;

c) 1/2/3 e 4/5;

d) 1/2 e 4/5;

e) 1/3/5 e 2/4.

167) (ESAF/AFRF-2001) José Henrique resolveu medir contabilmente um dia de sua vida começando do "nada" patrimonial.

De manhã cedo nada tinha. Vestiu o traje novo (calça, camisa, sapatos, etc.), comprado por R$ 105,00, mas que sua mãe lhe deu de presente. Em seguida tomou R$ 30,00 emprestados de seu pai, comprou o jornal por R$ 1,20, tomou o ônibus pagando R$ 1,80 de passagem. Chegando ao CONIC, comprou fiado, por R$ 50,00, várias caixas de bombons e chicletes e passou a vendê-los no calçadão. No fim do dia, cansado, tomou uma refeição de R$ 12,00, mas só pagou R$ 10,00, conseguindo um desconto de R$ 2,00. Contou o dinheiro e viu que vendera metade dos bombons e chicletes por R$ 40,00.

Com base nessas informações, podemos ver que, no fim do dia, José Henrique possui um "capital próprio" no valor de:

a) R$ 120,00

b) R$ 189,00

c) R$ 2,00

d) R$ 187,00

e) R$ 107,00

168) (CESPE/TCU-1996) Pertence ao conjunto de **contas do passivo** a conta denominada

(1) Fornecedores.

(2) Obrigações Fiscais.

(3) Duplicatas a Receber.

(4) Títulos a Pagar.

(5) Benfeitorias em Propriedades de Terceiros.

169) (ESAF/TRF-2000) Considerando as regras fundamentais da digrafia contábil, que determina o registro da aplicação dos recursos simultaneamente e em valores iguais às respectivas origens, temos como correta a seguinte equação contábil geral:

a) Ativo = Passivo + Capital Social + Despesas - Receitas

b) Ativo + Receitas = Capital Social + Despesas + Passivo

c) Ativo - Passivo = Capital Social + Receitas + Despesas

d) Ativo + Capital Social + Receitas = Passivo + Despesas

e) Ativo + Despesas = Capital Social + Receitas + Passivo

170) **(ESAF/AFTN-1994/março)** Numa operação em que há o aumento do patrimônio líquido, ocasionado por uma diminuição do passivo superior à diminuição do ativo, o fato contábil pertinente pode ser apresentado pela

a) venda de um bem com lucro

b) colocação de debêntures abaixo do preço

c) quitação de uma dívida com desconto

d) renovação de dívidas com incidência de juros

e) prescrição de dívida, sem qualquer contraprestação

171) Assinale a opção que contenha exclusivamente contas retificadoras:

a) Encargos de Depreciação - Depreciação Acumulada de Veículos - Provisão para Férias

b) Depreciação Acumulada de Veículos - Provisão para Perdas Prováveis em Investimentos - Duplicatas Descontadas

c) Provisão para Créditos de Liquidação Duvidosa - Provisão para Ajustes ao Valor de Mercado - Provisão para 13º. salário

d) Duplicatas Descontadas - Provisão para Créditos de Liquidação Duvidosa - Provisão para Férias

e) Ações em Tesouraria - Provisão para Ajustes ao Valor de Mercado - Encargos de Depreciação

172) Assinale a opção **correta**.

a) As receitas diminuídas das despesas produz o que chamamos de resultado este será incorporado no balanço patrimonial via lucros ou prejuízos acumulados. Assim, as receitas decorrentes do desaparecimento de um ativo sem o correspondente passivo vão aumentar o PL.

b) Nas associações sem fins lucrativos e para as pessoas físicas, é obrigatória a observação do princípio da competência, na contabilização de seus atos, bem como nas declarações de rendimentos.

c) Podemos, de uma forma matemática e em determinada situação, expressar a equação patrimonial como sendo: bens + direitos - obrigações - capital social + despesas - receitas = 0.

d) As contas de ativo, em sendo a parte positiva da patrimônio, são creditadas quando aumentam de valor.

e) As contas de receita são da mesma natureza que as contas de ativo, pois ambas aumentam o PL.

173) Dentre as situações abaixo, marque a pior.

a) A = 820,00
P = 790,00

b) Bens = 380,00
Direitos = 120,00
Obrigações = 520,00

c) Ativo = 80,00
PL = 0,00

d) Passivo 1.200,00
PL 10,00

e) Passivo = 30,00
Ativo = 50,00

174) Uma empresa iniciou suas atividades de 1995 com um capital de R$ 500.000,00, integralizado pela metade, em dinheiro. Em dezembro do mesmo ano, ao encerrar seu primeiro exercício social, apurou um prejuízo de R$ 100.000,00 e passivo exigível de igual valor. Assinale a alternativa que identifique, pela ordem, a situação patrimonial da empresa, após cada um dos fatos relatados.

Legenda: A = Ativo

P = Passivo Exigível

SL = Situação Líquida

    a) A P   e A P
       SL   SL

    b) A SL e A P
              SL

    c) A P   e A SL

    d) A P   e A P
       SL SL

    e) A SL e A P
              SL

175) Sabemos que uma empresa tem Passivo e Descoberto quando o seu patrimônio é representado pela seguinte equação:

a) Ativo = Passivo

b) Ativo = Passivo - Situação Líquida

c) Ativo = Passivo + Situação Líquida

d) Ativo = Passivo + Capital Próprio

e) Ativo = Passivo - Capital de Terceiros

176) A situação patrimonial em que os recursos aplicados no Ativo são originários, parte de riqueza própria e parte de capital de terceiros, é representada pela equação:

a) A = PL, portanto P = zero;

b) A = P, portanto PL = zero;

c) A > P, portanto PL > zero;

d) A < P, portanto PL < zero;

e) P = (-) PL, portanto A = zero.

Importante: PL = Patrimônio Líquido;

A = Ativo;

P = Passivo Exigível (não inclui o PL)

177) Julgue os seguintes itens, observando o enunciado: "Toda receita será creditada, pois":

Por ser receita, sempre, aumenta o ativo.

Tem a mesma natureza do patrimônio líquido, haja vista possuir o condão de aumentá-lo, quando analisado isoladamente, é claro.

Representa a saída de mercadoria o que caracteriza uma venda e venda é creditada.

A despesa é debitada, e receita e despesa devem constituir lançamentos antagônicos, diferentemente das contas do ativo e do passivo, que possuem a mesma natureza.

O patrimônio é composto por bens, direitos e obrigações.

178) (TFC/1996–ESAF) Entre as situações patrimoniais abaixo relacionadas, marque a opção que indica maior percentual de riqueza própria

a) P=SL e SL<A

b) A>SL e SL>P Legendas:

c) A=SL e SL>P A = ativo

d) SL<P e P<A P = passivo exigível

e) A=P e P>SL SL = situação líquida

179) (ESAF/AFTN-1994/março) Numa sociedade anônima, o lançamento referente à correção monetária do capital realizado

a) aumenta o valor contábil da conta corrigida

b) aumenta a situação líquida do patrimônio

c) diminui a situação líquida do patrimônio

d) não altera o valor da situação líquida do patrimônio

e) debita e credita contas patrimoniais

180) (ESAF/TFC-SFC/97) Indique a equação patrimonial que configure passivo descoberto.

a) A = PE

b) PE = A + SL

c) A = PE + SL

d) SL = A - PE

e) PE = A - SL

Legendas:

A = Ativo

PE= Passivo Exigível

SL= Situação Líquida

181) (ESAF/AFTN-1994/março) Lançamentos (apenas contas e valores)

1º Aluguéis

a caixa Cr$ 500,00

2º Fornecedores

a Descontos Obtidos Cr$ 100,00

3º Caixa

a Prêmios Recebidos na Emissão de debêntures Cr$ 800,00

4º Contrapartida dos Ajustes de Correção Monetária

a Reservas para Contingências Cr$ 700,00

5º Abatimentos sobre Vendas

a Duplicatas a Receber Cr$ 300,00

Dos lançamentos acima, o único que não altera o valor da situarão líquida do patrimônio é o:

a) 1º b) 2º c) 3º d) 4º e) 5º

182) O patrimônio de determinada empresa, em dois momentos sucessivos, se apresentava da seguinte maneira:

1º momento dinheiro: $ 10,00

bens de venda: $ 50,00

obrigações com terceiros: $ 40,00

bens de uso: $ 20,00

capital próprio: $ 40,00

2º momento dinheiro: $ 13,00

bens de venda: $ 40,00

direitos: $ 5,00

obrigações com terceiros $ 40,00

bens de uso: $ 20,00

capital próprio: $ 38,00

O fato ocorrido foi:

a) Venda de mercadoria à vista e a prazo.

b) Venda de mercadoria à vista e a prazo, com prejuízo.

c) Venda de mercadorias à vista e a prazo, com lucro.

d) Aplicação de recursos próprios com prejuízo.

e) Compra de mercadorias para revenda.

183) (ESAF/FISCAL-FORTALEZA/98) Na representação gráfica do estado patrimonial de uma entidade coloca-se normalmente o ativo do lado esquerdo e o passivo exigível e o patrimônio líquido do lado direito. Às vezes, entretanto, o patrimônio líquido aparece do lado esquerdo. Isso ocorre quando

a) não há passivo exigível

b) o passivo exigível é maior do que o patrimônio líquido

c) o ativo é maior do que o patrimônio líquido

d) o passivo exigível é maior do que o ativo

e) o ativo é maior do que o passivo exigível

184) (ESAF/TFC-1996) Em relação ao patrimônio bruto e ao patrimônio líquido de uma entidade, todas os afirmações abaixo são verdadeiras, exceto

a) o patrimônio bruto nunca pode ser inferior ao patrimônio líquido

b) o patrimônio bruto e o patrimônio líquido não podem ter valor negativo

c) o patrimônio bruto e o patrimônio líquido podem ter valor inferior ao das obrigações da entidade

d) o soma dos bens e direitos a receber de uma entidade constitui o seu patrimônio bruto, enquanto o patrimônio líquido é constituído desses mesmos bens e direitos, menos as obrigações

e) o patrimônio bruto pode ter valor igual ao patrimônio líquido

185) No Ativo, conforme Lei 6.404/76, as contas serão dispostas em:

a) ordem crescente de grau de liquidez

b) ordem do plano de contas

c) ordem decrescente da data de aquisição

d) ordem decrescente do grau de liquidez

e) ordem da ocorrência das transações (dia, mês e ano)

186) Assinale a alternativa que contém os três grupos de Reservas que compõem o Patrimônio Líquido:

a) Reservas de Investimentos, Reservas Estatutárias e Reservas de Lucros

b) Reservas Legais, Reservas de Reavaliação e Reservas de Correção Monetária do Capital

c) Reservas de Lucros a Realizar, Reservas de Lucros e Reservas de Reavaliação

d) Reservas de Capital, Reservas de Reavaliação e Reservas de Lucros

e) Reservas de Contingência, Reservas de Capital e Reservas de Lucros

187) Assinale a **incorreta**.

a) A ocorrência de um desfalque de caixa é um evento que afeta o patrimônio diminuindo o ativo e conseqüentemente a situação líquida, pois não altera o passivo.

b) Denomina-se receita diferida àquela recebida e ainda não ganha.

c) A situação em que as obrigações suplantam os bens e direitos é conhecida por passivo a descoberto.

d) Os capitais próprios, no balanço patrimonial, são classificados dentro do passivo total, no grupo do PL.

e) A equação fundamental do patrimônio segundo a Lei n.º 6.404/76 deve ser enunciada como sendo: patrimônio líquido = bens + direitos - passivo exigível.

188) Assinale a opção **correta**.

a) O balanço patrimonial representa a situação analítica, demonstrando a igualdade dentre os valores ativos, passivos e o do patrimônio líquido.

b) O passivo, segundo a Lei n.º 6.404/76, é composto pelo circulante, exigível a longo prazo, resultado de exercícios futuros e capital social.

c) As contas de resultado serão evidenciadas no balanço patrimonial sob a forma de lucros ou prejuízos acumulados, sendo por isso consideradas analíticas.

d) Resultados de exercícios futuros é um componente do passivo, mas não representa, em hipótese alguma, obrigação para com terceiros.

e) As empresas com passivo a descoberto, passivo maior que o ativo, não possuem patrimônio.

189) Os grupos de contas que compõem o Ativo no Balanço Patrimonial são:

a) Circulante, Exigível a Longo Prazo e Permanente

b) Circulante, Exigível a Longo Prazo, Resultado de Exercícios Futuros e Permanente

c) Circulante, Realizável a Longo Prazo e Permanente

d) Circulante, Realizável a Longo Prazo, Resultado de Exercícios Futuros e Permanente

e) Circulante, Realizável a Longo Prazo e Investimentos

190) De conformidade com a Lei nº 6.404/76 (Lei das Sociedades por Ações), classificam-se no mesmo grupo as contas:

a) Encargos de Depreciação de Veículos e Depreciação Acumulada de Veículos

b) Provisão para Perdas Prováveis na Realização de Investimentos e Provisão para Créditos de Liquidação Duvidosa

c) Juros a Vencer e Juros a Acionistas na Fase de Implantação

d) Provisão par Perdas Prováveis da Realização de Investimentos e Depreciação Acumulada de Veículos

e) Duplicatas Descontadas e Duplicatas a Pagar

191) Comercial Bráulio Ltda., em funcionamento, aprovou projeto de ampliação e modernização da sua loja de departamentos, o qual estará concluído no prazo de 5(cinco) anos. No decurso desse prazo, as despesas pertinentes ao referido projeto deverão der debitadas em contas do:

a) Ativo Circulante

b) Realizável a Longo Prazo

c) Resultado do exercício

d) Ativo Diferido

e) Passivo Circulante

192) Dentre as seguintes, a conta retificadora que integra o Patrimônio Líquido é a de:

a) Lucros Acumulados

b) Ações em Tesouraria

c) Reserva de Correção de Capital Realizado

d) Capital Realizado

e) Reserva de Avaliação

193) De acordo com a Lei n° 6.404/76, as contas Seguros a Vencer no exercício social subseqüente e Provisão para Imposto de Renda curto prazo são classificadas, respectivamente, no:

a) Ativo Diferido e Passivo Exigível

b) Resultado do Exercício e Ativo Circulante

c) Ativo Circulante e Resultado do Exercício

d) Ativo Diferido e Passivo Circulante

e) Ativo Circulante e Passivo Circulante

194) Indique a alternativa que contém os grupos de contas na correta disposição em que devem ser apresentados no balanço patrimonial, de acordo com a Lei n° 6.404/76

a) Ativo Circulante, Ativo realizável a Longo Prazo, Ativo Permanente e Despesas, no Ativo; Passivo Circulante, Passivo Exigível a Longo Prazo, Patrimônio Líquido e Receitas, no Passivo

b) Ativo Disponível, Ativo realizável e Ativo Permanente, no Ativo; Não Exigível e Exigível, no Passivo

c) Circulante, Realizável a Longo Prazo, Pendente e Permanente, no Ativo

d) Circulante, exigível a Longo Prazo, Resultados de Exercícios Futuros e Patrimônio Líquido, no Passivo

e) Circulante, Exigível a Longo Prazo e Permanente, no Ativo

195) A Cia. PENDENTE decidiu que o prédio de sua propriedade, localizado à Rua MARCONDES, 280 será alugado, pois não serve mais como sede da sua filial de roupas para crianças. Após a locação realizada, tal imóvel será classificado no grupo de contas do:

a) Ativo Permanente - Investimento

b) Ativo Permanente - Imobilizado

c) Ativo Permanente - Diferido

d) Realizável a Longo Prazo

e) Ativo circulante

196) O ATIVO PERMANENTE abrange os subgrupos de contas:

a) "Investimentos", "Imobilizado" e "Diferido"

b) "Valores Mobiliários", "Ativo Intangível" e "Ativo de Funcionamento"

c) "Pré-Operacionais", "Ativo Tangível" e "Ativo Fixo"

d) "Prédios", "Veículos" e "Móveis e Utensílios"

e) "Ativo Depreciável", "Ativo Amortizável" e "Ativo Exaurível"

197) Balanço Patrimonial é a representação:

a) das variações positivas e negativas do patrimônio, evidenciando a variação sofrida por sua situação líquida

b) da receita e despesa previstas para determinado período

c) do movimento de numerário em determinado período

d) sintética dos elementos que formam o patrimônio, evidenciando a equação existente entre os capitais obtidos e os aplicados no complexo patrimonial

e) das variações positivas e negativas do patrimônio, evidenciando o resultado econômico do exercício.

198) A firma HAFFEN foi registrada e obteve: R$ 500,00 dos sócios, na forma de Capital; R$ 300,00 de terceiros, na forma de empréstimos e R$ 150,00 de terceiros, na forma de rendimentos. Aplicou esses recursos, sendo: R$ 450,00 em bens para revender; R$ 180,00 em caderneta de poupança; R$ 240,00 em empréstimos concedidos; e o restante em despesas. Com essa gestão, pode-se afirmar que a empresa ainda tem um patrimônio bruto e um patrimônio líquido, respectivamente, de:

a) R$ 870,00 e R$ 570,00;

b) R$ 690,00 e R$ 570,00;

c) R$ 950,00 e R$ 500,00;

d) R$ 870,00 e R$ 500,00;

e) R$ 950,00 e R$ 650,00.

199) No balanço os estoques são classificados, no ativo circulante, presumindo-se que sejam realizados dentro de um ano, ou dentro do ciclo normal de operações. O detalhamento por conta dos estoques pode ser feito no próprio balanço. Uma forma bastante utilizada para que as demonstrações financeiras fiquem mais condensadas é a dos estoques apresentados no balanço pelo total, mas com uma nota explicativa demonstrando as principais categorias, dispostas em ordem de realização. A base de avaliação dos estoques ou métodos de determinação dos custos deve ser exposta na nota explicativa relativa aos principais critérios de avaliação dos elementos patrimoniais. Relativamente a estoques, julgue os seguintes itens.

De acordo com a interpretação fiscal, sistema de contabilidade de custos integrado e coordenado com o restante da escrituração è aquele apoiado em valores originados da escrituração contábil para seus insumos, quais sejam, matéria-prima, mão-de-obra direta e gastos gerais de fabricação, fato esse que exige um plano de contas de produção, por natureza, das demais despesas operacionais.

As empresas que não atenderem aos requisitos para que sua contabilidade seja considerada integrada e coordenada terão de, seguindo a legislação fiscal, avaliar seus estoques de produtos acabados por valores calculados na base de 5% do maior preço de venda do ano.

Considerando que a base elementar para avaliar os estoques é o custo e que o imposto sobre circulação de mercadorias e serviços está incluído no preço das mercadorias, constante nas notas fiscais, tem-se de mantê-lo na conta estoques para efeito de avaliação e, principalmente, para que o resultado do período esteja de acordo com o regime de competência.

Quando nos estoques estiverem incluídos itens estragados, danificados, obsoletos e morosos, e uma baixa ou redução direta nos seus valores não for praticável, deve-se, então, constituir uma provisão para reconhecer tal perda.

A inclusão dos elementos de custos segundo o custeio por absorção, fazendo com que os estoques recebam todos os custos incorridos no processo produtivo, diretos e indiretos, é a base de avaliação aceita pelos princípios fundamentais de contabilidade e pela legislação fiscal.

200) (ESAF/AFRF-2001) Classificam-se como Reservas de Capital as Reservas

a) de Prêmios pela Emissão de Debêntures

b) de Doações e Subvenções, quando recebidas em entidades privadas

c) de Reavaliação de Bens do Ativo Imobilizado

d) Estatuárias, destinadas a Investimentos

e) por Ajuste de Investimentos em Sociedades- Controladas

201) (ESAF/AFRF-2001) Na conversão de debêntures em ações, as parcelas que ultrapassem o valor nominal da ação deverão ser registradas como

a) reserva de lucros que poderão amortizar prejuízos futuros ou ser distribuídas aos sócios no exercício social em que não forem apurados lucros

b) reserva de lucros que poderá ser distribuída aos sócios, no próprio exercício

c) reservas de capital

d) reserva de lucros destinada, obrigatoriamente, a amortizar prejuízos

e) receitas não-operacionais do exercício

202) **(TFC/1996–ESAF)** Pedro e Paulo constituíram uma empresa para explorar o comércio de gêneros alimentícios. Subscreveram capital de 100.000,00, integralizado em 20%. Para a integralização, os sócios fizeram empréstimo bancário, individualmente. A empresa adquiriu bens de uso, no valor de 30.000,00, utilizando para pagamento os recursos oriundos da integralização do capital e títulos de crédito emitidos em favor dos vendedores. Adquiriu, ainda, a prazo, mercadorias para revenda, no valor de 20.000,00. Assim sendo, o capital próprio da nova sociedade é de

a) zero

b) 20.000.00

c) 30 000.00

d) 50.000,00

e) 100.000,00

203) Quanto ao o que são dívidas, julgue os seguintes itens

Débitos de funcionamento, quando decorrentes de operações normais da empresa

Créditos de terceiros

Débitos de financiamentos, quando são oriundas de empréstimos contraídos

Contas devedoras

Contas credoras

204) O patrimônio de uma empresa, em um determinado momento, está representado por numerário (R$ 70,00), bens de venda (R$ 80,00), débitos de funcionamento (R$ 120,00), bens de uso (R$ 230,00), débitos de financiamento

(R$ 140,00), bens de renda (R$ 70,00) e créditos de funcionamento (R$ 130,00). Seu patrimônio líquido é de:

a) R$ 230,00

b) R$ 70,00

c) R$ 340,00

d) R$ 580,00

e) R$ 320,00

205) (TFC/1996–ESAF) Na composição do patrimônio de uma empresa

a) se o ativo for maior do que o passivo exigível, a situação líquida também o será

b) se o passivo exigível for maior do que a situação líquida, caracteriza-se o chamado passivo descoberto

c) se ativo e passivo exigível tiverem valores iguais, a situação líquida terá valor negativo

d) se o ativo tiver valor igual a zero, a situação líquida também o terá

e) se a ordem decrescente de valores for ativo, passivo exigível e situação líquida, a situação líquida será positiva

GABARITO DOS EXERCÍCIOS DESTE CAPÍTULO

160- E	161- D	162- E	163- A	164- D	165- D	166- A	167- E	168- C C E C E	
169- E	170- C		171- B	172- C	173- B	174- E	175- B	176- C	177- E C E E E
178- C	179- D		180- B	181- D	182- B	183- D	184- B	185- D	186- D	187- E
188- D	189- C		190- D	191- D	192- B	193- E	194- D	195- A	196- A	197- D
198- A	199- C E E C	200- A	201- C	202- B	203- C C C E C	204- E	205- E		

8 - A ESCRITURAÇÃO

206 – (ESAF/TTN–1992/SP) Quanto ao seu mecanismo de débito e crédito, é certo afirmar que as contas:

a) do passivo são debitadas quando obrigações assumidas são liquidadas

b) do patrimônio líquido são debitadas quando se lhes incorpora a correção monetária do exercício

c) de despesa são debitadas em contrapartida com conta específica, para apuração do resultado do exercício

d) do ativo são debitadas quando há saída de bens ou direitos no patrimônio

e) de receita são debitadas, porque concorrem para o aumento do patrimônio líquido

207) Segundo a Teoria Personalista, as contas são classificadas em:

a) contas integrais e contas diferenciais;

b) contas dos proprietários e contas de agentes consignatários e contas dos agentes correspondentes;

c) contas dos proprietários e contas dos agentes secundários;

d) contas patrimoniais e contas de resultado;

e) contas patrimoniais, contas de agentes consignatários e contas de agentes correspondentes.

208) 1 - Adiantamentos de Clientes;

2 - Bancos;

3 - Caixa;

4 - Duplicatas a Pagar;

5 - Edifícios de Uso;

6 - Fornecedores;

7 - Máquinas Fabris;

8 - Mercadorias em Estoque;

9 - Nota Promissória de sua emissão;

10 - Receitas de Vendas;

11 - Salários a Pagar;

12 - Terrenos.

Levando-se em conta os dados fornecidos, assinale a opção que indica, pelos números de ordem, exclusivamente contas que se classificam no Ativo.

a) 1 - 2 - 3 e 5;

b) 5 - 8 e 12;

c) 1 - 5 - 7 e 12;

d) 1 - 2 - 5 e 8;

e) todas estão corretas.

209) Integram o Ativo do Balanço Patrimonial, dentre outras, as seguintes contas:

a) Clientes, Despesas a Vencer, Imóveis e Mercadorias

b) Caixa, fornecedores, Mercadorias e Contas a Receber

c) Veículos, Despesas de Juros, Bancos C/Movimento e Imóveis

d) Caixa, Bancos C/Movimento, Veículos e Capital Social

e) Contas a Receber, Máquinas e Equipamentos, Caixa e Receitas a Vencer.

210) Assinale a alternativa que contém apenas Contas do Proprietário, de acordo com a Teoria Personalista das Contas.

a) Juros Ativos, Caixa e Despesas Diversas

b) Capital Social, Comissões Ativas e Lucros Acumulados

c) Comissões Passivas, Mercadorias e Receitas Diversas

d) Descontos Ativos, Juros Passivos e Salários a Pagar

e) Juros Passivos, Capital Social e Veículos

211) Quanto à classificação da conta "Impostos a Recolher", pode-se dizer que ela é uma conta:

a) integral, de saldo credor

b) integral, de saldo devedor

c) patrimonial, de saldo devedor

d) diferencial, de saldo credor

e) diferencial, de saldo devedor

212) Segundo a Teoria Personalista, as contas são classificadas em:

a) contas integrais e contas diferenciais

b) contas do proprietário e contas de agentes consignatários

c) contas do proprietário e contas de agentes

d) contas patrimoniais e contas de resultado

e) contas patrimoniais, contas de agentes consignatários e contas de agentes correspondentes

213) Dentre as contas do Ativo destacam-se:

a) Empréstimos de Diretores, Estoques de Mercadorias, Duplicatas a Receber, Máquinas

b) Adiantamento a Fornecedores, Duplicatas a Pagar, Máquinas

c) Empréstimos de Diretores, Adiantamentos a Fornecedores, Máquinas

d) Empréstimos a Diretores, Benfeitorias em Imóveis de Terceiros, Máquinas, Instalações

e) Adiantamento a Empregados, Adiantamento a Fornecedores, Adiantamento de Diretores

214) De acordo com a Lei n° 6.404/76, as contas Seguros a Vencer e Provisão para Imposto de Renda são classificadas, respectivamente, no:

a) Ativo Diferido e Passivo Exigível

b) Resultado do Exercício e Ativo Circulante

c) Ativo Circulante e Resultado do Exercício

d) Ativo Diferido e Passivo Circulante

e) Ativo Circulante e Passivo Circulante

215) A conta ADIANTAMENTOS DE CLIENTES é classificada como:

a) patrimonial ativa, sintética

b) patrimonial passiva, sintética

c) patrimonial passiva, analítica

d) patrimonial ativa, analítica

e) de resultado, sintética

216) Em relação às contas classificadas no Ativo, num balanço patrimonial, é correto afirmar:

a) todas elas devem ter saldo devedor

b) representam os bens, direitos e obrigações da empresa

c) tem normalmente saldo devedor; algumas, porém, podem apresentar-se com saldo credor

d) registram as fontes de recursos utilizados pela empresa para realização de suas atividades

e) devem ser dispostas em ordem crescente de grau de liquidez dos elementos nelas registrados

217) Indique o único título contábil que se classifica no Ativo Permanente

a) Títulos de Renda Fixa

b) Bens não de Uso Próprio

c) Material em Estoque

d) Almoxarifado - material de consumo

e) Financiamentos Rurais

218) A **RESERVA PARA CONTINGÊNCIAS** é uma:

a) reserva de capital

b) reserva de reavaliação

c) reserva de lucros

d) conta do Passivo Circulante

e) conta do Ativo Circulante

219) A conta "**Ações em Tesouraria**" é classificada, no BALANÇO PATRIMONIAL, no grupo de contas denominado

a) Ativo Realizável a Longo Prazo

b) Patrimônio Líquido

c) Ativo Permanente - Investimentos

d) Passivo Circulante

e) Ativo Permanente - Imobilizado

220) Quanto ao Patrimônio Líquido Nulo, podemos afirmar que:

a) O Capital Próprio é igual ao Capital de Terceiros

b) O Passivo é menor que os direitos

c) O valor dos bens é igual ao valor das obrigações

d) Inexistem bens e direitos na entidade, porém as obrigações são maiores que zero

e) O ativo total é igual ao passivo exigível mais os resultados de exercícios futuros.

221) (**ESAF/TTN–1992/SP**) As contas são analíticas ou sintéticas, conforme exijam, ou não, desdobramentos ou subdivisões. São contas analíticas:

a) Contas Corrente e Caixa

b) Bancos – C/Movimento e Fornecedores

c) Veículos e Duplicatas a Receber

d) Duplicatas a Pagar e Provisão para Imposto de Renda

e) Caixa e Bancos – C/Movimento

223) O registro de débitos e créditos de mesma natureza, identificados por um título que qualifica um componente do Patrimônio:

a) Diário

b) Conta

c) Razão

d) Balancete

e) Plano de contas

224) Os elementos que devem compor um plano de contas são:

a) Elenco de contas, função e funcionamento das destas contas.

b) Elenco de contas, ordenados em contas patrimoniais, contas de resultado, e contas de compensação.

c) Elenco das contas e a que grupo elas pertencem, indicando os códigos.

d) A sua natureza, a sua finalidade e a sua versatilidade.

e) A estrutura conforme são inseridas no balanço patrimonial.

225) Assinale a alternativa que contém apenas contas de resultado:

a) Despesas de Juros - Juros a Vencer - Receitas de Juros

b) Custo das Mercadorias Vendidas - Vendas de Mercadorias - Compras de Mercadorias

c) Encargos de Depreciação - Depreciação Acumulada - Encargos de Exaustão

d) Despesas de Pessoal - Despesas de Salários - Salários a Pagar

e) ICMS a Recolher - ICMS a Recuperar - Despesas de ICMS

226) As contas BANCOS - C/MOVIMENTO, DUPLICATAS A RECEBER e ESTOQUE DE MERCADORIAS, de conformidade com a Lei no. 6.404/76 (Lei das Sociedades por Ações), devem ser dispostas no balanço patrimonial na seguinte ordem:

a) Bancos - C/Movimento - Duplicatas a Receber - Estoque de Mercadorias

b) Bancos - C/Movimento - Estoque de Mercadorias - Duplicatas a Receber

c) Estoque de Mercadorias - Bancos - C/Movimento - Duplicatas a Receber

d) Duplicatas a Receber - Bancos - C/Movimento - Estoque de Mercadorias

e) Duplicatas a Receber - Estoque de Mercadorias - Bancos - C/Movimento

227) A Lei 6.404/76 (Lei das Sociedades por Ações) determina que, para o levantamento do Balanço Patrimonial, sejam observadas as seguintes normas:

a) os direitos e títulos de crédito serão avaliados pelo custo de aquisição ou pelo valor de mercado, se este for maior

b) no Ativo, as contas serão dispostas em ordem crescente de grau de liquidez dos elementos nelas registrados

c) serão classificados como reservas de lucros as contas que registrarem o prêmio recebido na emissão de debêntures

d) serão classificadas como resultados de exercício futuro as receitas de exercícios futuros, diminuídas dos custos e despesas a elas correspondentes

e) serão classificados no Ativo Realizável, a Longo Prazo os direitos derivados de vendas e diretores da companhia que constituírem negócios usuais na exploração do objeto da companhia

228) Assinale a alternativa que contenha exclusivamente contas de resultado

a) Compras de Mercadorias - ICMS Incidente s/ Vendas - Vendas

b) Encargos de Depreciação - Depreciação Acumulada de Veículos - Receitas de Comissões

c) Despesas Gerais - despesas Pré-operacionais - Despesas Bancárias

d) Juros a Vencer - Juros Obtidos - Despesas de Juros

e) Despesas de Salários - Salários a Pagar - Encargos Sociais

229) O patrimônio de MONTE & CIA. É composto dos seguintes elementos: Mercadorias - R$ 1.000,00; Duplicatas de sua emissão (até 90 dias) - R$ 100,00; Dinheiro R$ 50,00; Duplicatas de seu aceite (até 60 dias) - R$ 200,00; Móveis para uso - R$ 30,00; Nota promissória de sua emissão (180 dias) - R$ 100,00. O Ativo Circulante é de R$

a) 900,00

b) 1.100,00

c) 1.150,00

d) 1.200,00

e) 1.250,00

230) O patrimônio líquido de uma empresa, num determinado balanço patrimonial, era representado unicamente por duas contas: Capital Social (que registrava o capital subscrito, totalmente integralizado) - R$ 100.000.000,00 e Prejuízos Acumulados - R$ 1.500.000,00. Pode-se, assim, afirmar, com segurança, que a empresa, na data do balanço, possuía:

a) mais direitos do que obrigações

b) mais obrigações do que direitos

c) situação líquida positiva

d) situação líquida negativa

e) capital próprio inferior ao capital de terceiros

231) Em relação à conta ICMS A RECUPERAR é correto afirmar que seu saldo representa:

a) direito da empresa, devendo ser classificado no Ativo Circulante

b) obrigação da empresa, devendo ser classificado no Passivo Circulante

c) obrigação da empresa, devendo ser classificado em Resultados de Exercícios Futuros

d) passivo não exigível, devendo ser classificado no Patrimônio Líquido

e) direito da empresa, devendo, por isso, reduzir o valor do ICMS escriturado como despesa no período-base

232) Numa escrituração contábil, o saldo da conta Caixa em determinado momento, era de R$ 50.000,00 (devedor). Posteriormente, o contabilista equivocou-se ao fazer um lançamento, debitando a conta que deveria ser creditada e creditando a que deveria ser debitada, provocando com isso um "estouro de caixa". Tal lançamento pode referir-se a:

a) compra à vista de mercadorias no valor de R$ 60.000,00

b) pagamento de duplicata no valor de R$ 60.000,00

c) recebimento de crédito no valor de R$ 50.000,00

d) emissão de cheque no valor de R$ 60.000,00 para reforço do numerário em caixa

e) depósito bancário no valor de R$ 60.000,00

233) O pagamento, através de cheque, de uma obrigação contraída pela compra de mercadorias a prazo é um fato administrativo que afeta o patrimônio da forma seguinte:

a) aumenta o Ativo e diminui o Passivo

b) diminui o Patrimônio Líquido e aumenta o Ativo

c) diminui o Ativo e diminui o Passivo

d) aumenta o Passivo e aumenta o Ativo

e) diminui o Ativo e diminui o Patrimônio Líquido

234) Se o Patrimônio Líquido de uma empresa tem valor negativo, duas contas, pelo menos, obrigatoriamente o integram. São elas:

a) Capital Subscrito e Capital a Integralizar

b) Prejuízos Acumulados e Capital a Integralizar

c) Capital Subscrito e Prejuízos Acumulados

d) Reservas para Contingências e Capital Subscrito

e) Prejuízos Acumulados e Reservas para Contingências

235) O passivo real corresponde a:

a) Capital próprio

b) Resultados de Exercícios Futuros

c) Patrimônio Líquido

d) Capital alheio

e) Capital Nominal

236) Acerca do Capital Social, marque a assertiva correta.

a) É um componente do Patrimônio Líquido da Entidade e representa os recursos iniciais que seus sócios ou acionistas colocam a disposição da mesma.

b) É um componente do Patrimônio Líquido da Entidade e representa os recursos iniciais que seus sócios ou acionistas colocam a disposição da mesma, podendo também estar representado por recursos adicionais, oriundos dos mesmos ou novos sócios ou acionistas.

c) É um componente do Patrimônio Líquido da Entidade e representa os recursos iniciais que seus sócios ou acionistas colocam a disposição da mesma, podendo também estar representado por recursos adicionais, oriundos dos mesmos ou novos sócios ou acionistas, ou de parcela de recursos gerados pela Entidade e formalmente integrados ao mesmo.

d) Só pode ser alterado quando houver a retirada ou ingresso de um novo sócio ou acionista.

e) É uma conta típica do que chamamos de conta unilateral, por esta razão, uma vez constituída, não pode em hipótese alguma ter reduzido o seu valor, sendo que para as situações em que se faz necessária a sua alteração, esta deve ser efetivada nas contas de Reserva de Capital.

237) Uma empresa comercial e prestadora de serviços, num determinado período, realizou as operações abaixo mencionadas, todas devidamente contabilizadas:

1- pagou antecipadamente, em dinheiro, uma duplicata de seu aceite no valor de R$ 100.000,00 para gozar do desconto de 2%;

2- emitiu Nota Fiscal-Fatura relativa a prestação de serviços, no valor de R$ 250.000,00 a 30 dias de prazo;

3- adquiriu material de consumo no valor de R$ 10.000,00, pagos em dinheiro, apropriando-o ao resultado do exercício;

4- recebeu aviso bancário comunicando que uma duplicata de sua emissão, no valor de R$ 50.000,00, descontada no Banco, foi liquidada pelo sacado;

5- emitiu cheque no valor de R$ 200.000,00, sacando o dinheiro em seguida;

fez empréstimo em dinheiro a um sócio no valor de R$ 300.000,00

6- pagou aos empregados, em dinheiro, salários do exercício anterior, no valor de R$ 250.000,00, já apropriados como despesa operacional do exercício a que se referem.

Se o saldo de CAIXA, depois das operações acima citadas, passou a ser de R$ 60.000,00, antes dela era de:

a) R$ 268.000,00

b) R$ 468.000,00

c) R$ 518.000,00

d) R$ 658.000,00

e) R$ 718.000,00

238) (ESAF/MPOG/2001) Classifica-se como conta de resultado:

a) Subvenção para Custeio

b) Prejuízos Acumulados

c) Dividendos a Distribuir

d) Amortização Acumulada de Bens Intangíveis

e) Conta Corrente de ICMS

239) (TÉC-CONTAB/CONTROLADORIA-99) São contas patrimoniais de natureza credora:

a) ICMS a recolher / duplicatas a pagar / prejuízos acumulados / fundo de garantia a recolher

b) provisão para férias / provisão para crédito de liquidação duvidosa / depreciação acumulada / salários a pagar

c) duplicatas descontadas / reservas de lucro / capital a integralizar / contas a receber

d) fornecedores / amortização acumulada / títulos a pagar / adiantamento de férias

e) salários a pagar / credores por financiamento / reservas de lucro / amortização

240) (ESAF/TTN-1994/matutino) "A escrituração da companhia será mantida em registros, com obediência aos preceitos da legislação e desta Lei e aos princípios de contabilidade geralmente aceitos, devendo observar métodos ou critérios contábeis uniformes no tempo e registrar as mutações patrimoniais segundo o regime de Competência."

Completam corretamente o artigo 177 da Lei a? 6404/76, que trata da escrituração, retro transcrito com duas (2) omissões as palavras:

a) permanentes e tributária

b) confiáveis e comercial

c) individualizados e comercial

d) permanentes e comercial

e) contábeis e fiscal

241) (ESAF/TTN-1994/matutino) Um lançamento a crédito da conta Aluguéis a Pagar, se não for de estorno, representa

a) um aumento do Patrimônio Liquido

b) um aumento do Ativo

e) um decréscimo do Ativo

d) uma redução do Patrimônio Líquido

e) um decréscimo no Passivo

242) (FISCAL/ICMS–MS/2000) Assinale, dentre as alternativas abaixo, aquela que melhor demonstre o resultado da liquidação de uma obrigação de curto prazo :

a) Diminuição do patrimônio líquido, do passivo de curto prazo e aumento do ativo.

b) Aumento do ativo e diminuição do passivo.

c) Diminuição do ativo, do passivo e aumento do patrimônio líquido.

d) Diminuição do ativo e do passivo.

243) (ESAF/FISCAL-FORTALEZA/98) Em relação ao patrimônio de uma entidade é correto afirmar:

a) se houver acréscimo do ativo, o patrimônio líquido também será acrescido

b) se houver acréscimo de 20% no ativo e de 20% no passivo exigível, o patrimônio líquido não será alterado

c) o patrimônio líquido pode ser aumentado ainda que haja redução do ativo

d) se o passivo exigível for maior do que o patrimônio líquido, surge a figura do passivo descoberto

e) o ativo e o patrimônio líquido só podem ter valor positivo; o passivo exigível pode ter valor positivo ou negativo

244) (ESAF/TTN-1994/matutino) Contas de um Plano de Contas de uma Companhia Comercial:

1) - Serviços Prestados por Terceiros

2) - Juros Passivos

3) - Prêmios de Seguros a Vencer

4) - Adiantamentos de Clientes

5) - Empréstimos Compulsórios

6) - Honorários da Diretoria

7) - Provisão para o Imposto de Renda (Curto Prazo)

8) - Fornecedores

9) - Créditos de Coligadas e Controladas

Se apresentarem saldo, devem constar do Balanço Patrimonial, sem exceção alguma, as contas referentes aos números

a) 1, 3, 4, 5, 8 e 9

b) 3, 4, 5, 6, 7, 8 e 9

c) 3, 4, 5, 7, 8 e 9

d) 1, 3, 4, 7 e 8

e) 2, 3, 4, 5 e 8

245) (ESAF/TTN-1994/vespertino) – Ao elaborar um plano de contas para uma empresa mercantil, cuja atividade principal é a revenda de mercadorias, o contador, recém formado, considerou como Reservas de Lucros as seguintes contas:

I – Reserva Legal

II – Reserva Estatutárias

III – Reservas para Contingências

IV – Reservas de Lucros a Realizar

V – Reserva de Correção Monetária do Capital Realizado

VI – Resultado de Exercícios Futuros

VII – Reserva de Reavaliação de Elementos do Ativo

Em assim sendo, cometeu

a) cinco erros de classificação

b) um erro de classificação

c) quatro erros de classificação

d) três erros de classificação

e) dois erros de classificação

246) (ESAF/TTN-1994/vespertino) - Itens

Título Estorno

Ativo Data da Operação

Saldo Situação Líquida

Valor do Débito Valor do Crédito

Local

Os elementos essenciais da Conta constantes dos itens relacionados são em número de

a) Quatro

b) Oito

c) Cinco

d) Seis

e) Sete

247) (ESAF/TTN-1994/vespertino) – Assinale a opção incorreta.

a) O princípio fundamental do método das partidas dobradas é o de que não há devedor sem credor e vice-versa, correspondendo a cada débito, invariavelmente, um crédito de igual valor.

b) O Patrimônio é um conjunto de bens, direitos e obrigações vinculados a uma pessoa ou a entidade.

c) No Balanço Patrimonial, o total do Ativo é sempre igual ao do Passivo.

d) No lançamento, a data e o histórico exercem função histórica.

e) Método de escrituração é a forma de registrar os fatos administrativos.

248) (AFPS/CESPE-Unb/2001) O registro de crédito de imposto de renda sobre prejuízo fiscal é feito a débito em uma conta de ativo circulante ou realizável a longo prazo, em contrapartida de um crédito na conta de provisão para imposto de renda, no resultado do período de competência.

249) (AFPS/CESPE-Unb/2001) No encerramento de cada exercício anual, os saldos das contas do ativo e passivo no último dia do exercício são mantidos na abertura do período seguinte, e as contas de receitas e despesas são encerradas contra uma conta de apuração do resultado do período, de maneira que, no início do próximo exercício, não haja saldo nessas contas. Essa conta de apuração do resultado também pode ser encenada contra a conta de lucros ou prejuízos acumulados.

250) (CESPE/TCU-1996) Durante o mês de outubro de um determinado ano, uma empresa prestadora de serviços realizou as seguintes operações de receitas e despesas:

dia 2 - pagamento de despesas de materiais de escritório,

dia 3 - compra, a prazo, de peças para reparos, empregadas nos serviços prestados,

dia 5 - recebimento de receita por serviços prestados,

dia 15 - emissão de uma fatura por serviços prestados,

dia 30 - pagamento de salários.

Julgue os itens a seguir, que apresentam os comandos relativos aos débitos e créditos adotados pelo contador da empresa, ao efetuar esses registros contábeis.

(1) dia 2 - débito de Despesas de Materiais de Escritório e crédito de Caixa

(2) dia 3 - débito de Despesas de Peças para Reparos e crédito de Contas a Pagar

(3) dia 5 - débito de Caixa e crédito de Receitas de Serviços

(4) dia 15 - débito de Receitas de Serviços e crédito de Contas a Receber

(5) dia 30 - débito de Caixa e crédito de Despesas de Salários

251) (ESAF/TFC-SFC/97) Observe o lançamento contábil abaixo:

Contas a Receber	17.000
Depreciação Acumulada de Máquinas 5.000	
Máquinas	15.000
Resultados não-operacionais	7.000

O lançamento registra contabilmente

a) venda a prazo, por 17.000, de máquina de uso, cujo valor contábil era de 10.000

b) baixa de máquina do ativo imobilizado, cujo valor contábil, levado a prejuízo do exercício, era de 7.000

c) venda a prazo, por 17.000, de máquina de uso, cujo valor contábil era de 15.000

d) baixa de máquina do ativo imobilizado por haver atingido depreciação total

e) venda a prazo, por 17.000, de máquina de uso, com prejuízo de 7.000

252) (ESAF/TFC-SFC/97) Um bem do ativo permanente foi adquirido por 10.000,00. No primeiro ano de permanência na empresa o seu valor foi corrigido monetariamente em 20% e depreciado em 10%. No segundo ano não houve correção monetária do seu valor, havendo a depreciação incidido corretamente sobre o valor de

a) 9.000,00

b) 10.000,00

c) 10.800,00

d) 11.000,00

e) 12.000,00

253) (ESAF/TFC-1996)

Duplicatas a Receber 1.500,00

Depreciação Acumulada Máquinas 1.500,00

Resultados não operacionais 300,00

a Máquinas de Uso 3.300,00

O lançamento acima registra

a) venda de máquina do ativo imobilizado por 3.300,00

b) venda de máquina do ativo imobilizado cujo valor contábil era de 3.300,00

c) baixa de máquina do ativo imobilizado por estar totalmente depreciada

d) venda de máquina do ativo imobilizado com prejuízo de 300,00

e) venda de máquina do ativo imobilizado com prejuízo de 1.800,00

254) (ESAF/TFC-1996) Uma empresa apropriou em 31 de dezembro de 1995 (data de encerramento do exercício social) as despesas com pessoal do mês de dezembro/95, cuja folha seria paga em 5 de janeiro de 1996.

Constavam da folha os seguintes valores:

- Valor bruto da folha - 20.000,00

- Encargos sociais de responsabilidade da empresa - 20% do valor da folha

- Fundo de garantia por tempo de serviço - 8% do valor da folha

- Previdência social de responsabilidade dos empregados - 9% do valor da folha

- Imposto de renda na fonte de responsabilidade dos empregados - 1.500,00

Feitos os lançamentos devidos, a empresa verificou que as suas obrigações a curto prazo sofreram um aumento de

a) 28.900,00

b) 16.700,00

c) 20.000,00

d) 24.000,00

e) 25.600,00

255) (ESAF/TFC-1996) No dia 5 de janeiro de 1996, a empresa a que se refere a questão anterior efetuou o pagamento a seus empregados, utilizando cheque bancário.

Fez, então, o seguinte lançamento em sua escrituração:

a) Salários a Pagar

a Despesas com Salários 20.000,00

b) Despesas com Salários

a Bancos - C/Movimento 20.000,00

c) Salários a Pagar

a Bancos - C/Movimento 25.600,00

d) Despesas com Salários

a Bancos - C/Movimento 16.700,00

e) Salários a Pagar

a Bancos - C/Movimento 16.700,00

256) (CESPE/STM/SUPERIOR/99) Uma empresa que possua um saldo inicial de contas a receber de vendas a prazo de R$ 1.000,00, que realize vendas a prazo no exercício social subsequente no valor de R$ 15.000.00 e receba, de vendas a prazo, no mesmo período, a importância de R$ 14.500.00 apresentará, no fim do exercício, um saldo de contas a receber de

a) R$ 1.000,00

b) R$ 1.200,00

c) R$ 1.300,00

d) R$ 1.500,00

e) R$ 2.000,00

257) (Unb/CESPE-STM-99) No plano de contas de uma companhia aberta, as contrapartidas dos débitos de doações e de subvenções para investimentos deveriam estar classificadas como

a) passivo circulante.

b) passivo exigível a longo prazo

c) reserva de reavaliação.

d) reserva de capital, no patrimônio líquido.

e) provisão para contingências, no passivo exigível a longo prazo.

258) (FISCAL/ICMS–MS/2000) O saldo de uma conta de ativo é obtido:

a)Pela diferença entre os valores debitados e creditados.

b)Pela soma dos valores debitados.

c)Pelo valor do lançamento inicial.

d)Pelo conjunto de valores creditados.

259) (INSS/CESPE-97) A folha de pagamento de uma empresa resume os valores financeiros de todos os empregados, especificando as parcelas de salários, descontos relativos a encargos sociais, imposto de renda, adiantamentos e outros. A contabilização da folha de pagamento segue as mesmas normas básicas aplicáveis aos fatos contábeis em geral. Relativamente a esse assunto, julgue os itens a seguir.

1. as despesas/custos de salários de uma empresa são representados pelos valores líquidos desembolsados, ou seja, depois de deduzidos os encargos sociais, impostos e demais descontos incidentes sobre os proventos dos empregados.

2. as contribuições previdenciárias a recolher compreendem as parcelas da empresa e dos empregados.

3. Fundo de Garantia do Tempo de Serviço (FGTS) do pessoal que desenvolve tarefas na área de administração geral deve ser contabilizado como despesa operacional.

4. as contribuições previdenciárias a recolher e o FGTS a recolher são parcelas que, devidas e não-pagas, devem ser demonstradas no passivo circulante com saldo devedor.

5. desembolso a débito da conta de adiantamentos a empregado e a crédito de uma das contas das disponibilidades.

260) (ESAF/AFTN-1989) Ao examinar o patrimônio da empresa Comercial Ltda., encontramos os seguintes elementos:

. dinheiro:
na tesouraria R$ 800,00
depositado no banco R$ 2.500,00
. máquinas:
para uso próprio R$ 30.000,00
para revender R$ 25.000,00
. material de consumo R$ 2.000,00
. equipamento para uso próprio R$ 10.000,00
. duplicatas:
emitidas pela empresa R$ 11.000,00
emitidas por terceiros R$ 13.500,00
. notas promissórias:
emitidas pela empresa R$ 5.500,00
emitidas por terceiros R$ 5.000,00
. empréstimos não garantidos por títulos:
obtidos pela empresa R$ 26.000,00
concedidos a terceiros R$ 3.500,00
. capital registrado na Junta Comercial R$ 40.000,00

A composição do patrimônio acima descrito e o conhecimento de que todos os títulos a ele incorporados foram pela empresa ou contra ela emitidos evidenciam que a Comercial Ltda., em suas relações com terceiros, possui créditos e débitos, respectivamente, de:

a) R$ 42.500,00 e R$ 22.000,00

b) R$ 45.000,00 e R$ 19.500,00

c) R$ 85.000,00 e R$ 89.800,00

d) R$ 22.000,00 e R$ 42.500,00

e) R$ 19.500,00 e R$ 45.000,00

261) (ESAF/AFTN-1991) Os débitos escriturados no Razão da conta "Duplicatas a Receber" da empresa Comercial Rio Capibaribe S/A, no período-base de 01.01.90 a 31.12.90, somaram R$ 86.750.000,00

Informações adicionais:	R$
- Saldo da Conta "Duplicatas a Receber" no balanço de 31.12.89	7.300.000,00
- Total dos débitos estornados no ano de 1990, em função de erros de escrituração	400.000,00
- Créditos correspondentes a Descontos Financeiros concedidos, em 1990, por recebimentos antecipados de Duplicatas vinculadas a revendas de mercadorias	1.200.000,00

Como todos os demais débitos feitos no ano de 1990 na questionada conta corresponderam a duplicatas emitidas contra Clientes, o montante das Vendas a Prazo naquele ano foi de:

a) R$ 79.050.000,00

b) R$ 77.850.000,00

c) R$ 79.450.000,00

d) R$ 80.250.000,00

e) R$ 79.850.000,00

262) (ESAF/AFTN-1994/setemb.) Reconhece existência de pagamento antecipado de juros:

a) Juros Ativos

a Juros a Vencer

b) Juros a Vencer

a Juros Ativos

c) Juros Passivos

a Juros Ativos

d) Juros a Vencer

a Juros Passivos

e) Receitas de Juros

a Juros a Vencer

263) (**ESAF/AFTN-1994/março**) Lançamentos (só contas e valores)

1) Comissões sobre Vendas

a Bancos Conta Movimento $ 500,00

2) Bancos Conta Movimento

a Duplicatas a Receber $ 800,00

3) Bancos Conta Movimento

a Receita de Aluguéis de Equipamentos $ 60,00

4) Obrigações Fiscais

a Bancos Conta Movimento $ 200,00

5) Bancos Conta Movimento

a Fundo de Comércios Adquirido $ 5.000,00

Os lançamentos acima, apresentados de forma simplificada, não se referem a estornos, retificações, transferências, complementações ou venda de direitos.

Assim sendo, está errado, em função da natureza e finalidade das contas envolvidas, o registro contábil de número

a) 1

b) 2

c) 3

d) 4

e) 5

264) (ESAF/AFTN-1994/março) A Cia. Industrial Romex efetuou, conforme nota fiscal 1.383 de 30/11/93, a seguinte transação

	Cr$
- Venda a prazo de 20 (vinte) unidades do produto "XIS", de sua fabricação, ao preço unitário de 4,50	90,00
- Desconto Incondicional Concedido (constante da própria nota fiscal)	10,00
- IPI (20%)	16,00
- ICMS destacado (na nota fiscal)	20,00

O lançamento de 4ª fórmula (só contas e valores) correspondente a essa operação foi

	D	C
a) Clientes	90,00	
Impostos sobre Vendas	36,00	
A Vendas		96,00
A Conta Corrente do ICMS		20,00
A Descontos Incondicionais Concedidos		10,00
	126,00	126,00
b) Clientes	80,00	
Descontos Incondicionais Concedidos	10,00	
Impostos sobre Vendas	20,00	
Conta Corrente do IPI	16,00	
A Vendas		90,00

A Conta Corrente do ICMS	20,00	
	126,00	126,00
c) Clientes	80,00	
Descontos Incondicionais Concedidos	10,00	
Impostos sobre Vendas	36,00	
A Vendas		90,00
A Conta Corrente do IPI		16,00
A Conta Corrente do ICMS		20,00
	126,00	126,00
d) Clientes	96,00	
Descontos Incondicionais Concedidos	10,00	
Impostos sobre Vendas	20,00	
A Vendas		90,00
A Conta Corrente do IPI		16,00
A Conta Corrente do ICMS		20,00
	126,00	126,00
e) Clientes	116,00	
Descontos Incondicionais Concedidos	10,00	
A Vendas		90,00
A Conta Corrente do IPI		16,00
A Conta Corrente do ICMS		20,00
	126,00	126,00

GABARITO DOS EXERCÍCIOS DESTE CAPÍTULO

206- A 207- B 208- B 209- A 210- B   211- A 212- C 213- D 214- E 215- B
216- C 217- B 218- C 219- B 220- E   221- B 222- D 223- B 224- A 225- B
226- A 227- D 228- A 229- C 230- C   231- A 232- D 233- C 234- C 235- D
236- C 237- C 238- A 239- B 240- D   241- D 242- D 243- C 244- C 245- D
246- C 247- E 248- C 249- C 250- C C C E E 251- A 252- E 253- D 254- E
255- E 256- D 257- D 258- A 259- E C C E C 260- E 261- A 262- D 263- E
264- D

9 - O LANÇAMENTO CONTÁBIL

265) CAIXA

a JUROS R$ 100,00

O lançamento acima, apresentado de forma sintética, é exemplo de fato contábil

a) modificativo aumentativo

b) modificativo diminutivo

c) permutativo ativo

d) misto ou composto

e) permutativo passivo

266) A venda à vista, por R$ 2.000,00, de mercadorias adquiridas a prazo, por R$ 1.600,00, representa fato:

a) modificativo, porque modificou tanto o Ativo quanto o Passivo.

b) permutativo, porque permutou mercadorias adquiridas a prazo por dinheiro

c) modificativo, porque as mercadorias foram convertidas em dinheiro

d) permutativo, porque houve diminuição do saldo da conta Mercadorias e aumento do Passivo

e) misto, porque modificou o Ativo e a Situação Líquida

267) Aumenta o Patrimônio Líquido:

a) pagamento de salários;

b) recebimento de duplicatas a receber;

c) recebimento de duplicatas com juros;

d) pagamento de obrigações em dinheiro;

e) compra, à vista, de móveis e utensílios.

268) Numa empresa, o recebimento de juros (sobre adiantamento feito a empregado) sem o recebimento do principal correspondente é um fato contábil:

a) misto aumentativo;

b) modificativo aumentativo;

c) permutativo;

d) misto diminutivo;

e) modificativo diminutivo.

269) No pagamento de uma obrigação tributaria já registrada em seu Passivo, a empresa ultrapassou o prazo de vencimento, tendo que resgatá-la com os respectivos acréscimos legais cabíveis.

Essa operação caracteriza-se como um fato contábil:

a) permutativo;

b) misto diminutivo;

c) misto aumentativo;

d) modificativo aumentativo;

e) modificativo diminutivo.

270) A emissão de cheque no valor de R$ 1.000,00 para pagamento de uma duplicata, com juros de 25%, representa:

a) fato permutativo;

b) fato modificativo aumentativo;

c) fato modificativo diminutivo;

d) fato misto aumentativo;

e) fato misto diminutivo.

271) O lançamento Contábil

Contas a Receber

a Receita de Juros

Serve para registrar corretamente uma operação que:

a) afeta a situação líquida da empresa, porque há apropriação de novas receitas

b) não afeta a situação líquida da empresa, porque não há o efetivo recebimento dos juros

c) afeta a situação líquida da empresa, porque há o surgimento de novos direitos

d) não afeta o patrimônio da empresa, porque o fato é apenas permutativo

e) afeta o patrimônio da empresa, porque há aumentado do valor do Ativo e do Passivo

272) (TÉC-CONTAB/CONTROLADORIA-99) A alienação de um veículo por R$ 10.000,00 cujo valor contábil é de R$ 18.000,00 e a depreciação acumulada de R$ 7.200,00 constituirá contabilmente um fato

    (A) modificativo diminutivo

    (B) permutativo

    (C) misto aumentativo

    (D) modificativo aumentativo

    (E) misto diminutivo

273) (ESAF/FISCAL-FORTALEZA/98) Observe a seqüência dos fatos contábeis ocorridos numa empresa:

aquisição de um veículo de uso, a prazo, por 10.000,00;

correção monetária do veículo (índice 1,1000);

depreciação do veículo em 20% do valor corrigido;

venda do veículo, a prazo, por 8.000,00.

A seqüência mostra a ocorrência de fatos contábeis

a) permutativo - modificativo diminutivo - modificativo diminutivo - misto diminutivo

b) permutativo - modificativo aumentativo - modificativo diminutivo - misto diminutivo

c) modificativo aumentativo - modificativo aumentativo - modificativo diminutivo - permutativo

d) misto aumentativo - permutativo - misto diminutivo - modificativo diminutivo

e) Permutativo - permutativo - permutativo - permutativo

274) (**AGERS/RS/98**) Considere a representação gráfica do patrimônio, em R$, em dois momentos.

ANTES

ATIVO PASSIVO E P. LÍQUIDO

Caixa 50 Fornecedores 20

Mercadorias 20 Credores 100

Imobilizado 150 Capital Social 100

220 220

"DEPOIS"

ATIVO PASSIVO E P. LÍQUIDO

Caixa 50 Fornecedores 20

Clientes 10 Credores 100

Mercadorias 15 Patr. Líquido 105

Imobilizado 150 225

225

Pode-se afirmar que o fato contábil ocorrido entre "ANTES" e "DEPOIS" é um fato:

a) misto aumentativo.

b) permutativo.

c) misto diminutivo.

d) modificativo aumentativo.

e) modificativo diminutivo.

275) (AGERS/RS/98) Um veículo adquirido por R$ 100,00 e com valor atual de R$ 240,00, utilizado durante 48 meses, foi vendido por R$ 48,00.

Considerando que os procedimentos contábeis foram normais em relação ao bem, pode-se afirmar que, em R$:

a) a venda deu lucro de 48

b) o PL aumentará em 240

c) o PL diminuirá em 140

d) o PL não será alterado

e) a venda deu um lucro de 92

276) (MTB-CESPE-UNB/94) A operação que caracteriza um fato contábil permutativo é o(a)

a) execução de serviços a terceiros, para pagamento a prazo.

b) recebimento de doação, por uma empresa estatal.

c) aumento de capital com a utilização de lucros acumulados e de reservas legais.

d) apuração do resultado de correção monetária de Ativo Permanente e do Patrimônio Líquido.

e) aumento de capital com nova subscrição dos sócios.

277) (ESAF/TFC-1996) Ocorre um fato contábil modificativo aumentativo

a) na prestação remunerada de serviço

b) no recebimento de duplicata julgada incobrável, mas ainda não baixada

c) na alienação de mercadorias a prazo, com incidência de juros de mora

d) na permuta de bens do ativo, com recebimento de troco em dinheiro

e) na realização de capital subscrito

278) (PF/PERITO/1993) Determinada empresa decidiu aumentar o seu Capital, utilizando-se, para isso, de recursos de lucros obtidos em exercícios anteriores. Essa decisão caracteriza-se como um:

(A) fato contábil modificativo.

(B) Fato contábil permutativo.

(C) Fato contábil misto.

(D) Ato administrativo.

279) (ESAF/TFC-SFC/97) O lançamento a seguir registra um fato contábil

Contas a Receber	17.000	
Depreciação Acumulada de Máquinas	5.000	
Máquinas		15.000
Resultados não-operacionais		7.000

a) permutativo
b) modificativo aumentativo
c) misto aumentativo
d) misto diminutivo
e) modificativo diminutivo

280) (ESAF/TTN-97) Uma empresa, que adota o regime da competência em sua escrituração, encerrou exercício social em 31.12.96. Nos primeiros dias de 1997 escriturou os seguintes eventos:

1. pagamento de salários dos empregados relativos ao mês de dezembro de 1996;

2. recebimento da diferença de imposto recolhido a maior em dezembro de 1996 e já reclamada naquele mês à autoridade competente;

3. venda de um bem do ativo permanente pelo preço de custo.

A escrituração refere-se, respectivamente, a fatos contábeis

a) permutativo - permutativo - permutativo
b) modificativo diminutivo - modificativo aumentativo - permutativo
c) permutativo - modificativo aumentativo - modificativo diminutivo
d) modificativo diminutivo - misto aumentativo - permutativo
e) misto diminutivo - misto aumentativo - misto diminutivo

281) (ESAF/MPOG/2001) Caracteriza fato contábil misto diminutivo a operação representada pelo lançamento

    D Fornecedores

a) C Banco - Conta Movimento

    C Abatimentos sobre Compras
    D Caixa

b) C Duplicatas a Receber

C Receitas Financeiras
D Veículos - novos

C Caixa
c)
C Títulos a Pagar

C Veículos - antigos
D Empréstimos de Sócios
d)
C Capital a Integralizar
D Empréstimos Bancários

e) D Encargos Financeiros sobre Dívidas Repactuadas

C Títulos a Pagar

282) Caracterizam o Livro Diário, todos os atributos abaixo, exceto:

a) registro de todos os fatos administrativos que afetam o patrimônio;

b) registro no órgão competente;

c) ordem cronológica de escrituração;

d) faculdade de escrituração em partidas mensais;

e) obrigatoriedade.

283) A escrituração do Livro Diário com as operações registradas em rigorosa ordem cronológica de dia, mês e ano atende a uma:

a) formalidade extrínseca prevista para os livros obrigatórios;

b) exigência de natureza contratual;

c) formalidade intrínseca prevista para os livros facultativos;

d) formalidade extrínseca prevista para os livros facultativos;

e) formalidade intrínseca prevista para os livros obrigatórios.

284) O lançamento de terceira fórmula, no Livro Diário, assume a seguinte forma:

a) Local e data

Conta Devedora

a Diversos

Histórico e valor;

b) Local e data

Diversos

a Conta Devedora

Histórico e valor

c) Local e data

Conta Credora

a Diversos

Histórico e valor;

d) Local e data

Diversos

a Conta Credora

Histórico e valor;

e) Local e data

Conta Devedora

a Conta Credora

Histórico e valor.

285) Uma Partida de Diário deve conter, no mínimo:

a) histórico; local e data; valor da operação; contas devedora e credora

b) códigos das contas devedora e credora; valor da operação; histórico

c) nº do "slip"; data e saldo da operação; contas devedora e credora; histórico

d) data e saldo da operação; histórico; contas devedora e credora

e) códigos das contas devedora e credora; data e valor da operação

286) Quanto à classificação dos livros contábeis, pode-se dizer que o Razão é um livro:

a) obrigatório, sistemático e principal

b) obrigatório, cronológico e principal

c) facultativo, sistemático e principal

d) obrigatório, sistemático e auxiliar

e) facultativo, cronológico e principal

287) É considerada formalidade intrínseca do Livro Diário a:

a) identificação da firma ou sociedade cujas operações são nele registradas

b) escrituração das operações em ordem cronológica

c) sua encadernação

d) numeração tipográfica de suas folhas

e) assinatura dos termos de abertura e de encerramento

288) Num livro DIÁRIO foram feitos 2 lançamentos, sendo o 1º. com várias contas debitadas e apenas uma creditada e o 2º. com uma conta debitada e várias creditadas.

Constata-se do exposto, terem sido utilizados lançamentos, respectivamente, de:

a) 1ª. e 4ª. fórmulas

b) 3ª. e 2ª. fórmulas

c) 2ª. e 3ª. fórmulas

d) 1ª. e 2ª. fórmulas

e) 3ª. e 4ª. fórmulas

289) (TÉC-CONTAB/CONTROLADORIA-99) Os fatos contábeis provocam modificações na estrutura de patrimônio e o seu registro deverá ser feito de maneira cronológica, selecionando-os em grupos homogêneos e evidenciando seus aspectos qualitativos e quantitativos. Isso caracteriza a Técnica Contábil de

(A) Controle
(B) Planejamento
(C) Auditoria
(D) Escrituração
(E) Demonstrações Contábeis

290) (TRT-4ª/ANAL.JUD.-2001) Indicar todas e cada uma das operações da entidade na medida e ordem em que ocorrem, assim como as alterações qualitativas e quantitativas por elas produzidas nos recursos aplicados e nas origens destes recursos constitui função do

(A) razão.

(B) diário.

(C) balanço patrimonial.

(D) doar.

(E) fluxo de caixa.

291) Em relação ao texto abaixo, assinale a afirmativa falsa.

O princípio basilar do Método das Partidas Dobradas - não há débito sem crédito correspondente - permite que se chegue às seguintes conclusões:

a) a soma dos débitos é sempre igual à soma dos créditos;

b) a soma dos saldos devedores é sempre igual à soma dos saldos credores;

c) a soma das despesas (débito) é sempre igual à soma das receitas (crédito)

d) a um débito ou a mais de um débito, numa ou mais contas, deve corresponder um crédito equivalente em uma ou mais contas;

e) o total do Ativo será sempre igual à soma do Passivo Exigível com o Patrimônio Líquido.

292) Assinale a alternativa que contém a assertiva correta.

a) "Salários a Pagar" é conta de despesa, pois representa a parte dos salários que ainda não foi paga;

b) "Fornecedores" tem saldo credor, porque representa um débito da empresa e um crédito de terceiros;

c) "Clientes" tem saldo devedor, porque representa um débito da empresa;

d) "Fornecedores" representa uma divida da empresa, por isso é uma conta de saldo devedor;

e) "Clientes" representa um direito da empresa por isso é uma conta de saldo credor.

293) Em relação às contas de Resultado, pode-se afirmar que:

a) uma despesa, paga à vista, provoca uma redução de Ativo e um aumento de Passivo;

b) uma despesa, paga à vista, provoca uma redução no Ativo e na Situação Líquida;

c) uma receita, recebida á vista, provoca um aumento de Ativo e uma redução de Passivo;

d) uma receita, recebida à vista, provoca um aumento no Ativo e na Situação Líquida

e) as alternativas b e d estão corretas.

294) O saldo credor da conta Caixa:

a) é inadmissível numa escrituração regular e correta;

b) pode ocorrer nos casos de fornecimento de vales a empregados;

c) pode ocorrer nos casos de omissão de escrituração de compras á vista;

d) pode ocorrer nos casos de lançamento em duplicidade de vendas à vista;

e) pode ocorrer nos casos de desfalques de dinheiro sofridos pela empresa.

295) Identificar a única operação ocorrida com a Empresa XMW entre dois momentos (M1 e M2), sucessivos.

	Ativo R$		Passivo R$		
	M1	M2		M1	M2
Caixa	200	320	Fornecedores	400	400
Clientes	-	40	PL		
Mercadorias	800	600	Capital	1.000	1.000
Máquinas.	400	400	Prejuízo	-	(40)
Total	1.000	1360		1.400	1360

a) redução do Capital Social;

b) venda de mercadorias, à vista, com lucro;

c) venda de mercadorias, parte à vista e parte a prazo, com prejuízo;

d) venda de mercadorias, parte à vista e parte a prazo, com lucro;

e) n.d.a.

296) A Cia. XMW adquire R$ 160,00 de mercadorias, pagando, em moeda corrente, 50% com desconto de 20% e aceitando, pelo restante, uma duplicata. O Ativo da firma:

a) aumentou em R$ 96,00;

b) aumentou em R$ 160,00;

c) aumentou em R$ 80,00;

d) não aumentou e nem diminuiu;

e) n.d.a.

297) O Patrimônio Líquido da Cia. XMW, em determinado momento, está representado (em R$) por: Numerário - 100,00; Bens de Venda - 700,00; Bens de Uso - 500,00; Dívidas para com terceiros - 400,00; Bens de Renda - 100,00; Direitos - 200,00. Seu Patrimônio Líquido é de:

a) R$ 1.200,00;

b) R$ 1.300,00;

c) R$ 1.800,00;

d) R$ 2.000,00;

e) n.d.a.

298) O Patrimônio da empresa XMW é constituído (em R$) por: Máquinas - 600,00; Nota Promissória de sua emissão - 500,00; Duplicatas de seu aceite - 1.500,00; Fornecedores - 400,00; Estoques - 3.000,00; Bancos - 200,00; Caixa - 100,00.

Sabendo-se que o lucro corresponde a 20% do capital de terceiros, determinar o valor do Capital Social:

a) R$ 1.500,00;

b) R$ 3.900,00;

c) R$ 1.020,00;

d) R$ 480,00;

e) R$ 2.400,00.

299) A conta LUCROS ACUMULADOS :

a) tem sempre saldo credor;

b) pode ter saldo devedor, se o resultado do exercício for negativo;

c) é retificadora do Patrimônio Líquido;

d) é creditada nas transferências para constituição de reservas;

e) é debitada nas reversões de reservas anteriormente constituídas.

300) Assinale a alternativa que contém contas cujos saldos no Balanço Patrimonial são devedores:

a) Fornecedores e Honorários a Pagar;

b) Capital Social Subscrito e ICMS a Recolher;

c) Lucros Acumulados e Contas a Pagar;

d) Duplicatas a Receber e Móveis e Utensílios;

e) Duplicatas a Pagar e Aluguéis a Pagar.

301) No levantamento de Balanço para apuração do resultado do período base, as contas de:

a) custos e despesas são debitadas em contrapartida de uma conta transitória de resultado;

b) receitas são creditadas em contrapartida de uma conta transitória de resultado;

c) custos e despesas são creditadas em contrapartida de uma conta transitória de resultado;

d) receitas são creditadas em contrapartida de conta de Lucros ou Prejuízos Acumulados;

e) receitas são creditadas e as de despesas e custos são debitadas em contrapartida de uma conta transitória de resultado.

302) Assinale a opção que identifica, pelos números de ordem, exclusivamente contas que têm saldo de natureza devedora, constantes da relação a seguir:

1 - Caixa

2 - Duplicatas a Pagar

3 - Duplicatas a Receber

4 - Duplicatas Descontadas

5 - Imóveis de Uso

6 - Máquinas

7 - Móveis e Utensílios

8 - Notas Promissórias a Pagar

9 - Despesas de Salários

10 - Veículos de Uso

a) 1, 3, 5, 7 e 9;

b) 2, 4, 6, 8 e 10;

c) 1, 2, 3, 4 e 5;

d) 6, 7, 8, 9 e 10;

e) 3, 4, 5, 6 e 7.

303) Do Balanço Patrimonial de uma empresa, foram extraídos os seguintes dados:

Patrimônio Líquido - R$ 150.000,00;

Mercadorias - R$ 150.000,00;

Fornecedores - R$ 50.000,00.

Os dados faltantes são os relativos a Capital, Lucros ou Prejuízos Acumulados e outros Ativos, e têm, respectivamente, os seguintes valores (considere que os valores entre parênteses referem-se a prejuízos):

a) R$ 150.000,00; zero e zero;

b) R$ 150.000,00; (R$ 50.000,00) e zero;

c) R$ 150.000,00; R$ 50,00,00 e R$ 50.000,00;

d) R$ 100.000,00; R$ 50.000,00 e R$ 50.000,00;

e) R$ 150.000,00; (R$ 50.000,00) e R$ 50.000,00.

304) De acordo com o regime de competência:

a) as receitas e despesas são computadas no resultado de cada exercício na proporção dos recebimentos e pagamentos;

b) as receitas e despesas somente podem ser computadas no resultado do exercício depois de seus recebimentos e pagamentos;

c) a receita é reconhecida quando bens ou serviços são fornecidos a terceiros em troca de dinheiro ou de outro valor do Ativo;

d) as receitas e despesas são atribuídas aos períodos de ocorrência de seus respectivos fatos geradores;

e) as alternativas c e d estão corretas.

305) Quando se adota o regime de competência, ao encerrar-se o exercício, os saldos:

a) de todas as contas são transferidos automaticamente para o resultado do exercício;

b) não são transferidos para o resultado do exercício;

c) das contas de resultado são automaticamente transferidos para o resultado do exercício;

d) das contas de resultado, somente depois de expurgadas as parcelas que se referem a exercícios futuros, é que se transferem para o resultado do exercício;

e) n.d.a.

306) Os saldos das contas Caixa e Bancos no dia 01/05/97 eram, respectivamente, de R$ 70.000,00 e R$ 740.000,00.

Sabendo-se que, no período:

foram feitos saques em conta - corrente bancária no valor de R$ 580,000,00, em dinheiro;

foram feitos depósitos bancários no montante de R$ 500.000,00;

não foram feitos outros créditos na conta Caixa;

no dia 31/05/97, o saldo da conta Caixa era de R$ 150.000,00.

Pode-se afirmar que os valores: total de débitos à conta Caixa e saldo da conta Bancos eram, em 31/05/97, respectivamente, de:

a) R$ 70.000,00 e R$ 660.000,00;

b) R$ 150.000,00 e R$ 660.000,00;

c) R$ 500.000,00 e R$ 500.000,00;

d) R$ 580,000,00 e R$ 660.000,00;

e) R$ 580.000,00 e R$ 500.000,00

307) Indique o item que contém o lançamento contábil de um dos fatos contábeis descritos:

1 - compra de material de consumo, a prazo;

2 - apropriação de consumo de energia elétrica;

3 - pagamento de duplicata com juros de mora;

4 - pagamento de salários do período anterior.

    a) Despesas de Salários

a Caixa

b) Despesas de Energia Elétrica

a Contas a Pagar

c) Caixa

a Receitas de Juros

d) Duplicatas a Pagar

a Caixa

e) Caixa

a Salários a Pagar

308) observe o lançamento abaixo:

Duplicatas a Pagar

a Diversos

a Bancos 98.000,00

a Descontos Obtidos 2.000,00 100.000,00

Assinale a alternativa correta:

a) alienação de bens a prazo;

b) alienação de bens a prazo, com desconto;

c) aquisição de bens a prazo;

d) aquisição de bens com desconto;

e) pagamento de dívidas com desconto.

309) Uma empresa que adquiriu um carro para seu próprio uso, pagando uma entrada de 20% e aceitando duplicatas no valor de R$ 20.000,00, deverá fazer o seguinte lançamento contábil;

a) Diversos

a Duplicatas a Pagar

Caixa 5.000,00

Veículos 20.000,00 25.000,00

b) Veículos

a Diversos

a Caixa 5.000,00

a Duplicatas a Pagar 20.000,00 25.000,00

c) Diversos

a Duplicatas a Pagar

Caixa 4.000,00

Veículos 16.000,00 20.000,00

d) Veículos

a Diversos

a Caixa 4.000,00

a Duplicatas a Pagar 16.000,00 20.000,00

e) Veículos

a Diversos

a Caixa 4.000,00

a Duplicatas a Pagar 16.000,00 20.000,00

310) A emissão de um cheque no valor de R$ 500,00 para pagamento de uma duplicata, com juros de 25%, deve receber o seguinte lançamento contábil:

a) Diversos

a Bancos c/Movimento

Duplicatas a Pagar 400,00

Juros Passivos 100,00 500,00

b) Duplicatas a Pagar

a Diversos

a Bancos c/Movimento 500,00

a Despesas de Juros 100,00 600,00

c) Diversos

a Bancos c/Movimento

Duplicatas a Pagar 500,00

Despesas de Juros 125,00 625,00

d) Bancos c/Movimento

a Diversos

a Duplicatas a Pagar 400,00

a Juros Passivos 100,00 500,00

e) Diversos

a Duplicatas a Pagar

Bancos c/Movimento 500,00

Despesas de Juros 100,00 600,00

311) Determinado cliente pagou duplicata de seu aceite no valor de R$ 80.000,00, adicionado de juros de mora de R$ 4.000,00.

Assinale a opção que contém o lançamento contábil, na emitente da duplica, considerando-se que sua liquidação foi feita através de cobrança bancária.

a) Diversos

a Duplicatas a Receber

Bancos 80.000,00

Receitas de Juros 4.000,00 84.000,00

b) Bancos

a Diversos

a Duplicatas a Receber 80.000,00

a Receitas de Juros 4.000,00 84.000,00

c) Duplicatas a Receber

a Diversos

a Bancos 80.000,00

a Receitas de Juros 4.000,00 84.000,00

d) Diversos

a Bancos

Duplicatas a Receber 80.000,00

Receitas de Juros 4.000,00 84.000,00

e) Duplicatas a Receber

a Diversos

a Duplicatas Descontadas 80.000,00

a Receitas de Juros 4.000,00 84.000,00

312) O Método das Partidas Dobradas utiliza, nos lançamentos:

a) uma fórmula;

b) duas fórmulas;

c) três fórmulas;

d) quatro fórmulas;

e) n.d.a.

313) Observe:

Diversos

a Caixa 110.000,00

Financiamentos Bancários 100.000,00

Juros Passivos 10.000,00

O lançamento acima representa no Método das Partidas Dobradas, lançamento de :

a) segunda fórmula;

b) terceira fórmula;

c) quarta fórmula;

d) pagamento de financiamento bancário com acréscimo de juros;

e) as alternativas b e d estão corretas.

314) Para o registro contábil do pagamento de uma duplicata, com desconto, feito num único lançamento (Partida de Diário), usam-se:

a) uma conta devedora e uma credora

b) duas contas devedoras e duas credoras

c) duas contas devedoras e uma credora

d) uma conta devedora e duas credoras

e) três contas devedoras e uma credora

315) A compra de equipamento para uso da própria empresa, pagando-se uma entrada em dinheiro e aceitando-se duplicatas pelo valor restante, será contabilizada através de um único lançamento de:

a) segunda fórmula

b) primeira fórmula

c) fórmula simples

d) terceira fórmula

e) quarta fórmula

316) Assinale a alternativa correta:

a) A conta "Salários a Pagar" é uma conta de despesa, pois representa a parte dos salários que ainda não foi paga

b) A conta "Fornecedores" tem saldo credor, porque representa um débito da empresa

c) A conta "Clientes" tem saldo devedor, porque representa um débito da empresa

d) A conta "Fornecedores" representa uma dívida da empresa, por isso é uma conta de saldo devedor

e) A conta "Clientes" representa um direito da empresa, por isso é uma conta de saldo credor

317) O lançamento DIVERSOS a DIVERSOS

a) é geralmente empregado no registro de operações através de partidas mensais

b) é o mais adequado ao registro individualizado das operações de uma empresa

c) é o mais adequado à escrituração feita através da computação eletrônica de dados

d) não é admitido pelo método das partidas dobradas

e) é chamado de 2ª. fórmula

318) O lançamento de 2ª. fórmula é aquele composto de:

a) uma conta a débito e uma a crédito

b) uma conta a débito e duas ou mais contas a crédito

c) duas ou mais contas a débito e uma só conta a crédito

d) duas ou mais contas a débito e duas ou mais contas a crédito

e) histórico e valor da operação

319) A operação de venda de um veículo ainda não depreciado, feita sem lucro ou prejuízo, é registrada contabilmente mediante o seguinte lançamento:

a) débito de contas a pagar e crédito de veículos

b) débito de veículos e crédito de caixa

c) débito de veículos e crédito de contas a receber

d) débito de contas a receber e crédito de veículos

e) débito de veículos e crédito de contas a pagar

320) A empresa "Delmiro Campos e Cia. Ltda." devolveu a um cliente, em dinheiro, a quantia de R$ 27.000,00 recebida a maior quando da liquidação de duplicata mercantil por ela emitida. O registro contábil do fato feito, acertadamente, a débito da conta:

a) "Duplicatas a Pagar"

b) "Caixa"

c) "Duplicatas a Receber"

d) "Despesas com Restituições"

e) "Devolução de Vendas"

321) Toda conta do Ativo será:

a) debitada pelo aumento e creditada pela diminuição

b) debitada pela diminuição e creditada pelo aumento

c) debitada ou creditada, conforme se trate de bem tangível e intangível

d) debitada para registrar decréscimo patrimonial e creditada para registrar aumento patrimonial

e) debitada para registrar aumento patrimonial e creditada para registrar decréscimo patrimonial

322) Tendo em vista que as contas podem receber lançamentos de débito e de crédito, pode-se afirmar que os lançamentos:

a) a crédito de conta de despesas representam um aumento em seu saldo

b) a débito da conta de Resultado do Exercício representam transferência das contas de despesas ou custos

c) a débito da conta de despesas representam transferência de saldo para apuração de resultado do exercício

d) a débito da conta de Resultado do Exercício representam transferência das contas de receitas

e) a crédito da conta de receitas representam transferência de saldo para apuração de resultado do exercício

323) O método das Partidas Dobradas utiliza, nos lançamentos:

a) uma fórmula

b) três fórmulas

c) duas fórmulas

d) quatro fórmulas

e) fórmulas mistas

324) Registra contabilmente o aumento das obrigações da empresa o lançamento

a) Despesas de Seguros

a Seguros a Vencer

b) Provisão para créditos de Liquidação Duvidosa

a Clientes

c) Adiantamentos a Fornecedores

a Caixa

d) Impostos Incidentes sobre Vendas - ICMS

a ICMS a Recolher

e) Duplicatas Descontadas

a Duplicatas a Receber

325) Levando-se em conta os pressupostos do método das partidas dobradas, podemos afirmar que o lançamento de valores a débito de uma conta:

a) e a crédito de duas ou mais de duas contas é denominado lançamento de segunda fórmula

b) e a crédito de duas ou mais de duas contas é denominado lançamento de terceira fórmula

c) e a crédito de uma ou mais de uma conta é denominado lançamento de quarta fórmula

d) e a crédito de outra conta é denominado lançamento de terceira fórmula

e) ou mais de uma conta e a crédito de uma conta é denominado lançamento de segunda fórmula

326) O lançamento

DUPLICATAS DESCONTADAS

a DUPLICATAS A RECEBER

é feito para registrar contabilmente

a) a emissão de duplicata contra cliente da empresa

b) o aceite de duplicata por parte do sacado

c) o desconto de duplicata junto a um banco

d) a baixa de duplicata descontada junto ao banco que a descontou, por não haver sido paga pelo sacado

e) o pagamento, pelo sacado, de duplicata descontada

327) (**TFC/ESAF-2001**) Aponte o lançamento correto, considerando que os históricos estão certos e adequados:

    Diversos

    a Caixa

a) pelo recebimento de duplicatas, como segue:

    Duplicatas a Receber valor principal do título 300,00

    Juros Ativos valor dos juros incorridos <u>30,00</u> 330,00
    Duplicatas a Pagar

b) a Diversos

    pelo pagamento de duplicatas, como segue:

a caixa

valor líquido do título 270,00

a Descontos Passivos

valor dos descontos obtidos no pagamento 30,00 300,00
Diversos

a Diversos

valor das vendas de mercadorias isentas de

tributação realizadas nesta data, como segue:

Caixa

valor recebido como entrada e sinal de pagamento 100,00

c)
Clientes

valor financiado na operação, para 30 e 60 dias 400,00 500,00

a Mercadorias

valor de custo que ora se baixa do estoque 350,00

a Resultado com Mercadorias

valor do lucro alcançado nesta venda 150,00 500,00
Caixa

d) a Bancos conta Movimento

valor do nosso depósito bancário nesta data 250,00
Comissões Ativas

e) a Caixa

valor das despesas de comissão, pago nesta data 60,00

328) (AGERS/RS/98) Efetuando, no mesmo lançamento, a venda por valor abaixo do residual e a baixa de um bem do imobilizado, o resultado da operação e o lançamento, quanto à fórmula, serão, respectivamente:

a) prejuízo e 3ª fórmula

b) prejuízo e 4ª fórmula

c) lucro e 2ª fórmula

d) prejuízo e 2ª fórmula

e) lucro e 4ª fórmula

329) (ESAF/TTN-1994/vespertino) - Recife, 13 de julho de 1994

D - Duplicatas a pagar

Valor da duplicata n.º 73/94 da SETEX S.A., substituída por

Uma Nota promissória vencível em 13/09/94. R$ 700,00

D - Juros Passivos 4% sobre valor da duplicata 73/94 da SETES S.A.

substituída por nota promissória vencível em 13/09/94 R$ 28,00

C - Notas Promissórias a Pagar

Nosso aceite de nota promissória em favor da SETEX S.A.,

Vencível em 13/09/94, emitida em substituição à duplicata

Nº 73, vencida hoje, mais juros de 2% ao mês. R$ 728,00 R$ 728,00

Obs.: A situação líquida da empresa que efetuou o lançamento continuou, após o mesmo, positiva.

O lançamento contábil transcrito (feito no livro Diário)

observou o método das partidas simples, a função histórica e a função monetária

b) é de 2ª fórmula e reduziu a situação líquida

c) é de 3ª fórmula e reduziu a situação líquida

d) é de 2ª fórmula e aumentou a situação líquida

e) observou o método das partidas dobradas e aumentou a situação líquida

330) (ESAF/TTN-97) Na conferência física do dinheiro depositado em cofre verificou-se que havia ali R$ 300,00, enquanto que o saldo contábil da conta Caixa era de R$ 400,00. Justificou-se a divergência com a seguinte constatação:

a) houve omissão de escrituração de vendas no valor de R$ 100,00

b) uma nota de compra de R$ 50,00 foi escriturada como sendo de venda

c) um adiantamento salarial de R$ 100,00 foi escriturado duas vezes

d) um cheque emitido para suprimento de caixa, do valor de R$ 100,00, não foi escriturado

e) Houve omissão de escrituração de compras no valor de R$ 50,00

331) (ESAF/TRF-2000) Abaixo são apresentadas cinco afirmativas. Escolha entre elas a única que não expressa inteiramente a verdade.

a) O pagamento, em cheque bancário, do valor de uma duplicata acrescido de encargos de juros e de mora, deve ser contabilizado em lançamento de terceira fórmula.

b) Quando o extrato bancário de uma empresa apresenta saldo credor, o valor desse saldo passa a representar um passivo na estrutura patrimonial.

c) A aquisição de máquinas, parte para alugar e parte para revender, com pagamento de entrada em dinheiro e aceite de títulos pelo valor restante, caracteriza um fato administrativo permutativo.

d) As contas de Provisão tanto podem ser classificadas no Passivo Circulante, como no Ativo Circulante ou no Ativo Permanente, dependendo de sua natureza, mas, mesmo assim, todas elas são formadas a partir de débitos lançados em contas de despesa.

e) Uma operação de devolução de vendas afeta os valores contabilizados tanto em "Receita de Vendas", como em "Custo das Vendas", como também afeta o valor do estoque final.

332) **(ESAF/TRF-2000)** Os títulos que estão relacionados abaixo em ordem alfabética constam do Plano de Contas da empresa S/A Mera & Simples.

Ações de Coligadas Ações em Tesouraria

Capital a Integralizar Capital Social

Depósito Bancário Despesas Antecipadas

Duplicatas Descontadas Duplicatas a Pagar

Duplicatas a Receber Empréstimos Bancários

Estoque de Mercadorias Receitas Antecipadas

Venda de Mercadorias

Observando-se a relação acima podemos dizer que ela contém

a) 01 conta de passivo, 05 contas de ativo e 07 contas de patrimônio líquido
b) 02 contas integrais credoras, 05 contas integrais devedoras e 06 contas diferenciais
c) 03 contas de resultado e 10 contas patrimoniais
d) 06 contas de saldos credores e 07 contas de saldos devedores
e) 03 contas de agente consignatário, 04 contas de agente correspondente e 06 contas do proprietário

333) **(ESAF/TFC/2001)** Os procedimentos contábeis utilizados no Método das Partidas Dobradas exigem que se registrem os investimentos da atividade em contrapartida com as respectivas fontes de financiamento, formando-se, com isso, um fundo de valores positivos e negativos que se contrapõem.

Desse modo, quando é elaborado um balancete de verificação no fim de determinado período, o fundo de valores positivos, do ponto de vista contábil, estará representado pela soma

a) dos bens, dos direitos e das despesas

b) dos bens e dos direitos

c) dos bens, dos direitos e das receitas

d) do ativo e do patrimônio líquido

e) do patrimônio líquido

334) O Balancete de Verificação do Razão tem como principal finalidade:

a) demonstrar o crédito apurado;

b) demonstrar a exatidão da equação do patrimônio;

c) evidenciar o Patrimônio Líquido da entidade;

d) colocar em destaque o Ativo Líquido da entidade;

e) relacionar as contas de acordo com seus respectivos saldos e verificar a igualdade entre a soma dos saldos devedores e credores.

335) O balancete de verificação da empresa Alfa apresenta as seguintes contas e respectivos saldos em 31.12.88:

Mercadorias (estoques) R$ 2.750,00

Material de Consumo (estoques) R$ 800,00

Contas a Pagar R$ 4.250,00

Receita de Aluguel R$ 1.700,00

Contas a Receber R$ 1.250,00

Despesas de Juros R$ 1.150,00

Impostos a Recolher R$ 1.350,00

Capital Social R$ 3.400,00

Prejuízos Acumulados R$ 250,00

Com base nas informações acima, pode-se afirmar com segurança que, em 31.12.88, a empresa Alfa tinha um Capital Próprio no valor de:

a) R$ 3.150,00

b) R$ 2.350,00

c) R$ 3.700,00

d) R$ 3.950,00

e) R$ 2.900,00

336) Após todos os ajustes, o Balancete de Verificação, da Cia. XMW em 31/12/X2, apresentou os seguintes dados:

Contas	Saldos em R$	
	Devedores	Credores
Bancos conta movimento	120.000	-
Caixa	20.000	-
Capital	-	200.000
Custo das Mercadorias Vendidas	680.000	-
Depreciação Acumulada	-	15.000,
Despesas Gerais	220.000	-
Duplicatas a Pagar	-	50,000
Duplicatas a Receber	80.000	-
Equipamentos	60.000	-
Lucros Acumulados	-	30.000
Mercadorias	40.000	-
Receitas de vendas	-	910.000
Salários a Pagar	-	15.000

| Totais | 1.220.000 | 1.220.000 |

No Balanço de encerramento, o Patrimônio Líquido totaliza:

a) R$ 245.000,00;

b) R$ 240.000,00;

c) R$ 230.000,00;

d) R$ 220.000,00;

e) R$ 200.000,00.

337) Casa das Baterias Ltda., cujo balanço é levantado a **31 de agosto** de cada ano, apresentou no Balancete de Verificação de 31/08/82 (elaborado com a finalidade de permitir a realização de ajustes ao resultado do exercício), na conta "ALUGUÉIS A VENCER", um saldo devedor de R$ 36.000,00, relativo **ao contrato de aluguel**, no montante de R$ 135.000,00, **do depósito geral**, abrangendo o período de 01/10/80 a 31/03/83.

A fim de atender ao regime de competência dos exercícios, o contador da empresa fez uma partida de diário, debitando a conta ALUGUÉIS e creditando a conta "ALUGUÉIS a VENCER", no valor de:

a) R$ 27.600,00

b) R$ 1.200,00

c) R$ 4.500,00

d) R$ 31.500,00

e) R$ 13.500,00

338) Considere o lançamento abaixo:

Lucros ou Prejuízos Acumulados

a Resultado do Exercício

Esse lançamento se destina ao seguinte registro:

a) encerramento das contas de despesas na apuração do resultado do exercício;

b) encerramento das contas de receitas na apuração do resultado do exercício;

c) transferência para lucros ou prejuízos acumulados do lucro apurado do exercício;

d) transferência para lucros ou prejuízos acumulados do prejuízo apurado no exercício;

e) correção monetária dos lucros ou prejuízos acumulados dentro da sistemática da correção monetária do balanço.

339) A firma ABC foi registrada e obteve R$ 500,00 dos sócios, na forma de capital; R$ 300,00 de terceiros, na forma de empréstimos e R$ 150,00 de terceiros, na forma de rendimentos. Aplicou esses recursos, sendo: R$ 450,00 em bens para revender; R$ 180,00 em caderneta de poupança; R$ 240,00 em empréstimos concedidos; e o restante em despesas.

Com essa gestão, pode-se afirmar que a empresa ainda tem um patrimônio bruto e um patrimônio líquido, respectivamente, de:

a) R$ 870,00 e R$ 570,00

b) R$ 690,00 e R$ 570,00

c) R$ 630,00 e R$ 330,00

d) R$ 950,00 e R$ 500,00

e) R$ 950,00 e R$ 650,00

340) Dados extraídos de um balanço patrimonial:

Ativo Total 10.000,00

Ativo Permanente 5.000,00

Ativo Realizável a Longo Prazo 2.000,00

Ativo Circulante (valor parcial, faltando ser computado o saldo de uma conta) 3.500,00

A conta cujo saldo não fora computado no Ativo Circulante poderá ser:

a) Bancos - Conta Movimento

b) Duplicatas a Receber

c) Mercadorias em Estoque

d) Despesas Pagas Antecipadamente

e) Duplicatas Descontadas

341) (ESAF/AFTN-1989) A empresa Comercial Santa Rita Ltda., registrou nos livros fiscais e comerciais a aquisição, em 28/09/88, de 500 (quinhentas) radiolas, ao preço unitário de R$ 10.000,00. O ICMS destacado na nota fiscal, R$ 600.000,00, foi calculado à alíquota de 12% (doze por cento).

No livro DIÁRIO foram **debitadas** as contas "COMPRAS" (R$ 4.400.000,00) e "ICMS A RECUPERAR" (R$ 600.000,00) e creditada a conta "FORNECEDORES" (R$ 5.000.000,00).

Toda a mercadoria adquirida foi inventariada em 31/12/88, o que acarretou o lançamento contábil (DIÁRIO) a **débito** da conta "ESTOQUES DE MERCADORIAS" e a crédito da conta "COMPRAS".

No dia 03/01/89 mais um lançamento foi feito do DIÁRIO a **débito** da conta "FORNECEDORES" (R$ 5.000.000,00) e a **crédito** das contas "ESTOQUES DE MERCADORIAS" (R$ 4.400.000,00) e "RECEITA NÃO-OPERACIONAIS" (R$ 600.000,00

O Fisco Estadual constatou, posteriormente, que a nota fiscal era "fria" e o fornecedor **fantasma**, ou seja, a operação tinha sido forjada. Em decorrência, autuou a empresa pelo crédito indevido do ICMS e enquadrou seus dirigentes como incursos em crime de sonegação fiscal.

Em função dos registros contábeis efetuados, o lucro líquido apurado e declarado pela Comercial Santa Rita Ltda., em 31/12/88, no montante de R$ 10.000.000,00

    a) não foi afetado
    b) foi reduzido em R$ 600.000,00
    c) foi aumentado em R$ 600.000,00
    d) foi reduzido em R$ 5.000.000,00

e) foi reduzido em R$ 4.400.000,00

342) (ESAF/TFC-SFC/97) Aponte o lançamento contábil que enseje variação do patrimônio líquido.

a) Reserva de Lucros a Realizar
a Lucros Acumulados

b) Reserva Legal
a Capital

c) Prejuízos Acumulados
a Resultado do Exercício

d) Lucros Acumulados
a Reserva para Contingências

e) Capital
a Prejuízos Acumulados

343) (ESAF/MPOG/2001) De acordo com a legislação brasileira,

a) os bens arrendados utilizados pela arrendatária integram seu Ativo.

b) o fundo de comércio que a empresa vai acumulando ao longo de sua existência não é registrado em seu Ativo.

c) as partes beneficiárias atribuídas gratuitamente pela companhia classificam-se no seu Patrimônio Líquido.

d) os tributos devidos cujo valor esteja sendo questionado pela empresa não podem figurar em seu Passivo.

e) as ações da própria companhia, adquiridas e mantidas em tesouraria, devem ser classificadas no seu Ativo.

344) (TÉC-CONTAB/CONTROLADORIA-99) Quando há o aumento do capital com utilização de Lucros Acumulados e Reservas, observa-se que

(A) haverá aumento no capital próprio

(B) não há variação no capital próprio

(C) haverá a diminuição no capital próprio

(D) haverá aumento no passivo e diminuição no patrimônio líquido

(E) haverá a diminuição no passivo e aumento no patrimônio líquido

345) (ESAF/TFC-1996) Pedro e Paulo constituíram uma empresa para explorar o comércio de gêneros alimentícios. Subscreveram capital de 100.000,00, integralizado em 20%. Para a integralização, os sócios fizeram empréstimo bancário, individualmente. A empresa adquiriu bens de uso, no valor de 30.000,00, utilizando para pagamento os recursos oriundos da integralização do capital e títulos de crédito emitidos em favor dos vendedores. Adquiriu, ainda, a prazo, mercadorias para revenda, no valor de 20.000,00. Assim sendo, o capital próprio da nova sociedade é de

a) zero

b) 20.000.00

c) 30 000.00

d) 50.000,00

e) 100.000,00

346) (Unb-CESPE/STF-analista/99) A escrituração da companhia será mantida em registros permanentes, devendo observar métodos ou Critérios contábeis uniformes no tempo. Tendo havido modificação de métodos ou critérios contábeis, de efeitos relevantes no resultado do período, a companhia tem o dever de

a) alterar a sua escrita, revertendo os registros, pois não pode haver mudança de método ou critério contábil.

b) excluir os seus efeitos da base de cálculo dos dividendos a serem distribuídos.

c) oferecer a diferença à tributação, caso tenha ocorrido acréscimo de resultado.

d) retificar o valor do patrimônio líquido no balanço patrimonial, passando a demonstrar a situação sem esses efeitos e com eles em todos os exercícios sociais subsequentes.

e) indicá-la em nota explicativa e ressaltar esses efeitos.

347) (ESAF/TFC-1996) A conta Marcas e Patentes é representativa de

a) bem do ativo permanente - imobilizado, sujeita a depreciação

b) bem do ativo permanente - investimentos, sujeito a depreciação

c) direito do ativo permanente - imobilizado, sujeito o amortização

d) direito do ativo permanente - investimentos, sujeito a amortização

e) bem ou direito do ativo diferido, sujeito a exaustão

348) (TÉC-CONTAB/CONTROLADORIA-99) Ao liquidar uma dívida da empresa

(A) o seu débito diminuirá

(B) a sua dívida aumentará

(C) o seu crédito aumentará

(D) o seu débito permanecerá inalterado

(E) o seu crédito diminuirá

349) (ESAF/TTN-1994/matutino) Fatos Contábeis:

- Pagamento em dinheiro de duplicata de fornecedor:

- Compra de imóvel à vista:

- Depósito de cheque recebido de cliente, em banco:

- Aumento do Capital Social com incorporação de Reservas;

- Juros creditados pelo banco, na conta de movimento, referentes a Duplicatas a Receber, cobrança simples, liquidadas com atraso;

- Desconto obtido pelo pagamento antecipado de duplicata a fornecedor;

- Pagamento de juros de mora por atraso na liquidação de empréstimo bancário:

- Pagamento de ordenados:

- Venda à vista de ações em tesouraria:

- Adiantamentos de acionistas para futuro aumento de capital.

Obs.: Todos os recebimentos, em dinheiro ou cheque, são contabilizados na conta CAIXA.

Os lançamentos contábeis dos fatos acima relacionados que não alteram o total do ATIVO (soma do Circulante, Realizável a Longo Prazo e Permanente - parte positiva do patrimônio) são em número de

a) seis

b) sete

c) três

d) quatro

e) cinco

350) (ESAF/TTN-1994/vespertino) - Uma empresa transferiu seus Ativos e Passivos por R$ 165.000,00, importância recebida em dinheiro. Sabendo-se que o seu Patrimônio Líquido era de R$ 145.000,00, pode-se afirmar que a operação gerou

a) resultado nulo ------ nem lucro, nem prejuízo ------

b) prejuízo de R$ 310.000,00

c) prejuízo de R$ 20.000,00

d) lucro de R$ 310.000,00

e) lucro de R$ 20.000,00

351) (TÉC-CONTAB/CONTROLADORIA-99) Como exemplos de Técnicas Contábeis, temos:

(A) controle e auditoria
(B) planejamento e escrituração
(C) demonstrações contábeis e controle
(D) planejamento e controle
(E) auditoria e análise de balanços

GABARITO DOS EXERCÍCIOS DESTE CAPÍTULO

265- A 266- E 267- C 268- B 269- B 270- E 271- A 272- E 273- B 274- A
275- D 276- C 277- A 278- B 279- C 280- A 281- E 282- D 283- E 284- D
285- A 286- C 287- B 288- B 289- D 290- B 291- C 292- B 293- E 294- A
295- C 296- C 297- A 298- C 299- A 300- D 301- C 302- A 303- D 304- E
305- D 306- D 307- B 308- E 309- B 310- A 311- B 312- D 313- E 314- D
315- A 316- B 317- A 318- B 319- D 320- C 321- A 322- B 323- D 324- D
325- A 326- E 327- C 328- A 329- C 330- B 331- B 332- D 333- A 334- E
335- C 336- B 337- C 338- D 339- A 340- E 341- A 342- C 343- B 344- B
345- B 346- E 347- C 348- A 349- C 350- E 351- E

10 - OPERAÇÕES COM MERCADORIAS

352) (FISCAL ICMS/MS-2000) Indique, dentre as alternativas abaixo, aquela que melhor caracteriza o Sistema de Inventário Permanente:

A) Sempre que houver o controle do Estoque de Mercadorias de forma contínua, dando-se baixa acumulada e anual pelo total das Vendas, utilizando como base o preço de mercado dessas mercadorias vendidas.

B) Sempre que não houver o controle do Estoque de Mercadorias de forma não contínua, dando-se baixa acumulada e anual pelo total das Vendas, utilizando como base o preço de mercado dessas mercadorias vendidas.

C) Sempre que houver o controle do Estoque de Mercadorias de forma contínua, dando-se baixa, em cada venda, pelo custo dessas mercadoria vendidas.

D) Sempre que houver o controle do Estoque de Mercadorias de forma não contínua, paralela e concomitante, dando-se baixa do total transacionado pelo custo dessas mercadorias vendidas.

353) (**FISCAL ICMS/MS-2000**) Quando as Vendas de uma empresa são realizadas sem um controle concomitante e paralelo do Estoque de Mercadorias, indique qual dos sistemas abaixo está sendo utilizado para calcular o Custo das Mercadorias Vendidas:

A) Sistema de Inventário Permanente.

B) Sistema de Inventário de Preço Justo.

C) Sistema de Inventário Periódico.

D) Sistema de Inventário de Fluxo Alternado.

354) (**AFTN-1994/setembro**) Na escrituração contábil de uma empresa varejista encontramos o seguinte lançamento de registro de compra de mercadorias:

Caixa 800.000,00

a Mercadorias 800.000,00

Sabendo-se que o registro se refere a uma nota fiscal com as seguintes características:

1) 40 u. do produto X a R$ 12,50 a u.	500.000,00
40 u. do produto Y a R$ 5,00 a u.	200.000,00
40 u. do produto Z a R$ 2,50 a u.	100.000,00
	800.000,00
2) IPI lançado	120.000,00
3) Total da nota fiscal	920.000,00

4) Mercadoria sujeita ao ICMS de 18%

5) A empresa não é equiparada para efeito de IPI

podemos afirmar que o lançamento

a) está correto, apesar de não registrar o destaque do ICMS

b) não está correto, porque não registrou o destaque do ICMS e o lançamento do IPI

c) não está correto

d) não está correto, porque não registrou o destaque do ICMS

e) está correto

355) (MEMÓRIA/1999-SP) No término do exercício social, uma empresa prestadora de serviços observou que havia alguns serviços prestados a clientes que não estavam ainda faturados. Em obediência ao princípio da Competência, registrou contabilmente o fato mediante o seguinte lançamento:

A) Clientes Diversos a Serviços a Faturar

B) Serviços a Faturar a Receita Antecipada de Serviços

C) Serviços a Faturar a Receita de Serviços

D) Clientes Diversos a Receita Antecipada de Serviços

E) n.d.a.

356) O saldo da conta Mercadorias, utilizada para registro dos estoques, das entradas e das saídas de mercadorias, apresentava-se credor, no valor de R$ 430,00.

Sabendo-se que o inventário indica a existência de estoques de R$ 270,00, pode-se afirmar que o Resultado com Mercadorias foi de:

a) R$ 160,00 de lucro

b) R$ 160,00 de prejuízo

c) R$ 270,00 de lucro

d) R$ 430,00 de prejuízo

e) R$ 700,00 de lucro

357) As operações com mercadorias realizadas durante o exercício estão resumidas no razonete abaixo:

MERCADORIAS
SI - 40.000
                     230.000 - V
C - 160.000

Convenções: SI = Saldo Inicial; C = Compras; V = Vendas

Sabendo-se que o estoque final é de R$ 30.000,00, CONCLUI-SE que o Resultado com Mercadorias (RCM) do exercício foi de:

a) Zero

b) R$ 30.000,00, positivo

c) R$ 30.000,00. Negativo

d) R$ 60.000,00, positivo

e) R$ 60.000,00, negativo

358) Na empresa "Casa das Tintas Ltda.", a conta mista MERCADORIAS apresentou, no balancete levantado em 31/12/82 para fins de apuração do resultado do exercício, um saldo devedor de R$ 820.000,00, no qual estavam computadas vendas no valor de R$ 2.900.000,00. O resultado bruto com mercadorias (RCM), sabendo-se que a avaliação do estoque final de mercadorias para revenda importou em R$ 280.000,00, foi um:

a) lucro de R$ 540.000,00

b) prejuízo de R$ 540.000,00

c) lucro de R$ 2.360.000,00

d) lucro de R$ 1.800.000,00

e) prejuízo de R$ 1.100.000,00

359) "Mercadorias", usada como conta mista por uma empresa, apresentou no balancete de verificação de final de exercício saldo credor de R$ 10.000,00. O inventário físico apontou estoque de R$ 2.000,00. Sabendo-se que a margem de lucro bruto (fixa) é de 30% sobre o valor das vendas, conclui-se que o valor das vendas no período foi de R$:

a) 10.000,00

b) 12.000,00

c) 24.000,00

d) 30.000,00

e) 40.000,00

360) (ESAF/TFC-1996) Uma empresa usa uma única conta para registrar estoques, entradas e saídas de mercadorias. No final do exercício de 1995, essa conta apresentava saldo devedor de 80.000,00. O resultado bruto com mercadorias no exercício foi de 140.000,00 (positivo). O estoque final de mercadorias em 31.12.95 era, portanto, de

a) 60.000,00

b) 80.000,00

c) 120.000,00

d) 140.000,00

e) 220.000,00

361) No sistema de inventário permanente, a conta de Mercadorias, cujo saldo representa o estoque atualizado das mercadorias existentes, é assim movimentada:

a) é debitada pelo valor das compras e creditada pelo valor das vendas

b) é debitada pelo valor do estoque inicial e das compras e creditada pelo valor de custo das mercadorias vendidas

c) é debitada pelo valor do estoque inicial e creditada pelo valor do estoque final de mercadorias e pelas vendas

d) é debitada pelo valor do estoque inicial e das compras e creditada pelo valor das vendas

e) é debitada pelo valor das compras e creditada pelo valor do estoque inicial de mercadorias

362) (PF/PERITO/1993) A Empresa Comercial Alfa Ltda. Adota o critério de inventário permanente. Num determinado dia ela comprou mercadoria à vista no valor de CR$ 200.000,00. A alíquota do ICMS era de 17%. Os lançamentos referentes a esta transação são:

A) Compras

a Caixa 200.000,00

ICMS a Recuperar

a ICMS 34.000,00

B) Diversos

a Caixa

Mercadorias (Estoques) 166.000,00

ICMS a Recuperar 34.000,00 200.000,00

C) Mercadorias (Estoques)

a Caixa 200.000,00

ICMS a Recuperar

a ICMS a Recolher 34.000,00

D) Mercadorias (Estoques)

a Diversos

a Caixa 166.000,00

a ICMS a Recolher 34.000,00 200.000,00

363) Selbach (RS), 07 de julho de 2001.

DIVERSOS

a FORNECEDORES

MERCADORIAS* 147.000,00

CONTA-CORRENTE DE ICMS 28.000,00 175.000,00

* Não se trata de conta mista, sendo as vendas registradas em conta própria

Analise o lançamento acima e assinale a opção que descreve o fato contábil correspondente, bem como o sistema de controle de inventário utilizado, corretamente.

a) Compra a prazo de mercadorias para revenda, por empresa que utiliza o sistema de inventário permanente, com incidência de 16% de ICMS na operação

b) Compra a prazo de mercadorias para revenda, por empresa que utiliza o sistema de inventário periódico, com incidência de 16% de ICMS na operação

c) Compra a prazo de mercadorias para revenda, por empresa que utiliza o sistema de inventário periódico, com incidência de 19,05% de ICMS na operação

d) Devolução de mercadorias adquiridas a prazo, por empresa que avalia o estoque pelo método PEPS, com incidência de 16% de ICMS na operação

e) Devolução de mercadorias adquiridas a prazo, por empresa que utiliza o método UEPS de avaliação de estoques, com incidência de 19,05% de ICMS na operação

364) (ANALISTACOMEX/ESAF/98) A Minha Empresa mantém em estoque 800 unidades de mercadorias avaliadas em R$ 10.000,00, sendo R$ 4.000,00 relativos à mercadoria tipo "A", que tem custo unitário de R$ 10,00 e R$ 6.000,00 correspondentes à mercadoria tipo "B", cujo custo unitário é de R$ 15,00. No último dia do exercício social o custo de mercado dessas mercadorias estava cotado a R$ 12,00, tanto para o tipo "A" como para o tipo "B".O Contador, cumprindo as determinações da Lei 6.404/76 e em obediência ao Princípio Contábil da Prudência, deve apresentar no balanço patrimonial

a) Mercadorias (-) Provisão para Ajuste de Estoque R$ 10.000,00(R$ 400,00)

b) Mercadorias(-) Provisão para Ajuste de Estoque R$ 10.000,00(R$ 1.200,00)

c) Mercadorias (-) Provisão para Ajuste de Estoque R$ 10.000,00(R$ 2.400,00)

d) Mercadorias R$ 9.600,00

e) Mercadorias R$ 8.800,00

365) (**ESAF/TTN-97**) Um comerciante adquiriu um lote de mercadorias por R$ 1.000,00, incidindo sobre a compra ICMS de 17%. Revendeu-o, em seguida, por R$ 1.200,00, estando também a venda sujeita a ICMS de 17%. Considerando, respectivamente, os sistemas de inventário periódico, de inventário permanente e de conta mista de Mercadorias, indique o valor pelo qual a conta Mercadorias foi creditada para registrar a operação de venda.

    a) R$ 1.200,00 - R$ 1.200,00 - R$ 1.200,00

    b) R$ 996,00 - R$ 996,00 - R$ 996,00

    c) R$ 996,00 - R$ 830,00 - R$ 996,00

    d) R$ Zero - R$ 830,00 - R$ 1.200,00

    e) R$ Zero - R$ Zero - R$ 1.200,00

366) (**ANALISTACOMEX/ESAF/98**) O Mercadinho Comercial Ltda. efetuou uma venda a prazo de mercadorias tributadas, fazendo o competente registro, inclusive do ICMS, mas, no mesmo exercício, recebeu parte dessa mercadoria em devolução. Sabendo-se que a empresa adota o sistema de inventário periódico mas não usa a conta Mercadorias como "conta mista", o Contador fez corretamente o registro da devolução como indicado abaixo:

a) Devolução de Vendas

a Clientes

b) Diversos

a Clientes

Devolução de Vendas

Contas Correntes - ICMS

c) Devolução de Vendas

a Clientes e

ICMS s/ Vendas

a Contas Correntes - ICMS

d) Clientes

a Diversos

a Devolução de Vendas

a Contas Correntes - ICMS

e) Devolução de Vendas

a Clientes e

Contas Correntes - ICMS

a ICMS s/ Vendas

367) (ESAF/TCU-1999) Utilizando corretamente os critérios técnicos e legais de avaliação patrimonial, a empresa que não mantiver sistema de custo integrado e coordenado com o restante da escrituração, o chamado "controle permanente", deverá avaliar o custo de seus estoques de bens de vendas utilizando uma das opções abaixo. Assinale-a.

    a) Ao custo das primeiras entradas.
    b) Ao custo das últimas entradas.
    c) Ao preço de custo médio ponderado.
    d) Ao preço de custo médio ponderado ou a PEPS, opcionalmente.
    e) Ao preço de custo médio ponderado, ou a PEPS, ou a UEPS, opcionalmente.

368) (CESPE/AGENTE/PF/2000) Julgue os itens a seguir, relativos à compra de material de estoque para revenda por uma empresa que atue no ramo de comércio varejista.

1. A compra de diversos itens por um preço total de R$ 5.000,00, após um desconto de R$ 500,00 para pagamento à vista, altera o lucro da empresa, mesmo antes da revenda desses itens.

2. A compra de material de estoque por R$ 1.000,00, para pagamento a prazo, acarreta um débito em conta de estoques e um crédito em conta de passivo de fornecedores.

3. A compra de diversos itens de estoque, pelo preço total de R$ 10.000,00, com pagamento de R$ 1.000,00 no ato e R$ 9.000,00 a prazo, implica o registro de R$ 1.000,00 em conta redutora do lucro operacional, além dos demais registros.

4. A compra de itens no valor de R$ 20.000,00, com um custo adicional de frete de R$ 400,00, implica um registro de R$ 20.400,00 a débito de conta de estoques.

5. A compra de calçados para revenda, com emissão de nota fiscal pelo fornecedor no valor total de R$ 30.000,00, estando nele incluso um ICMS de R$ 3.000,00, acarreta um registro pelo comprador a crédito de estoques no valor de R$ 27.000,00.

369) (ESAF/AFTN-1989) A empresa Alfa Ltda., realizou as seguintes operações:

1) recebimento de aluguel do mês. Valor: R$ 4.000,00

2) compra de mercadorias a prazo, com entrada. Preço da compra: R$ 5.000,00; valor da entrada: 20% do preço

3) venda à vista de mercadorias. Preço de venda: R$ 4.000,00; valor do lucro: 30% do preço

4) compra a prazo de mercadorias. Preço da compra: R$ 5.000,00

5) venda de mercadorias a prazo com entrada. Preço da venda: R$ 3.000,00; valor da entrada: 20% do preço; valor do prejuízo: 10% do preço; e

6) pagamento de duplicatas com juros. Valor da dívida: R$ 4.000,00; valor dos juros: 10% da dívida.

Considerando exclusivamente estas seis operações e que as compras e vendas são isentas de impostos, podemos afirmar que, no fim do período, o saldo da conta Caixa e o estoque de mercadorias tem, respectivamente, os seguintes valores:

a) R$ 3.600,00 e R$ 3.900,00

b) R$ 3.200,00 e R$ 3.000,00

c) R$ 3.600,00 e R$ 4.500,00

d) R$ 3.600,00 e R$ 3.000,00

e) R$ 3.200,00 e R$ 3.900,00

370) A avaliação do Ativo tem o seguinte tratamento:

a) os estoques são avaliados pelo preço de mercado, exceto os de mercadorias fungíveis destinadas à venda

b) os direitos e títulos de crédito, pelo valor de mercado ou de aquisição, se este for maior

c) os direitos referentes a mercadorias, pelo valor de mercado ou de aquisição, se este for menor

d) os direitos que tiverem por objeto as mercadorias e matérias-primas, pelo custo de aquisição, ajustado ao valor de mercado, quando este for inferior

e) as matérias-primas serão avaliadas pelo preço de mercado

371) (AFTN/ESAF/96) Em 31.12.X1 a Cia PRA apresentava os seguintes dados relativos aos estoques finais de matéria-prima:

Matéria-PRIMA	QUANTIDADE	CUSTO TOTAL (EM $)	VALOR DE MERCADO (EM $)
A	1.000	2.000,	1.800,00
B	1.500	6.000,	7.500,00
C	2.000	8.000,	7.000,00

Com base nestes dados, o valor total do estoque de matéria-prima que deve ser evidenciado no Balanço Patrimonial é:

a) $ 14.800,00

b) $ 16.000,00

c) $ 16.500,00

d) $ 15.000,00

e) $ 15.800,00

372) (FISCAL/ICMS/MS-2000) A exatidão nos inventários é muito importante, podendo-se mesmo concluir que dela depende diretamente a precisão do Balanço Patrimonial e da Demonstração de Resultado do Exercício. Assinale a alternativa correta mais apropriada que justifique essa afirmação:

A) Quando o Inventário Final estiver superestimado, o Lucro Líquido será subestimado.

B) Quando o Inventário Final estiver subestimado, o Lucro Líquido será superestimado.

C) Quando o Inventário Inicial estiver subestimado, o Lucro Líquido será superestimado.

D) Quando o Inventário Inicial estiver subestimado, o Lucro Líquido será subestimado.

373) (ESAF/TTN-97) Na data de encerramento do exercício social, o estoque de mercadorias para revenda de uma empresa era de R$ 5.000,00, registrado pelo valor de aquisição. O seu valor de mercado era, entretanto, de R$ 4.500,00. No balanço patrimonial essas mercadorias devem ser registradas pelo valor de

a) R$ 5.000,00

b) R$ 4.750,00

c) R$ 4.500,00

d) R$ 4.500,00 ou R$ 5.000,00, facultativamente

e) R$ 5.000,00, deduzido de provisão de R$ 500,00

374) A Cia. Comercial, que é contribuinte do ICMS, mas não é do IPI, comprou a vista, para revender, 200 liqüidificadores ao preço unitário de R$ 300,00, com incidência de IPI à alíquota de 20% de ICMS à alíquota de 17%. Para registrar a operação, o Contador deverá fazer o seguinte lançamento:

a) Diversos

a Caixa

Mercadorias R$ 49.800,00

C/C de ICMS R$ 10.200,00 R$ 60.000,00

b) Diversos

a Caixa

Mercadorias R$ 37.800,00

C/C de IPI R$ 12.000,00

C/C de ICMS R$ 10.200,00 R$ 60.000,00

c) Diversos

a Caixa

Mercadorias R$ 60.000,00

C/C de IPI R$ 12.000,00 R$ 72.000,00

d) Diversos

a Caixa

Mercadorias R$ 72.000,00

C/C de ICMS R$ 10.200,00 R$ 82.200,00

e) Diversos

a Caixa

Mercadorias R$ 61.800,00

C/C de ICMS R$ 10.200,00 R$ 72.000,00

375) Uma empresa adquiriu um lote de mercadorias para revenda, a prazo, sendo extraída em seu nome nota fiscal com os seguintes dados:

100 unidades do produto A .

R$ 1.000,00................................. R$ 100.000,00

IPI 10%.. R$ 10.000,00

Total da Nota Fiscal...................... R$ 110.000,00

ICMS - 17% - R$ 17.000,00

Sabendo-se que a empresa compradora é contribuinte do ICMS, mas não é do IPI, sabe-se, também que deve registrar a compra através do seguinte lançamento:

a) Compras

a Fornecedores R$ 110.000,00

b) Diversos

a Fornecedores

Compras. R$ 83.000,00

Contas Correntes – ICMS R$ 17.000,00

Contas Correntes - IPI. R$ 10.000,00 R$ 110.000,00

c) Diversos

a Fornecedores

Compras.... R$ 100.000,00

Contas Correntes - IPI ... R$ 10.000,00 R$ 110.000,00

d) Diversos

a Fornecedores

Compras....... R$ 83.000,00

Contas Correntes - ICMS R$ 17.000,00 R$ 100.000,00

e) Diversos

a Fornecedores

Compras. R$ 93.000,00

C/C - ICMS R$ 17.000,00 R$ 110.000,00

376) A Cia. P, que se dedica exclusivamente à revenda (varejo) de mercadorias de fabricação nacional e adota o sistema de inventário permanente, adquiriu da Cia. Industrial Q um lote de mercadorias, assim especificadas na Nota Fiscal-Fatura nº 0001:

100 bolsas de couro, para senhoras, a R$ 40.000 cada uma 4.000.000

Despesas com transporte da mercadoria até o destino 20.000

Total 4.020.000

IPI - 10% 402.000

Total da Nota 4.422.000

ICMS - 15% (já incluído no preço) 603.000

O registro contábil dessa aquisição de mercadorias foi corretamente feito pela Cia. Comercial P, assim:

	R$	R$
a) Estoque de Mercadorias		
		4.422.000
a Fornecedores		
b) Estoque de Mercadorias	3.397.000	
		4.422.000
Contas Correntes - ICMS	603.000	

Contas Correntes - IPI   402.000

Despesas de Frete   20.000

a Fornecedores

c) Compras de Mercadorias
                                               3.819.000
Contas Correntes - ICMS   4.422.000
                                               603.000
a Fornecedores

d) Estoque de Mercadorias
                                               3.417.000
Contas Correntes - ICMS
                                             603.000   4.422.000
Contas Correntes - IPI
                                             402.000
a Fornecedores

e) Estoque de Mercadorias
                                             3.819.000
Contas Correntes - ICMS   4.422.000
                                             603.000
a Fornecedores

377) Um lançamento feito corretamente a débito da conta ICMS A RECUPERAR pode registrar apropriação de ICMS incidente sobre mercadorias

a) vendidas a revendedor

b) recebidas em consignação

c) adquiridas para revenda

d) adquiridas para consumo

e) vendidas diretamente ao consumidor

378) A Companhia Alpha adquiriu matérias-primas para serem utilizadas na industrialização de seus produtos, cuja nota fiscal continha os seguintes dados:

Valor das matérias-primas R$ 1.000

IPI R$ 200

Valor total da nota fiscal R$ 1.200

ICMS destacado na nota fiscal R$ 170

Sabendo-se que o IPI e o ICMS são impostos recuperáveis para a empresa, assinale a alternativa que contém o valor que poderá ser computado no custo das referidas matérias-primas:

a) R$ 630

b) R$ 830

c) R$ 1.030

d) R$ 1.170

e) R$ 1.200

379) A "Casa dos Televisores Ltda.", que utiliza contas patrimoniais distintas para contabilizar o ICMS das compras e o ICMS das vendas, devolveu mercadorias adquiridas a prazo, para revenda, em razão de estarem fora das especificações do "Pedido de Compra".

O valor do ICMS incidente sobre a devolução foi, por ocasião do registro contábil do fato, creditado à conta:

a) "ICMS a recuperar"

b) "ICMS sobre vendas"

c) "ICMS a creditar"

d) "Clientes"

e) "Resultado do Exercício"

380) (ESAF/AFTN-1989) A Cia. Comercial, que é contribuinte do ICMS, mas não é do IPI, comprou à vista, para revender, 200 liqüidificadores ao preço unitário de R$ 300,00, com incidência de IPI à alíquota de 20% e de ICMS à alíquota de 17%. Para registrar a operação, o Contador deverá fazer o seguinte lançamento:

a) Diversos

    a Caixa   R$ 49.800,00
                                     R$ 60.000,00
    Mercadorias R$ <u>10.200,00</u>

    C/C de ICMS

b) Diversos

    a Caixa   R$ 37.800,00

    Mercadorias R$ 12.000,00 R$ 60.000,00

    C/C de IPI   R$ <u>10.200,00</u>

    C/C de ICMS

c) Diversos

    a Caixa   R$ 60.000,00
                                     R$ 72.000,00
    Mercadorias R$ <u>12.000,00</u>

    C/C de IPI

d) Diversos

    a Caixa   R$ 72.000,00
                                     R$ 82.200,00
    Mercadorias R$ <u>10.200,00</u>

    C/C de ICMS

e) Diversos

    a Caixa   R$ 61.800,00
                                     R$ 72.000,00
    Mercadorias R$ <u>10.200,00</u>

    C/C de ICMS

381) (Unb-CESPE/STF-analista/99) A compra de calçados para revenda por uma empresa atacadista. Por R$ 20.000,00 (valor final da nota fiscal), com crédito de ICMS de R$ 2.400,00, deve dar entrada no seu estoque por meio de um

a) débito de R$ 17.600,00.

b) débito de R$ 20.000,00.

c) débito de R$ 22.400,00.

d) crédito de R$ 17.600.00.

e) crédito de R$ 22.40000.

382) (ANALISTACOMEX/ESAF/98) A Industrial & Cia. emitiu a seguinte nota fiscal de venda a prazo de um lote de produtos:

	R$
200 marretas de bater pneus, tamanho médio, a R$ 8,00, cada uma	1.600,00
Despesa com o transporte e seguro do produto até a loja do comprador	R$ 50,00
IPI (Imposto s/Produtos Industrializados)	R$ 165,00
Total da nota fiscal	R$ 1.815,00
ICMS (Já incluído no preço)	R$ 245,00

O comprador dessa mercadoria, a empresa Comercial Ltda., adota o sistema de inventário permanente e mandou fazer a contabilização dessa partida de compra através do seguinte lançamento contábil, que está correto:

a) Estoque de Mercadorias
                              1.815,00
   a Fornecedores

b) Diversos
   a Fornecedores
   Estoque de Mercadorias 1.355,00
   Contas Correntes - ICMS 245,00
   Contas Correntes - IPI   165,00

        Despesa de Frete   50,00   1.815,00
c) Diversos
    a Fornecedores
    Estoque de Mercadorias 1.570,00
    Contas Correntes - ICMS 245,00   1.815,00
d) Diversos
    a Fornecedores
    Estoque de Mercadorias 1.405,00
    Contas Correntes - ICMS 245,00
    Contas Correntes - IPI   165,00   1.815,00
e) Diversos
    a Fornecedores
    Compra de Mercadorias 1.570,00
    Contas Correntes - ICMS 245,00   1.815,00

383) (ESAF/TCU-1999) Através da nota fiscal n.º 1.315, a firma Comercial Ltda. adquiriu quatro máquinas de calcular ao preço unitário de R$ 120,00, com incidência de IPI a 10% e ICMS a 12%. Pagou o total da nota com o cheque BB 125.874. A finalidade da compra foi uma máquina para uso da própria firma e três máquinas para revender. Na Contabilidade foi providenciado o lançamento contábil correto que está apresentado a seguir sem o respectivo histórico. Assinale-o.

    Diversos
    a Bancos c/Movimento
    Móveis e Utensílios 120,00
    Mercadorias 360,00 480,00
                    Diversos
                    a Bancos c/Movimento
b)   Móveis e Utensílios 120,00
                    Mercadorias 316,80
                    ICMS a Recuperar 43,20 480,00

c)	Diversos
	a Bancos c/Movimento
	Móveis e Utensílios 132,00
	Mercadorias 396,00 528,00
d)	Diversos
	a Bancos c/Movimento
	Móveis e Utensílios 117,60
	Mercadorias 352,80
	ICMS a Recuperar 57,60 528,00
e)	Diversos
	a Bancos c/Movimento
	Móveis e Utensílios 132,00
	Mercadorias 352,80
	ICMS a Recuperar 43,20 528,00

384) (ESAF/TCU-1999) A empresa comercial "Compras, Trocas & Vendas" resolveu encerrar definitivamente o seu estoque de chapéus de couro, que já não tinha fornecedor garantido, dispondo-se a vendê-lo sem nenhum lucro, ressarcindo-se, via preço, apenas do custo e do ICMS, que, certamente, teria de recolher na venda, à alíquota de 17%. Não havia ICMS anterior a ser recuperado. O custo do estoque em questão era de R$ 4.150,00. A tributação da venda para o ICMS era de 17%. Para não ganhar nem perder, a firma "Compras, Trocas & Vendas" teria de vender seu estoque pelo valor total de

a) R$ 3.444,50
b) R$ 4.150,00
c) R$ 4.855,50
d) R$ 5.000,00
e) R$ 5.850,00

385) (ESAF/TFC/SFC-1997) A conta ICMS a Recuperar registra crédito de ICMS do contribuinte do imposto. Para registrar esse crédito, debita-se a conta, em contrapartida com

    a) Caixa, Bancos ou Duplicatas a Receber
    b) ICMS a Recolher, Fornecedores ou Caixa
    c) Impostos Incidentes sobre Vendas, Bancos ou Duplicatas a Pagar
    d) Caixa, Bancos ou Fornecedores
    e) Notas Fiscais a Faturar, Duplicatas a Pagar ou Fornecedores

386) (ESAF/SUSEP/2001) Em 25 de janeiro, a nossa empresa adquiriu a prazo, para revender, um lote de 500 itens industrializados, com tributação de ICMS a 12% e de IPI a 4%. O preço de venda praticado pela indústria vendedora e aceito por nós foi de R$ 30,00 a unidade. Na operação foram emitidas duplicatas, que aceitamos devidamente. A nossa Contabilidade é informatizada, utilizando um sistema que só admite lançamentos contábeis de primeira fórmula, de modo que, para contabilizar a operação acima citada, foram necessários os três lançamentos abaixo. Assinale a opção correta.

a) Mercadorias

a Duplicatas a Pagar

pelo preço de compra 15.000,00

ICMS a Recuperar

a Duplicatas a Pagar

pelo valor do ICMS s/ a compra 1.800,00

IPI a Recuperar

a Duplicatas a Pagar

pelo valor do IPI s/ a compra 600,00

b) Mercadorias

a Duplicatas a Pagar

pelo preço de compra 13.200,00

ICMS a Recuperar

a Mercadorias

pelo valor do ICMS s/ a compra 1.800,00

Mercadorias

a Duplicatas a Pagar

pelo valor do IPI s/ a compra 600,00

c) Mercadorias

a Duplicatas a Pagar

pelo preço de compra 13.200,00

Mercadorias

a ICMS a Recuperar

pelo valor do ICMS s/ a compra 1.800,00

Mercadorias

a IPI a Recolher

pelo valor do IPI s/ a compra 600,00

d) Mercadorias

a Duplicatas a Pagar

pelo preço de compra 15.000,00

ICMS a Recuperar

a Mercadorias

pelo valor do ICMS s/ a compra 1.800,00

Mercadorias

a Duplicatas a Pagar

pelo valor do IPI s/ a compra 600,00

e) Mercadorias

a Duplicatas a Pagar

pelo preço de compra 15.000,00

ICMS a Recuperar

a Mercadorias

pelo valor do ICMS s/ a compra 1.800,00

IPI a Recuperar

a Mercadorias

pelo valor do IPI s/ a compra 600,00

387) (FISCAL ICMS/MS-2000) Numa empresa comercial ou industrial, o ICMS (Imposto sobre Circulação de Mercadorias e Serviços) faz parte do custo do período?

A) Sim, quando for manufatura.

B) Não, pois é um imposto recuperável.

C) Somente quando se tratar de laticínios.

D) Somente para a indústria de autopeças.

388) (ESAF/TTN–1992/SP) O saldo da conta ICMS a recuperar representa

a) débito da empresa com o governo

b) crédito da empresa com clientes

c) crédito da empresa com fornecedores

d) crédito da empresa com o governo

e) débito da empresa com fornecedores

389) Na determinação da Receita Líquida de Vendas, os valores redutores da Receita Bruta de Vendas são:

a) ICMS, ISS, IPI, Vendas Canceladas do Exercício Anterior.

b) Vendas Canceladas, Descontos Incondicionais Concedidos e Abatimentos s/Vendas.

c) PIS-Receita Bruta, Cofins-Receita Bruta e ICMS s/ Vendas.

d) Comissões sobre Vendas e Fretes sobre Vendas.

e) As alternativas b e c estão correras.

390) Pelo livro de controle do ICMS, um comerciante apurou o valor de R$ 120,00 de ICMS devido pelas vendas efetuadas durante o exercício, e de R$ 90,00 de ICMS decorrente das compras efetuadas a seus fornecedores durante o mesmo exercício. Na Demonstração do Resultado do Exercício o contabilista fará constar:

a) R$ 120,00 como Dedução da Receita Bruta de Vendas

b) R$ 120,00 como Despesa Operacional

c) R$ 30,00 como Dedução da Receita Bruta de Vendas

d) R$ 30,00 como Despesa Operacional

e) R$ 90,00 como Custo das Mercadorias Vendidas e R$ 30,00 como Despesa Operacional

391) A empresa CLOK Ltda., com um Capital Social de R$ 120.000,00, um saldo de Caixa de R$ 100.000,00 e um Ativo Permanente de R$ 20.000,00, adquiriu mercadorias para revenda, de acordo com os seguintes dados obtidos da Nota Fiscal:

100 relógios a R$ 1.000,00 cada R$ 100.000,00

IPI (18%) R$ 18.000,00

Frete e embalagem R$ 2.000,00

TOTAL DA NOTA FISCAL R$ 120.000,00

ICMS incluso (15%) R$ 15.000,00

Esta compra foi paga 30% em dinheiro e o restante faturado para 90 dias da data.

Posteriormente, a empresa vendeu 80 relógios ao preço unitário de R$ 2.000,00, sendo 20% em dinheiro e o restante para pagamento no prazo de 75 dias; ICMS incidente sobre vendas foi de 15%. O saldo de ICMS a RECUPERAR foi transferido para ICMS a RECOLHER.

Com base nos dados acima, indique os saldos de CAIXA, DUPLICATAS A RECEBER e ESTOQUE DE MERCADORIA, respectivamente

a) R$ 96.000,00, R$ 128.000,00, R$ 21.000,00

b) R$ 64.000,00, R$ 128.000,00, R$ 105.000,00

c) R$ 96.000,00, R$ 160.000,00, R$ 24.000,00

d) R$ 64.000,00, R$ 128.000,00, R$ 21.000,00

e) R$ 48.000,00, R$ 128.000,00, R$ 20.000,00

392) (ESAF/AFTN-1994/setemb.) A empresa Delta devia à empresa Gama duplicatas no valor de R$ 100,00. Para liquidar a dívida devolveu a mercadoria comprada, acrescendo 6% de juros a serem pagos em 60 dias. O registro, de forma simplificada, na contabilidade de Gama é:

a) Diversos

   a Diversos   100,00

   Mercadorias   6,00

   Juros a Receber   100,00

   a Duplicatas a Receber 6,00

   a Juros Ativos

b) Mercadorias

a Diversos   100,00

a Duplicatas a Pagar   6,00 106,00

a Juros a Pagar

c) Diversos

a Mercadorias   100,00

Duplicatas a Pagar   6,00 106,00

Juros a Pagar

d) Diversos

a Mercadorias   100,00

Duplicatas a Receber   6,00 106,00

Juros a Receber

e) Mercadorias

a Diversos   100,00

a Duplicatas a Receber 6,00 106,00

a Juros a Receber

393) (ESAF/AFTN-1989) Ao contabilizar a devolução de 100 unidades de um lote de 1000 camisas adquiridas de um fornecedor local, para revenda, a Cia. Comercial Camiseiro do Norte fez, em 23/08/89, um crédito de R$ 300,00 na conta "ICMS a Recolher".

Tendo sido de 10% (dez por cento) a alíquota do ICMS incidente na aquisição, o valor do débito inicial feito na conta "COMPRAS", com utilização de partida de 3ª. (terceira) fórmula, montou em:

a) R$ 30.000,00
b) R$ 27.000,00

c) R$ 27.300,00

d) R$ 2.700,00

e) R$ 3.000,00

394) (FISCAL ICMS/MS-2000) O Bazar Centauro Ltda. compra diversas mercadorias e as remete periodicamente aos seus representantes. O Inventário de Mercadorias deve abranger, como regra geral, todas as mercadorias de propriedade do Bazar, quer estejam em seu poder ou sob custódia de terceiros, excluídas, porém, as mercadorias de propriedade de terceiros que se encontrem em poder da empresa. Assinale, a seguir, a alternativa que melhor se ajuste ao controle do Estoque de Mercadorias:

A) A inclusão de mercadorias no Inventário do Bazar Centauro Ltda. deve basear-se, como regra geral, no critério de Propriedade.

B) A inclusão de mercadorias no Inventário do Bazar Centauro Ltda. deve basear-se, como regra geral, no critério de Preço pelo Valor Bruto de Remessa.

C) A inclusão de mercadorias no Inventário do Bazar Centauro Ltda. deve basear-se, como regra geral, no critério de Posse.

D) A inclusão de mercadorias no Inventário do Bazar Centauro Ltda. deve basear-se, como regra geral, no critério de Preço pelo Valor Líquido de Retorno.

395) (FISCAL ICMS/MS-2000) Sempre que um fabricante ou comerciante remeter mercadorias diversas que lhe pertencem a um representante para que seja processada a sua venda, essa transação é designada, regra geral, como:

A) Representação, e o representante é denominado consignante.

B) Demonstração, e o proprietário é denominado consignatário.

C) Consignação, e o representante é denominado consignatário.

D) Comercialização, e o representante é denominado consignante.

396) (FISCAL/ICMS/SC-1998) A Cia. Ômega, empresa comercial típica, negocia uma única mercadoria. Além dos registros contábeis, controla a movimentação de tal mercadoria através de uma ficha de controle físico-financeiro (uma "ficha de estoques") e adota o método do custo médio ponderado variável. No início de um período, as 15 unidades existentes em estoque estão registradas por $ 144,00 (as 15 unidades). No início de tal período, a conta ICMS a Recuperar apresenta um saldo devedor de $ 12,00. Durante tal período, ocorrem as seguintes únicas operações com a mercadoria:

Compra 1:30 unidades são adquiridas e registradas por $ 306,00 na "ficha de estoques" (a alíquota do ICMS nesta operação foi de 15%);

Venda 1: 12 unidades são vendidas por $ 18,00 cada uma (a alíquota do ICMS nesta operação foi de 15%);

Compra 2: 15 unidades são adquiridas e registradas por $ 249,00 na "ficha de estoques" (a alíquota do ICMS nesta operação foi de 17%);

Devolução: 5 unidades da Compra 2 são devolvidas pela Cia. Ômega ao fornecedor.

O valor do ICMS destacado na Nota Fiscal emitida pela Cia. Ômega para devolver as 5 unidades é de

 A) $ 14,25
 B) $ 4,00
 C) $ 17,00
 D) $ 9,00
 E) $ 11,67

397) No sistema de inventário periódico para controle de mercadorias, uma dentre as contas abaixo, deve ser encerrada no processo de apuração contábil do Custo das Mercadorias Vendidas. A referida conta é:

a) ICMS sobre Vendas

b) Vendas Canceladas

c) Devoluções de Compras

d) Descontos Financeiros Obtidos

e) Descontos Financeiros Concedidos

398) Calcule o CUSTO DAS MERCADORIAS VENDIDAS de uma empresa comercial, com base nos seguintes dados:

- compras 4.360.000,00

- valor do inventário final de mercadorias 600.000,00

- devolução de compras 120.000,00

- fretes sobre compras 90.000,00

- estoque inicial de mercadorias para revenda 380.000,00

- abatimento sobre compras 290.000,00

a) R$ 4.260.000,00

b) R$ 4.110.000,00

c) R$ 3.820.000,00

d) R$ 3.730.000,00

e) R$ 4.420.000,00

399) (ESAF/TTN-98) Ao encerrar o exercício social, a Cia. Comércio & Comércio constatou as seguintes apurações:

1- Receitas Brutas de Vendas do período: R$ 12.000,00

2- Impostos faturados sobre vendas (ICMS): 17%

3- Resultado Operacional Bruto: 30% do total das vendas

4- Estoque inicial de mercadorias: R$ 1.160,00

5- Valor das compras de mercadorias efetuadas no exercício (líquido de impostos): R$ 8.000,00

Com essas informações podemos afirmar que o estoque de mercadorias, apurado em inventário, no final do exercício, corresponde, em relação às compras, a

a) 09,5%
b) 24,5%
c) 50,0%
d) 35,5%
e) 35,0%

400) (FISCAL ICMS/MS-2000) A Companhia Perfeita Ltda. efetuou uma venda de mercadoria que possuía em estoque, à vista, no montante de R$ 100,00, concedendo um desconto de 10% (dez por cento) na nota fiscal. A mercadoria vendida havia custado R$ 50,00 para a Companhia Perfeita. Assinale a alternativa que melhor reflete os lançamentos contábeis dessa operação (CMV = Custo das Mercadorias Vendidas):

A) Débitos = CMV R$50,00 / Caixa R$90,00 / Descontos Concedidos R$10,00

Créditos = Vendas R$100,00 / Estoque de Mercadorias R$50,00

B) Débitos = CMV R$50,00 / Caixa R$90,00

Créditos = Vendas R$100,00 / Estoque de Mercadorias R$50,00 / Descontos Concedidos R$10,00

C) Débitos = Estoque de Mercadorias R$50,00 / Vendas R$100,00

Créditos = CMV R$50,00 / Caixa R$90,00 / Descontos Concedidos R$10,00

D) Débitos = CMV R$50,00 / Caixa R$100,00

Créditos = Vendas R$100,00 / Estoque de Mercadorias R$50,00

401) (FISCAL ICMS/MS-2000) O cálculo do Custo das Mercadorias Vendidas (CMV) é obtido, regra geral, mediante o emprego de uma das alternativas abaixo relacionadas. Assinale aquela que melhor reflete a equação do Custo das Mercadorias Vendidas:

A) Estoque inicial mais compras, menos deduções de compras, mais deduções de venda, mais estoque final.

B) Estoque inicial mais compras, menos deduções de compras, mais estoque final.

C) Estoque inicial menos compras, menos deduções de compras, menos estoque final.

D) Estoque inicial mais compras, menos deduções de compras, menos estoque final.

402) (FISCAL/ICMS/SC-1998) Na Cia. Excelsior, uma empresa industrial, seus exercícios sociais se encerram a cada 31 de dezembro. Ela apura lucro/prejuízo uma só vez em cada exercício social. Sobre o exercício social de 1994, sabe-se que

estoque inicial de produtos em elaboração $ 610

mão-de-obra direta empregada na fabricação em 1994 $ 6.900

compras de matérias primas durante 1994 $ 8.900

estoque final de produtos prontos $ 1.500

devoluções de compras de matérias primas durante 1994 $ 40

estoque final de matérias primas $ 140

custos indiretos de fabricação de 1994 $ 2.100

estoque final de produtos em elaboração $ 400

estoque inicial de matérias primas $ 110

estoque inicial de produtos prontos $ 1.120

O "Custo dos Produtos Prontos" (= "Custo da Produção Acabada") de 1994 e o "Custo dos Produtos Vendidos" de 1994 foram de, respectivamente,

    A) $ 17.660 e $ 18.040.
    B) $ 17.620 e $ 18.000.
    C) $ 18.040 e $ 17.660.
    D) $ 17.620 e $ 17.240.
    E) $ 18.040 e $ 18.420.

403) (ESAF/TFC-SFC/97) A conta ICMS a Recuperar registra crédito de ICMS do contribuinte do imposto. Para registrar esse crédito, debita-se a conta, em contrapartida com

    a) Caixa, Bancos ou Duplicatas a Receber
    b) ICMS a Recolher, Fornecedores ou Caixa
    c) Impostos Incidentes sobre Vendas, Bancos ou Duplicatas a Pagar
    d) Caixa, Bancos ou Fornecedores
    e) Notas Fiscais a Faturar, Duplicatas a Pagar ou Fornecedores

404) (ESAF/TFC-SFC/97) Um comerciante, contribuinte do ICMS e não-contribuinte do IPI, adquiriu um lote de mercadorias ao custo de 10,00 por unidade (valor constante da nota fiscal). Sobre essa mercadoria incidiram IPI (10%) e ICMS (17%). A incidência do ICMS na venda é também de 17%. Para obter lucro líquido de 23% sobre o valor de venda, o comerciante deve revender essa mercadoria ao preço unitário de

    a) 12,00
    b) 12,50
    c) 13,20
    d) 13,75
    e) 15,50

Legendas:

IPI: Imposto sobre Produtos Industrializados

ICMS: Imposto sobre Circulação de Mercadorias e sobre Prestações de Serviços

405) Deduzindo da Receita Bruta das Vendas os impostos incidentes sobre as vendas, os abatimentos concedidos incondicionalmente e as vendas canceladas, obtém-se:

a) o lucro operacional bruto

b) o lucro bruto

c) o lucro operacional líquido

d) a receita líquida das vendas

e) o resultado líquido em vendas

406) O § 1º. do art. 187 da Lei nº 6.404/76 estabelece que:

"§ 1º. - Na determinação do resultado do exercício serão computados:

a) as receitas e os rendimentos ganhos no período, independentemente da sua realização em moeda; e

b) os custos, despesas, encargos e perdas, pagos ou incorridos, correspondentes a essas receitas e rendimentos."

Esse dispositivo legal consagra o princípio fundamental da Contabilidade, aprovado pelo Conselho Federal de Contabilidade, denominado

a) competência

b) periodicidade

c) oportunidade

d) continuidade

e) uniformidade

407) Com base nos dados a seguir, levantados da escrituração contábil de uma empresa, assinale a alternativa que contém o valor do Resultado com Mercadorias (lucro bruto).

Compras (sem ICMS)	9.388,00
Custo de Bens do Ativo Vendidos	380,00
Despesas Administrativas	3.144,00
Despesas com Vendas	786,00
Despesas Tributárias	68,00
Devolução de Compras (sem ICMS)	300,00
Devolução de Vendas	368,00

Estoque Final (inclusive fretes)	968,00
Estoque Inicial	774,00
Fretes sobre Compras	106,00
ICMS sobre Vendas	4.054,00
Receita Bruta de Vendas	26.200,00
Receita de Venda de Bens do Ativo	400,00

a) R$ 13.252,00

b) R$ 13.146,00

c) R$ 12.952,00

d) R$ 12.778,00

e) R$ 12.564,00

408) Assinale a opção em que todas as contas citadas devem ser deduzidas da Receita Bruta de Vendas, para fins de determinação da Receita Líquida.

a) "ABATIMENTO SOBRE VENDAS", "DESCONTOS COMERCIAIS" e "FRETES SOBRE VENDAS

b) "ICMS SOBRE VENDAS", "DEVOLUÇÕES DE COMPRAS" e "DESCONTOS FINANCEIROS"

c) "DESCONTOS INCONDICIONAIS SOBRE VENDAS", "PIS SOBRE FATURAMENTO" e "FINSOCIAL SOBRE A RECEITA BRUTA"

d) "DESCONTOS INCONDICIONAIS", "ICMS SOBRE VENDAS" e "FRETES SOBRE VENDAS"

e) "DEVOLUÇÕES DE VENDAS", "PIS SOBRE FATURAMENTO" e "ICMS A RECUPERAR"

409) (**ESAF/AFTN-1989**) A Cia. Comercial Sagitário adquiriu para revenda, em 08/11/88, em primeira negociação, 20 (vinte) máquinas de calcular ATLAS, sendo:

Preço Unitário: R$ 100,00

Condições de pagamento: 50% em 08/12/88 e o restante em 09/01/89.

Alíquota de ICMS: 10% (dez por cento)

No período entre a data de recebimento da referida mercadoria e 31/12/88 fez às seguintes operações:

I - vendeu 10 (dez) unidades ao preço unitário de R$ 120,00;

II - devolveu 2 (duas) unidades em 31/12/88, por defeito de fabricação, sendo a nota de débito correspondente acatada pelo FORNECEDOR em 20/12/88;

III - pagou no vencimento, sem qualquer abatimento, a primeira duplicata (50% do valor da compra);

IV - transferiu para uso próprio em 31/12/88, Departamento de Contabilidade, uma unidade.

Em decorrência, o valor do ESTOQUE FINAL dessa mercadoria, no Balanço patrimonial de 31/12/88, importou em:

    a) R$ 600,00
    b) R$ 720,00
    c) R$ 810,00
    d) R$ 700,00
    e) R$ 630,00

410) (ANALISTACOMEX/ESAF/98) Observe os seguintes itens de resultado da firma Específica S/A:

Receita Bruta de Vendas	R$ 2.500,00
Vendas canceladas no exercício anterior	R$ 50,00
PIS sobre o Faturamento	R$ 19,00
Descontos financeiros concedidos	R$ 50,00
Comissões sobre vendas	R$ 125,00
Cofins s/Vendas	R$ 12,50

IPI sobre o faturamento	R$ 250,00
Devolução de Vendas	R$ 250,00
Contas Correntes - ICMS	R$ 425,00
Custo das Mercadorias Vendidas	R$ 750,00
Fretes sobre Vendas	R$ 100,00
ICMS sobre Vendas	R$ 382,50

Com base na relação dada acima, assinale a opção que contém a Receita Líquida de Vendas.

a) R$ 1.536,00
b) R$ 1.641,00
c) R$ 1.786,00
d) R$ 1.836,00
e) R$ 1.986,00

411) (**ESAF/TFC-SFC/97**) Uma empresa efetuou a venda de um lote de mercadorias, a prazo, pelo valor de 10.000,00. Sobre a venda incidiu ICMS de 17%. A mercadoria foi devolvida pelo comprador, havendo, portanto, o cancelamento da venda.

O cancelamento foi registrado contabilmente pela empresa vendedora, que usou corretamente o seguinte lançamento:

Contas	Débito	Crédito
a) Vendas Canceladas	8.300	
Notas Fiscais a Faturar		8.300
b) Vendas Canceladas	10.000	
Notas Fiscais a Faturar		10.000
c) Vendas Canceladas	10.000	
ICMS a Recolher	1.700	
Notas Fiscais a Faturar		10.000
Impostos Incidentes s/ Vendas		1.700
d) Vendas Canceladas	8.300	
ICMS a Recolher	1.700	
Notas Fiscais a Faturar		10.000
e) Vendas Canceladas	8.300	

Impostos Incid. s/ Vendas 1.700

Notas Fiscais a Faturar 8.300

ICMS a Recolher 1.700

412) (PF/PERITO/1993) O balancete da empresa ABC S/A, no final do ano, época em que iria ser levantado o seu balanço, apresentou, dentre outras, as seguintes contas e respectivos saldos:

Compras 50.000,00

Vendas 80.000,00

Estoque inicial 5.000,00

Abatimentos s/ vendas 2.000,00

Abatimentos s/ compras 4.000,00

Devolução de compras 5.000,00

ICMS 9.500,00

IPI 4.200,00

Despesas c/ Juros 8.000,00

Despesas c/ Salários 9.500,00

Receitas de Descontos 1.200,00

Observação: o inventário de mercadorias, na mesma época, somou CR$ 12.700,00.

Analisando as contas acima, pode-se concluir que a Receita Líquida de Vendas e o Custo das Mercadorias Vendidas apresentaram, respectivamente, os seguintes valores:

(A) CR$ 66.300,00 e CR$ 42.300,00.

(B) CR$ 66.300,00 e CR$ 33.000,00.

(C) CR$ 64.300,00 e CR$ 42.300,00.

(D) CR$ 64.300,00 e CR$ 33.300,00.

413) (**FISCAL ICMS/MS-2000**) Assinale, dentre as alternativas abaixo, o registro contábil que melhor reflete a transação proposta:

A) No dia 1º de dezembro de 19X1 a Companhia ABC comprou mercadorias, à vista, no montante de R$650,00: Débito = Caixa R$650,00 / Crédito = Compras R$650,00.

B) No dia 2 de dezembro de 19X1 a Companhia ABC vendeu mercadorias, a prazo, no montante de R$800,00. Houve um desconto comercial nesta venda, proporcional à quantidade vendida. O valor normal da venda seria de R$860,00.(Desconsidere o lançamento referente ao desconto): Débito = Clientes R$800,00 / Crédito = Vendas R$800,00

C) No dia 5 de dezembro de 19X1 houve uma devolução parcial das vendas efetuadas no dia 2 de dezembro, no montante de R$120,00: Débito = Clientes R$120,00 / Crédito = Devolução de Vendas R$120,00.

D) No dia 6 de dezembro de 19X1 a Companhia ABC comprou mais mercadorias, a prazo, no montante de R$800,00: Débito = Fornecedores R$800,00 / Crédito = Compras R$800,00

414) (**FISCAL/ICMS/SC-1998**) A Cia. Xis, empresa comercial típica, negocia uma única mercadoria. Além dos registros contábeis, controla a movimentação de tal mercadoria através de uma ficha de controle físico-financeiro (uma "ficha de estoques") e adota o método PEPS ("primeiro a entrar, primeiro a sair"). No início de um período, as 10 unidades existentes em estoque estão registradas por $ 122,00 (as 10 unidades). No início de tal período, a conta ICMS a Recuperar apresenta um saldo devedor de $ 22,10. Durante tal período, ocorrem as seguintes únicas operações com a mercadoria:

Compra 1: 8 unidades são adquiridas por $ 13,00 cada uma (a alíquota do ICMS contido na Nota Fiscal é de 17%);

Venda 1: 11 unidades são vendidas por $ 21,00 cada uma (a alíquota do ICMS nesta operação foi de 17%);

Venda 2: 5 unidades são vendidas por $ 23,00 cada uma (a alíquota do ICMS nesta operação foi de 17%);

Devolução: 3 unidades contidas na Venda 2 são devolvidas pela empresa comercial que adquiriu da Cia. Xis.

O valor do ICMS que a Cia. Xis deverá registrar em decorrência de ter recebido as 3 unidades em devolução é de

    A) $ 10,71.
    B) $ 6,63.
    C) $ 11,03.
    D) $ 19,04.
    E) $ 11,73.

415) Foram feitas as seguintes aquisições do produto A.

01.04.96 - 20 unidades a R$ 15,00 cada uma

15.04.96 - 25 unidades a R$ 12,00 cada uma

15.05.96 - 25 unidades a R$ 10,00 cada uma

31.05.96 - 30 unidades a R$ 10,00 cada uma

Sabendo-se que:

1. não existia estoque inicial;

2. em 20.05.96, foram vendidas 60 unidades ao preço de R$ 20,00 cada uma;

3. foi desconsiderado o destaque de ICMS;

4. os cálculos são feitos com duas casas decimais;

5. o estoque é avaliado pelo método PEPS;

pode-se afirmar que o Resultado com Mercadorias (RCM) é de:

a) R$ 1.200,00

b) R$ 728,57

c) R$ 471,43

d) R$ 450,00

e) R$ 400,00

416) Na escrituração da Comercial Santos Ltda., relativa ao exercício social findo em 31/12/89, foram obtidas as seguintes informações:

CONTAS	SALDO (R$)
Resultado bruto com mercadorias (lucro)	3.620.000,00
ICMS sobre vendas	2.037.280,00
Pis sobre faturamento	95.497,50
Finsocial sobre a receita bruta	63.665,00
Vendas canceladas	203.000,00
Abatimentos sobre vendas	64.000,00
Descontos financeiros	340.000,00
Fretes sobre vendas	840.837,50
Estoque final de mercadorias para revenda	2.156.000,00
Custo das mercadorias vendidas	6.649.557,50

Verifique quais as contas, entre as relacionadas, que são computadas na apuração do RESULTADO BRUTO (Resultado com Mercadorias) e assinale a alternativa que contém o valor bruto das vendas.

a) R$ 13.573.837,50

b) R$ 13.073.000,00

c) R$ 12.669.335,00

d) R$ 11.892.162,50

e) R$ 12.733.000,00

417) A Cia. Comercial Sagitário adquiriu para revenda, em 08/11/88, em primeira negociação, 20 (vinte) máquinas de calcular ATLAS, sendo:

Preço Unitário: R$ 100,00

Condições de Pagamento: 50% em 08/12/88 e o restante em 09/01/89.

Alíquota do ICMS: 10%

No período entre a data do recebimento da referida mercadoria e 31/12/88 fez as seguintes operações:

I - vendeu 10 unidades ao preço unitário de R$ 120,00;

II - devolveu 2 unidades em 11/12/88, por defeito de fabricação, sendo a nota de débito correspondente acatada pelo FORNECEDOR em 20/12/88;

III - pagou no vencimento, sem qualquer abatimento, a primeira duplicata (50% do valor da compra);

IV - transferiu para uso próprio em 31/12/88, Departamento de Contabilidade, uma unidade.

Em decorrência, o valor do ESTOQUE FINAL dessa mercadoria, no Balanço Patrimonial de 31/12/88, importou em:

a) R$ 600,00

b) R$ 720,00

c) R$ 810,00

d) R$ 700,00

e) R$ 630,00

418) Numa situação de economia inflacionária, uma empresa que utilizou o critério de avaliação de estoques denominado de PEPS no início e o UEPS no encerramento do exercício social, se não fizer os ajustes necessários, provocará:

a) aumento do CMV (Custo das Mercadorias Vendidas)

b) aumento do valor do estoque final de mercadorias

c) aumento do RCM (Resultado com Mercadorias)

d) redução do valor do estoque inicial de mercadorias

e) redução do valor das vendas efetuadas durante o exercício social

419) (ESAF-CVM/2001) Após realizar a primeira operação de venda do exercício na qual obteve Receita Bruta de Vendas de R$ 1.000,00, com um CMV (Custo das Mercadorias Vendidas) de R$ 600,00, a empresa Arfe Ltda. aceitou devolução parcial das mercadorias vendidas, cujo valor de R$ 200,00 foi creditado ao cliente. As mercadorias recebidas foram devolvidas ao fornecedor, que foi debitado pelo valor de R$ 100,00.

Considerando que essa mercadoria estava isenta de impostos, podemos dizer que a operação rendeu à Arfe um lucro bruto de

a) R$ 80,00

b) R$ 100,00

c) R$ 200,00

d) R$ 300,00

e) R$ 320,00

420) (ESAF/AFTN-1994/set) Indique o lucro bruto sobre vendas, considerando que:

- o saldo inicial da conta Mercadorias para Revenda era de R$ 200,00;

no período foram feitas aquisições de mercadorias, sujeitas a ICMS de 20%, no montante de R$ 800,00;

- o inventário, ao final do período, registrou o valor de R$ 160,00, já excluído o ICMS;

- o montante das vendas foi equivalente a 200% do custo das mercadorias vendidas;

- os impostos incidentes sobre as vendas eqüivalem a 20%

    a) R$ 1.360,00
    b) R$ 504,00
    c) R$ 408,00
    d) R$ 952,00
    e) R$ 840,00

421) (ESAF/AFTN-1989) A empresa S/A Modelo de Indústria emitiu a NF n°. 1.234 para vender à Cia. Comercial de Varejo 400 bandejas inox, modelo 2, ao preço unitário de R$ 50,00, com IPI de 10% e ICMS de 17%.

A empresa Cia. Comercial de Varejo emitiu a NF n°. 0172 para vender ao Sr. José Maria 40 das bandejas compradas da S/A Modelo de Indústria. Obteve um preço de R$ 100,00 por unidade, com ICMS de 17%.

Baseados apenas nas informações constantes das notas fiscais acima, podemos afirmar com certeza que a Cia. Comercial de Varejo obteve um Lucro Operacional Bruto de:

    a) R$ 2.000,00
    b) R$ 1.660,00
    c) R$ 1.460,00
    d) R$ 1.120,00
    e) R$ 2.140,00

422) (FISCAL/ICMS–MS/2000) A Indústria de Calçados Phoenix Ltda. concede um desconto financeiro de 3% (três por cento) para os clientes que anteciparem o pagamento de seus títulos do dia 30 de janeiro de 2000, para o dia 25 do mesmo mês e ano. Caso algum cliente decida aproveitar o desconto concedido pagando adiantadamente dentro do prazo estipulado, indique qual é o melhor procedimento contábil a ser considerado pela Indústria de Calçados Phoenix Ltda.:

A) Proceder a uma redução do valor da venda, proporcional ao desconto concedido.

B) Tratar o desconto concedido como Despesas Financeiras.

C) Tratar o desconto concedido como Despesas de Vendas.

D) Tratar o desconto concedido como Descontos Comerciais.

423) (MEMÓRIA/1999-SP) Durante o inventário físico, se houver subavaliação de estoques ao final de determinado exercício, este fato:

A) Reduz o lucro bruto do exercício findo e aumenta o lucro do exercício seguinte

B) Reduz o lucro bruto do exercício findo, mas não afeta o resultado do exercício seguinte

C) Aumenta o lucro bruto do exercício findo e do exercício seguinte

D) Aumenta o lucro bruto do exercício findo e reduz o do exercício seguinte

E) n.d.a.

424) (AGERS/RS/98) O saldo da conta Clientes, em 30.08.X1, antes das operações abaixo, era de R$ 7.234,00.

Compras = 150

Vendas à vista = 290

Desconto da Duplicata com as seguintes características: Valor = R$ 230,00

Emissão = 25.08.X1

Vencimento = 30.09.X1

Reembolso de duplicata em cobrança = R$ 230,00

Qual o novo saldo, em R$, da conta Clientes, após a operação?

a) 7.004

b) 6.774

c) 7.104

d) 6.824

e) 6.594

425) (ESAF/TTN-1994/vespertino) - O Razão da conta Mercadorias, contabilizado no método conta mista, apresentava Cr$ 450.000,00 na coluna Débito e Cr$ 325.000,00 na coluna Crédito. Sabendo-se que o valor das mercadorias existentes no final do período é de Cr$ 235.000,00, é correto afirmar que o lucro obtido nas vendas foi de

a) Cr$ 110.000,00

b) Cr$ 125.000,00

c) Cr$ 360.000,00

d) Cr$ 235.000,00

e) Cr$ 215.000,00

426) (AFPS/CESPE-Unb/2001) A venda a prazo de uma mercadoria estocada deve ser lançada a débito de contas a receber. Em contrapartida, deve ser lançado um crédito em estoque, no valor correspondente ao custo da mercadoria vendida, e um crédito em receita de venda, pelo valor do resultado da transação, que é igual ao preço de venda menos custo da mercadoria vendida, inclusive nocaso de esse resultado ser negativo.

427) (ANALISTACOMEX/ESAF/98) A Empresariado S/A tem atividade exclusivamente comercial. No mês de maio realizou uma compra de bens para revender, desembolsando a quantia de R$ 4.800,00, sendo R$ 4.000,00 referente ao preço, com ICMS incluso, e R$ 800,00 referente ao IPI adicionado ao preço. No fim do mês a mesma empresa vendeu, a prazo, um quarto das mercadorias compradas logrando um faturamento total de R$ 2.000,00.

No mês considerado vigora, a seguinte tabela de impostos e contribuições:

IPI = 20%; ICMS = 17%; ISS = 12%; Cofins = 2%; e PIS - faturamento = 0,5%.

Na operação realizada, essa empresa conseguiu auferir um lucro bruto de

    a) R$ 970,00
    b) R$ 680,00
    c) R$ 630,00
    d) R$ 590,00
    e) R$ 580,00

428) (AFTN/ESAF/98) Determinada empresa industrial vendeu 2.000 unidades de um produto, ao preço unitário de R$ 120,00, com frete de R$ 3.000,00 por conta do vendedor. O vendedor concedeu, na nota fiscal, um desconto de R$ 2.500,00 e, ainda, um desconto de R$ 2.000,00 no pagamento da duplicata, vencível a 30 dias.

Sabendo-se que:

- o custo dos Produtos Vendidos é de R$ 120.000,00;

- foram pagas:

outras despesas com vendas de R$ 2.600,00;

salários de vendedores de R$ 3.500,00;

- a transação estava sujeita a:

Imposto sobre a Circulação de Mercadorias e Serviços de R$ 2.400,00;

Imposto sobre Produtos Industrializados de R$ 2.100,00;

Programa de Integração Social (PIS) – faturamento de R$ 500,00;

Contribuição Social sobre o Faturamento (COFINS) de R$ 1.000,00

podemos afirmar que a receita líquida de vendas do produto é de

a) R$ 231.500,00

b) R$ 229.500,00

c) R$ 228.600,00

d) R$ 233.600,00

e) R$ 231.600,00

429) (FISCAL/ICMS–MS/2000) A Millennium Ltda. apresentou o seguinte movimento de mercadorias:

Estoque final R$ 140,00

Devoluções sobre vendas. R$ 10,00

Devoluções sobre compras. R$ 20,00

Estoque inicial R$ 120,00

Vendas Brutas R$ 160,00

Compras Brutas R$ 150,00

Nota: A Millennium utiliza o sistema de inventário periódico.

Assinale a alternativa que melhor expresse o Lucro ou Prejuízo Bruto sobre Vendas da empresa:

a) R$ 30,00

b) R$ 40,00

c) R$ 20,00

d) R$ 40,00)

430) (ESAF/FISCAL-FORTALEZA/98) A subavaliação de estoques no final do exercício

    a) reduz o lucro bruto do exercício findo e do exercício seguinte

    b) reduz o lucro bruto do exercício findo, mas não afeta o resultado do exercício seguinte

    c) aumenta o lucro bruto do exercício findo e do exercício seguinte

    d) aumenta o lucro bruto do exercício findo e reduz o do exercício seguinte

    e) reduz o lucro bruto do exercício findo e aumenta o do exercício seguinte

431) (ESAF/TFC-SFC/97) No encerramento do exercício social, as contas que registram operações com mercadorias se apresentavam com os seguintes saldos:

    Mercadorias   3.000,00

    Compras   25.000,00

Fretes e Carretos s/ Compras	2.000,00
Vendas	33.000,00
Vendas Canceladas	4.000,00
Impostos Incidentes s/ Vendas	5.000,00
Resultado com Mercadorias	?
Estoque final de mercadorias, conforme inventário físico	6.000,00

Feitas as apurações devidas, verifica-se que o ponto de interrogação deve ser corretamente substituído pelo valor de

a) Zero
b) 2.000,00
c) 4.000,00
d) 5.000,00
e) 9.000,00

432) (TRT-4ª/ANAL.JUD.-2001) O lucro bruto do período, em R$ (milhões), considerando as mercadorias inventariadas de 70 e os seguintes saldos de contas apresentados no fim de um período de apuração é:

Mercadorias Estoque 40

Compras 1 460

Vendas 2 000

Impostos sobre Vendas 140

Descontos Financeiros em Pagamentos 40

(A) 290

(B) 360

(C) 390

(D) 430

(E) 460

433) (**ESAF/AFC/SFC-1997**) Considere os seguintes dados:

Compras de Mercadorias	800
Correção Monetária do Balanço	120
Despesas Operacionais	360
Devoluções de Compras	80
Devoluções de Vendas	100
Estoque final de Mercadorias	200
Lucro na alienação de bens do Ativo Imobilizado	40
Lucro Bruto na Venda de Mercadorias	1.000
Receita de Venda de Mercadorias	2.000

Levando-se em conta os dados acima e considerando-se que os impostos incidentes sobre compras e vendas são de 20%, podemos afirmar que o estoque inicial da conta de Mercadorias para Revenda era de

a) 144
b) 320
c) 400
d) 480
e) 560

434) (**AGERS/RS/98**) Considere os dados relativos a mercadorias.

Compras do período 80

Vendas do período 140

Estoque inicial 4

Estoque final 2

Devolução de compras 2

Devolução de vendas 5

A partir desses dados, desconsiderando efeitos tributários, pode-se afirmar que, no período, o total de mercadorias disponíveis para venda, o custo das mercadorias vendidas e o resultado das vendas foram, respectivamente:

a) 82, 96 e 59

b) 84, 78 e 62

c) 82, 80 e 55

d) 78, 71 e 67

e) 135, 80 e 55

435) (ESAF/TTN-1994/matutino) Dados extraídos da ficha de estoque dos televisores ALFA X- 130, para apuração, na empresa Comercial Telealfa 5/A, do resultado do período de 02/01/X2 a 31/12/X2:

- Total das entradas (contém o estoque inicial)

Quantidade: 540 Valor: Cr$ 50.600.000,00

- Total das saídas (contém as devoluções de vendas)

Quantidade: 480 Valor: Cr$ 44.950.000,00

Saldo

Quantidade: 60 Valor: Cr$ 5.650.000,00

Outras informações daquele período sobre operações relacionadas com a referida mercadoria:

Cr$

- Vendas brutas 100.000.000.00

- Devoluções de vendas 4.000.000.00

Descontos concedidos por recebimento antecipado

de vendas a prazo 1.600.000,00

- ICMS sobre vendas 25.000.000,00

- Outros tributos s/vendas 2.500.000,00

- Valor do estoque inicial 2.000.000,00

Assinale, com base nos elementos fornecidos, a opção que indica o Lucro Bruto obtido com a venda dos citados televisores.

a) Cr$ 21.950.000.00

b) Cr$ 11.150.000,00

c) Cr$ 21.550.000,00

d) Cr$ 23.550.000,00

e) Cr$ 17.900.000,00

436) (AFC/SFC-1996) Em uma determinada empresa, em seu primeiro ano de funcionamento, ocorreram os seguintes fatos, em R$

Compras de mercadorias para revenda 350,00

Custo das mercadorias vendidas 200,00

Devoluções de compras 50,00

Vendas brutas 400,00

Considerando-se que:

- foram devolvidas mercadorias vendidas, no valor de R$ 100,00;

- os impostos incidentes sobre as compras e as vendas eqüivalem a 20% da transação;

- inexistia saldo inicial na conta de Mercadorias para Revenda;

- as despesas operacionais montaram a R$ 40,00;

- foi obtido lucro de R$ 10,00 na alienação de bens do ativo imobilizado;

- as bases de cálculo da contribuição social sobre o lucro e do imposto de renda são negativas,

podemos afirmar que os saldos das contas de Mercadorias para Revenda e de Resultado do Exercício são, respectivamente, de:

a) R$ 40,00 e ZERO

b) R$ 40,00 e R$ 10,00

c) R$ 100,00 e R$ 40,00

d) R$ 100,00 e R$ 60.00

e) R$ 200,00 e R$ 160.00

437) (ESAF/TTN-1994/vespertino) – O Lucro Bruto na empresa comercial é contabilizado como RCM – Resultado Com Mercadorias. A equação base para encontrar o RCM é a seguinte:

a) RCM = Vendas – Estoque Inicial – Compras + Estoque Final

b) RCM = Vendas - Estoques

c) RCM = Vendas – Estoques + Compras

d) RCM = Estoques Inicial + Compras – Estoque Final

e) RCM = Vendas – Estoques Inicial + Compras – Estoque Final

438) (ESAF/CVM/PLANEJAMENTO-2001) Após realizar a primeira operação de venda do exercício na qual obteve Receita Bruta de Vendas de R$ 1.000,00, com um CMV (Custo das Mercadorias Vendidas) de R$ 600,00, a empresa Arfe Ltda. aceitou devolução parcial das mercadorias vendidas, cujo valor de R$ 200,00 foi creditado ao cliente. As mercadorias recebidas foram devolvidas ao fornecedor, que foi debitado pelo valor de R$ 100,00.

Considerando que essa mercadoria estava isenta de impostos, podemos dizer que a operação rendeu á Arfe um lucro bruto de

a) R$ 80,00

b) R$ 100,00

c) R$ 200,00

d) R$ 300,00

e) R$ 320,00

439) (ESAF/TFC-1996) O resultado com mercadorias de uma empresa foi positivo nos exercícios de 1994 e 1995. No final do exercício de 1994, ela procedeu a uma subavaliação de estoques. O procedimento:

a) diminuiu o lucro de 1994 e aumentou o de 1995

b) não teve repercussão no resultado dos exercícios de 1994 e 1995

c) aumentou o lucro de 1994 e diminuiu o de 1995

d) diminuiu os lucros de 1994 e 1995

e) diminuiu o lucro de 1994 e não teve repercussão no resultado de 1995

440) (ESAF/AFTN-1989) Observe a seguinte operação, isenta de impostos:

    Vendas de mercadorias a prazo com entrada e prejuízo:
    preço de venda R$ 6.000,00
    entrada 20% do preço
    prejuízo 30% do preço

A empresa realizou a venda, para registrá-la, deixando certo o saldo da conta Mercadorias, deverá lançar débitos e créditos como segue:

    a) Débito de Caixa   R$ 1.200,00

       Débito de Clientes   R$ 4.800,00

Débito de RCM   R$ 1.800,00

Crédito de Mercadorias R$ 7.800,00

b) Débito de Caixa   R$ 1.200,00

Débito de Clientes   R$ 4.800,00

Débito de Mercadorias R$ 4.200,00

Crédito de RCM   R$ 1.800,00

c) Débito de Caixa   R$ 1.200,00

Débito de Clientes   R$ 4.800,00

Créditos de Mercadorias R$ 6.000,00

d) Débito de Caixa   R$ 1.200,00

Débito de Mercadorias R$ 4.800,00

Crédito de RCM   R$ 1.800,00

Crédito de Clientes   R$ 4.200,00

e) Débito de Caixa   R$ 1.200,00

Débito de Clientes   R$ 3.000,00

Débito de RCM   R$ 1.800,00

Crédito de Mercadorias R$ 6.000,00

441) (ESAF/AFTN-1994/setemb.) Foram levantados os seguintes dados da contabilidade:

Estoque final de Mercadorias	R$ 40,00
Compras de Mercadorias	R$ 220,00
Devolução de compras	R$ 20,00
Lucro bruto de Vendas de Mercadorias	R$ 330,00
Devolução de vendas	R$ 80,00

Vendas de Mercadorias   R$ 880,00

As compras e as vendas estavam sujeitas a impostos de 20%

Os dados acima autorizam afirmar que o estoque inicial de Mercadorias era de:

a) R$ 190,00
b) R$ 238,00
c) R$ 254,00
d) R$ 194,00
e) R$ 214,00

442) (ESAF/AFRF-2001) Assinale a opção correta, levando em conta os seguintes dados:

Histórico	Quantidades	Valor total
Estoque inicial	120	1.200
Compras	400	5.040
Estoque final	20	240

O Resultado Operacional é de 2.000.

Desconsidere impostos incidentes sobre compras e vendas.

a) a Receita Bruta de Vendas é de 8.240
b) o custo unitário das compras é de 12,60
c) a Receita Líquida de Vendas é de 8.240
d) o Custo de Mercadorias Vendidas é de 6.240
e) o custo unitário das compras é de 12,00

443) (ESAF/TFC-1996) Observe as notas fiscais abaixo, para responder A SEGUINTE questão.

Nota Fiscal de Entrada

100 camisas a 50,00 5.000,00

IPI - 10 % 500,00

Total da Nota 5.500,00

ICMS 12 % 600,00

Nota Fiscal de Saída
40 camisas a 70,00 = 2.800,00

ICMS 17 % = 476,00

O Custo das Mercadorias Vendidas (nota fiscal de saída) foi de

a) 1.760,00
b) 2.464,00
c) 2.000,00
d) 2.200,00
e) 1.960,00

444) No sistema de inventário permanente, a escrituração contábil pode ser conferida com os assentamentos das fichas de controle de estoque. O saldo da conta Custo das Mercadorias Vendidas, por exemplo, deve corresponder, na ficha de controle de estoque, à soma da coluna de:

a) entradas mais a de saldos

b) saídas mais a de saldos

c) entradas

d) saídas

e) saldos

445) O Estoque Final de Mercadorias da firma "Zetabeta Ltda.", foi superavaliado, em R$ 32,00, no balanço encerrado em 31/12/79. Em decorrência, o lucro final apurado, naquele balanço, foi:

a) Subavaliado em R$ 32,00

b) Superavaliado em R$ 32,00

c) Não sofreu alteração

d) Coerente com o princípio contábil denominado "custo como base de valor"

e) As alterações são insignificantes

446) (ESAF/AFTN-1994/setemb.) Em um dado período, os registros da Comercial Brasileira Ltda., assinalam vendas a crédito de R$ 50,00, ao custo de R$ 30,00.

- as compras, sujeitas a ICMS de 20%, de R$ 60,00 foram feitas à vista;

- a empresa adota controle permanente de estoques e, no período, não se registraram perdas;

- os impostos incidentes sobre vendas foram de 20%;

- as vendas à vista somaram R$ 100,00, ao custo de R$ 60,00;

- os estoques iniciais de mercadorias eram de R$ 70,00

Dois lançamentos que se relacionam com as vendas das mercadorias, apresentados de forma unificada e simplificada (para maior facilidade), são:

a) pela aquisição das mercadorias:

Mercadorias	60,00
a Caixa	
pela venda e apropriação dos custos das mercadorias vendidas:	100,00
	50,00
Diversos	90,00 240,00
a Mercadorias	

Caixa

Duplicatas a Receber

Custo de Mercadorias Vendidas
b) pela venda das mercadorias:

Diversos

a Mercadorias para revenda
            100,00
Caixa
          <u>50,00</u> 150,00
Duplicatas a Receber
            90,00
pela apropriação dos custos das mercadorias vendidas:

Custo de Mercadorias Vendidas

a Mercadorias para Revenda
c) pelo registro das aquisições de mercadorias:

Mercadorias

a Caixa
            60,00
pela apropriação dos custos das
            72,00
mercadorias vendidas:

Custo de Mercadorias Vendidas

a Mercadorias
d) pela venda das mercadorias

Caixa
            80,00

a Diversos
         <u>20,00</u> 100,00

a Mercadorias
            90,00

a ICMS a Pagar

pela apropriação dos custos das

mercadorias vendidas:

Custo de Mercadorias Vendidas

a Mercadorias

e) pela apropriação dos custos das

mercadorias vendidas:

Custo de Mercadorias Vendidas

a Mercadorias   90,00

pela venda das mercadorias: 100,00

Diversos   50,00 150,00

a Vendas

Caixa

Clientes

447) No mês de outubro a firma Omar Telo de Barros realizou a seguinte movimentação de compras e vendas da única mercadoria com que trabalha e que é isenta de ICMS:

Estoque em 01.10: 2.200 unidades ao custo unitário de R$ 0,50

Vendas em 05.10: 1.000 unidades ao preço unitário de R$ 0,95

Compras em 10.10: 2.000 unidades ao custo unitário de R$ 0,90

Vendas em 30.10: 1.400 unidades ao preço unitário de R$ 0,95

Com estas operações, a empresa apresentará na Contabilidade um estoque final de mercadorias e um lucro operacional bruto (RCM), respectivamente de:

a) R$ 900,00 e R$ 280,00, se adotar o critério de avaliação UEPS

b) R$ 900,00 e R$ 280,00, se adotar o critério de avaliação PEPS

c) R$ 1.242,00 e R$ 622,00, se adotar o critério de avaliação Preço Médio

d) R$ 1.620,00 e R$ 1.000,00, se adotar o critério de avaliação UEPS

e) R$ 1.620,00 e R$ 1.000,00, se adotar o critério de avaliação PEPS

448) Informações:

Empresa: Comercial Moura Lima S/A

Mercadoria: Máquina de Calcular TI-1020

Período-base: 01/01 a 31/12/84

ICMS: taxa de 16% (para compra e venda); recuperável para a empresa

Data	Operação	Quantidade	Valor total da nota Fiscal (R$) com ICMS
20/02/84	Compra	100	1.000.000
14/05/84	Venda	70	1.000.000
23/08/84	Compra	50	1.000.000
02/11/84	Venda	40	1.000.000
31/12/84	Compra	30	1.000.000

O valor do estoque final da citada mercadoria, em 31/12/84, avaliado pelo método PEPS (o primeiro que entra é o primeiro que sai), importou em R$

a) 1.000.000

b) 1.800.000

c) 2.333.333

d) 588.000

e) 1.512.000

449) Num regime de economia inflacionária, o Custo das Mercadorias Vendidas será menor, se usado, para avaliação do estoque final de mercadorias, o sistema denominado de:

a) PEPS

b) UEPS

c) Média ponderada móvel

d) Valor de Mercado

e) Valor corrente

450) Uma empresa que possuía 100 unidades de mercadorias compradas a R$ 2,00 cada uma e compra 150 unidades a R$ 3,00 cada uma, vende 200 unidades a R$ 2,50 cada uma, compra mais 50 unidades a R$ 3,50 cada uma, nessa ordem de datas, terá, ao fim do período, um estoque de mercadorias no valor de:

a) R$ 325,00, se trabalhar com o critério UEPS

b) R$ 325,00, se trabalhar com o critério PEPS

c) R$ 200,00, se trabalhar com o critério PEPS

d) R$ 200,00, se trabalhar com o critério UEPS

e) R$ 275,00, se trabalhar com o critério Preço Médio

451) (ESAF-CVM/2001) Em economias nas quais a flutuação de preços ocorra de forma constante, o critério de apreçamento de estoques que resultará em valores de estoque final mais próximos dos preços praticados no mercado é:

a) Último que entra primeiro que sai

b) Média ponderada móvel

c) Média ponderada fixa

d) Primeiro que entra último que sai

e) Primeiro que entra primeiro que sai

452) (ANALISTACOMEX/ESAF/98) As empresas que adotam o sistema PEPS avaliam seus estoques considerando o custo:

a) das primeiras entradas

b) das últimas entradas

c) médio ponderado das entradas

d) das primeiras saídas

e) das últimas saídas

453) (TÉC.CONTABILIDADE-1999) Em 31.10.X1 o estoque da Cia Beta era de R$ 8.000,00, representado por 100 máquinas destinadas à revenda. Em novembro de X1 ocorreram as seguintes movimentações:

ICMS: Taxa de 18% (para compra e venda); recuperável para a empresa.

Data	Operação	Quantidade	Valor total na nota
03.11	Compra	30	R$ 3.000,00
10.11	Venda	90	R$18.000,00
20.11	Compra	40	R$ 6.000,00
25.11	Venda	60	R$15.000,00
28.11	Compra	20	R$ 6.000,00

O valor do Custo das Mercadorias Vendidas, avaliado pelo método PEPS (o primeiro a entrar é o primeiro que sai) em novembro de X1, será de

(A) R$ 7.380,00

(B) R$ 9.000,00

(C) R$ 11.000,00

(D) R$ 12.920,00

(E) R$ 14.000,00

454) (ESAF/MPOG-2001) Em economias nas quais a flutuação de preços ocorra de forma constante, o critério de apreçamento de estoques que resultará em valores de estoque final mais próximos dos preços praticados no mercado é:

a) Último que entra primeiro que sai

b) Média ponderada móvel

c) Média ponderada fixa

d) Primeiro que entra último que sai

e) Primeiro que entra primeiro que sai

455) (FISCAL-ICMS/MS-2000) Em período de alta generalizada de preços (inflação), o método de custeio que permite manter o valor dos estoques mais próximos do preço de custo corrente é o:

A) Do Custo Específico.

B) Do Preço Médio Ponderado.

C) Do PEPS (FIFO) primeiro que entra, primeiro que sai.

D) Do UEPS (Lifo) último que entra, primeiro que sai.

456) (ESAF/TTN-98) Em 25 de março de 1998, a Firma Mento Ltda. pagou o total de R$ 210,00, na aquisição de 4 mesas, com a finalidade de revendê-las. Esse valor contém o preço das mesas com incidência de R$ 34,00 de ICMS e de R$ 10,00 de IPI.

- a empresa mantém controle permanente de estoques;

- o critério de avaliação utilizado é pelo método PEPS (Primeiro a Entrar é o Primeiro a Sair);

Após contabilizar essa aquisição de mercadorias a empresa deverá lançar na Ficha de Controle de Estoques, do item mesas para revenda, o valor unitário de

a) R$ 44,00
b) R$ 50,00
c) R$ 46,50
d) R$ 52,50
e) R$ 41,50

457) (FISCAL ICMS/MS-2000) Em um cenário inflacionário, o método de controle de estoques UEPS (último que entra, primeiro que sai), pode ser usado de forma gerencial, pois;

A) Subavalia os lucros e superavalia os custos.

B) Subavalia os custos e superavalia os lucros.

C) Subavalia os lucros e subavalia os custos.

D) Superavalia os custos e superavalia os lucros.

458) (ESAF/AFRF-2001) A Comercial Estrela D'alva praticou as seguintes transações mercantis:

- em 02.11: compras a prazo de 300 unidades pelo preço total de R$ 600,00;

- em 10.11: vendas a prazo de 200 unidades pelo preço total de R$ 500,00;

- em 15.11: compras a vista de 160 unidades pelo preço total de R$ 400,00;

- em 30.11: vendas a vista de 150 unidades pelo preço total de R$ 450,00.

Considerando-se que em 31.10 a empresa já possuía 200 unidades ao custo unitário de R$ 1,50, podemos afirmar que:

a) se o critério de avaliação dos estoques for PEPS, o custo das vendas terá o valor de R$ 775,00

b) se o critério de avaliação dos estoques for PEPS, o estoque final terá o valor de R$ 525,00

c) se o critério de avaliação dos estoques for UEPS, o custo das vendas terá o valor de R$ 600,00

d) se o critério de avaliação dos estoques for UEPS, o estoque final terá o valor de R$ 525,00

e) se o critério de avaliação dos estoques for PEPS, o lucro bruto terá o valor de R$ 175,00

459) Foram feitas as seguintes aquisições do produto A:

31.01.96 - 30 unidades a R$ 10,00 cada uma

15.02.96 - 25 unidades a R$ 10,00 cada uma

28.02.96 - 25 unidades a R$ 12,00 cada uma

15.03.96 - 20 unidades a R$ 15,00 cada uma

Sabendo-se que:

1. não existia estoque inicial;

2. em 10.03.x6, foram vendidas 60 unidades ao preço de R$ 20,00 cada uma;

3. foi desconsiderado o destaque do ICMS;

Pode-se afirmar que o inventário, após a aquisição do dia 15.03.96, avaliado pelo custo médio ponderado, é de:

a) R$ 400,00

b) R$ 512,50

c) R$ 540,00

d) R$ 600,00

e) R$ 800,00

460) Observe as informações abaixo:

| Histórico | Unidades | Custo Unitário |

- Estoque Inicial   40.000   140
- Aquisição 01/89   30.000   160
- Aquisição 02/89   50.000   200
- Venda 03/89   30.000   -
- Venda 04/89   40.000   -
- Estoque final   50.000   -

Levando-se em conta essas informações, os métodos para avaliação de estoques reconhecidos por Média Ponderada e "PEPS", os custos unitários do estoque final são:

	Média Ponderada	"PEPS"
a)	200	160
b)	170	200
c)	140	200
d)	200	170
e)	140	170

461) A empresa Alpha Ltda., trabalha com um único item de estoques. Em dezembro o movimento de estoques ocorreu na seguinte ordem:

Estoque em 30/11 - 100 unidades a R$ 15,00

Vendas em 10/12 - 100 unidades a R$ 25,00

Compras em 25/12 - 100 unidades a R$ 30,00

Se a empresa Alpha avaliar o seu estoque pelo critério da Média ponderada Móvel, o seu estoque final de dezembro será de R$:

a) 1.500,00

b) 1.900,00

c) 2.250,00

d) 2.500,00

e) 3.000,00

462) Em regime inflacionário de economia, o lucro bruto com mercadorias terá escala ascendente de valor, se empregados pela ordem, os seguintes sistemas de avaliação de estoques:

a) UEPS - Média ponderada - PEPS

b) UEPS - PEPS - Média ponderada

c) PEPS - Média ponderada - UEPS

d) PEPS - UEPS - Média ponderada

e) Média ponderada - UEPS - PEPS

463) (AFTN/ESAF/98) A nossa empresa identificou seu estoque de mercadorias em 2.000 unidades avaliadas ao custo médio unitário de R$ 60,00. Logo após, promoveu uma venda de 1.500 unidades à vista, por R$ 150.000,00, numa operação isenta de tributação.

O comprador, todavia, mostrando-se insatisfeito com a transação, devolveu 20% da compra e ainda conseguiu obter um abatimento de 10% no preço.

Feita a renegociação e refeitos os registros cabíveis, a nossa empresa mantém um estoque de mercadorias assim formado:

a) 500 unidades a R$ 54,00 = R$ 27.000,00

b) 800 unidades a R$ 54,00 = R$ 43.200,00

c) 800 unidades a R$ 60,00 = R$ 48.000,00

d) 500 unidades a R$ 60,00 = R$ 30.000,00

e) 800 unidades a R$ 90,00 = R$ 72.000,00

464) (FISCAL/ICMS/SC-1998) A Cia. Lâmbda, empresa comercial típica, adota o regime de inventário permanente e avalia a única mercadoria que negocia pelo custo médio ponderado variável. Sabe-se que o correto saldo da conta ICMS a Recuperar no

final de março de 1994 (após realizada a "apuração do ICMS" de março/94) é de $ 42,00. O trecho da ficha de controle físico-financeiro a seguir mostrado está correto e reflete as operações efetuadas pela Cia. Lâmbda até o dia 15/abr./94, com a mercadoria que negocia:

OPERAÇÕES	ENTRADAS			SAÍDAS			SALDO		
	Quantidade	Valor Unitário	Valor Total	Quantidade	Valor Unitário	Valor Total	Quantidade	Valor Unitário	Valor Total
Estoque Inicial	---	---	---	---	---	---	20	10,000	200,00
1) Compra	30	14,1667	425,00	---	---	---	50	12,500	625,00
2) Venda	---	---	---	15	12,50	187,50	35	12,500	437,50
etc. etc. etc.									

Sobre as 2 operações de abril de 1994 mostradas no trecho da "ficha de estoques" sabe-se que:

1 A compra foi a prazo e a alíquota do ICMS da Nota Fiscal foi de 15%. O fornecedor foi uma outra empresa comercial.

2 O cliente que adquiriu as 15 unidades foi outra empresa comercial típica. A alíquota de ICMS utilizada pela Cia. Lâmbda foi de 18% e o lucro operacional bruto desta operação foi de $ 796,50.

O valor cobrado do cliente que adquiriu as 15 unidades foi de

    A) $ 984,00.
    B) $ 1.101,00.
    C) $ 1.416,00.
    D) $ 1.200,00.
    E) $ 885,00.

465) (ESAF/TTN-98) Na primeira semana de abril de 1998, uma empresa comercial realizou o seguinte movimento de compra e venda de mercadorias:

02/04/98 - compra a prazo de 400 unidades de mercadorias pelo valor total de R$ 5.200,00;

03/04/98 - venda a prazo de 500 unidades de mercadorias pelo valor total de R$ 6.000,00;

04/04/98 - compra a vista de 400 unidades de mercadorias ao preço unitário de R$ 15,00;

05/04/98 - venda a vista de 200 unidades de mercadorias ao preço unitário de R$ 18,00.

- O estoque final dessas mercadorias em 31 de março de 1998 era de 200 unidades avaliadas ao custo unitário de R$ 10,00.

- A empresa em questão mantém controle permanente de estoques e o avalia pelo método do custo médio ponderado.

- As compras e as vendas dessas mercadorias estão isentas de tributação.

Com base nessas informações, podemos afirmar que:

a) o custo total das vendas do dia 03 de abril foi de R$ 5.900,00

b) o estoque final existente após a venda do dia 05 de abril é de 300 unidades ao custo médio unitário de R$ 14,40

c) o lucro bruto total das operações exemplificadas alcançou a cifra de R$ 3.900,00

d) ao todo, nesta semana, foram vendidas 700 unidades de mercadorias ao custo médio unitário de R$ 13,20

e) o lucro bruto alcançado nas vendas do dia 05 de abril foi de R$ 3,00 por unidade

466) (FISCAL/ICMS/SC-1998) A Cia. Industrial Armada fabrica o item denominado "**beliscão**" cuja alíquota de IPI é de 12% incidente sobre o "valor da mercadoria" (neste "valor da mercadoria" incide a alíquota do ICMS destacado na Nota Fiscal a qual, na presente Questão, é de 17%).

A Cia. Industrial Armada vende 25 **beliscões** para a Lambida Ltda., empresa comercial típica, a qual fica devendo os $ 560,00 que é o valor global da Nota Fiscal que acompanhou os 25 **beliscões**.

Imediatamente antes de adquirir tais **beliscões**, a Lambida Ltda. já era proprietária de 10 deles, contabilmente registrados, todos eles, por $ 155,00. Imediatamente após a aquisição ela vende 20 **beliscões** a um consumidor final, por eles cobrando $ 400,00 (neste valor está incluído um ICMS de 17%).

Os **beliscões** que remanesceram em estoque na Lambida Ltda. estão avaliados por

    A) $ 238,00 se adotado o UEPS ("último a entrar, primeiro a sair").
    B) $ 250,00 se adotado o PEPS ("primeiro a entrar, primeiro a sair").
    C) $ 285,00 se adotado o UEPS ("último a entrar, primeiro a sair").
    D) $ 249,00 se adotado o PEPS ("primeiro a entrar, primeiro a sair").
    E) $ 270,00 se adotado o "custo médio ponderado variável".

467) (ESAF/AFC/97) Em setembro de 1997, a conta de Mercadorias para Revenda registrou a seguinte movimentação:

    05.09.97 Compra de 500 unidades, ao preço de 0,20 a unidade;
    10.09.97 Compra de 2.000 unidades, ao preço unitário de 0,25;
    15.09.97 Venda de 300 unidades, pelo valor total de 150;
    20.09.97 Compra de 600 unidades, pelo valor total de 150;
    25.09.97 Compra de 800 unidades, pelo valor total de 200;
    30.09.97 Venda de 3.000 unidades, ao preço unitário de 0,60.

Considere que:

- as compras e as vendas estão sujeitas a ICMS de 20%;

- a empresa avalia seus estoques pelo método de custo médio ponderado;

- o estoque, em 31.08.97, era de 200 unidades, ao custo unitário de 0,30;

- nos cálculos devem ser consideradas duas casas decimais;

- o saldo da conta CC/ICMS, em 31.08.97, era nulo.

Levando-se em conta os dados acima, podemos afirmar que o

    a) Lucro Bruto na venda de 30.09.97 é de 1.110
    b) Lucro Bruto na venda de 15.09.97 é de 78
    c) valor do estoque final, em 30.09.97, é de 188

d) Lucro Bruto nas vendas do período é de 1.200

e) saldo da conta C/C ICMS, em 30.09.97, é de 200

468) (ESAF/MPOG/2001) Durante o período, a empresa realizou, seqüencialmente, as seguintes operações com mercadorias:

A- aquisição de 10 unidades, a $ 5,00 cada uma;
B- aquisição de 10 unidades, a $ 8,50 cada uma;
C- venda de 15 unidades, a $ 10,00 cada uma;
D- aquisição de 5 unidades, a $ 10,00 cada uma.

O estoque inicial era de 5 unidades, a $ 3,00 cada uma. O estoque final era de

a) $ 150,00, pelo critério PEPS, no sistema de inventário periódico.
b) $ 107,50, pelo critério PEPS, no sistema de inventário permanente.
c) $ 110,00, pelo critério da Média Ponderada Móvel.
d) $ 90,00, pelo critério UEPS, no sistema de inventário periódico.
e) $ 65,00, pelo critério UEPS, no sistema de inventário permanente.

PEPS - Primeiro a entrar, primeiro a sair;

UEPS - Último a entrar, primeiro a sair.

469) (AGERS/RS/98) Considere uma economia com inflação constante, embora pequena, e um estoque com movimentação mensal de compras e baixas.

Entre os valores abaixo, qual se refere a estoques avaliados pelo método PEPS, admitindo que dos valores restantes, um seja UEPS, outro CMU e os demais não se refiram a estoques?

a) R$ 30,00

b) R$ 40,00

c) R$ 495,00

d) R$ 498,00

e) R$ 500,00

470) (ESAF/TTN-1994/vespertino) - Na movimentação de mercadorias controladas por ficha de estoque, podemos afirmar corretamente que:

a) o estoque final avaliado a preço médio é maior que o mesmo estoque avaliado a PEPS, num período de preços crescentes (inflacionário)

b) o estoque final avaliado a PEPS tem o valor das últimas entradas

c) o estoque final avaliado a UEPS tem o valor das últimas entradas

d) o estoque final tem o valor das compras menos o valor das vendas

e) o estoque final avaliado a preço médio é menor que o mesmo estoque avaliado a UEPS, num período de preços crescentes (inflacionário)

471) (ESAF/AFC/SFC-1996) Considere os dados a seguir:

31.05.96 Estoque inicial. 200 unidades avaliadas em 600;

05.06.96 Compra de 200 unidades pelo valor total de 750;

10.06.96 Compra de 280 unidades pelo valor total de 1.050;

15.06.96 Venda de 180 unidades pelo valor unitário de 5;

20.06.96 Venda de 100 unidades pelo valor unitário de 5,50;

25.06.96 Compra de 400 unidades pelo valor total de 2.500;

30.06.96 Venda de 300 unidades pelo valor total de 2.100;

30.06.96 Estoque final

Sabendo-se que:

- a empresa não procedeu a ajustes de estoques a valor de mercado.

- as compras e as vendas estão sujeitas a ICMS de 20% sobre o valor da transação, podemos afirmar que o Custo das Mercadorias Vendidas, em junho de 1996, é de

a) 2.540, se os estoques foram avaliados pelo método PEPS

b) 2.040, se os estoques foram avaliados pelo método do custo médio ponderado

c) 2.040, se os estoques foram avaliados pelo método PEPS

d) 1.740, se os estoques foram avaliados pelo método UEPS

e) 1.740, se os estoques foram avaliados pelo método do custo médio ponderado

472) (FISCAL/ICMS/SC-1998) Suponha uma empresa comercial situada em um país onde os preços das mercadorias que adquire para revender sempre decrescem a cada nova compra que ela efetua. Suponha que ao longo de determinado período tal empresa efetuou diversas compras e diversas vendas, intercaladamente. Tendo em vista o cenário descrito, pode-se afirmar que

A) se a empresa adotar o método PEPS, os valores do **estoque final** e do **custo das mercadorias vendidas** serão, respectivamente, menor e maior do que se adotar o método UEPS.

B) se a empresa adotar o método PEPS, os valores do **estoque final** e do **custo das mercadorias vendidas** serão, respectivamente, maior e menor do que se adotar o método UEPS.

C) se a empresa adotar o método UEPS, os valores do **estoque final** e do **custo das mercadorias vendidas** serão, respectivamente, menor e maior do que se adotar o método PEPS.

D) se a empresa adotar o método PEPS, os valores do **estoque final** e do **custo das mercadorias vendidas** serão, respectivamente, maior e igual do que se adotar o método UEPS.

E) se a empresa adotar o método UEPS, os valores do **estoque final** e do **custo das mercadorias vendidas** serão, respectivamente, maior e igual do que se adotar o método PEPS.

473) (AFTN/ESAF/96) A CIA AMAZÔNIA compra a prazo lotes de um determinado produto na seguinte ordem:

LOTE	DATA AQUISIÇÃO	QUANTIDADES	PREÇO UNITÁRIO
A	04.01.X1	500	$ 400.00
B	20.01.X1	1.000	$ 450,00
C	27.01.X1	2.000	$ 520,00

Considerando ainda que:

I - sobre as compras do Lote A foram pagos fretes no valor de $ 20 por unidade transportada em 05.01.X1;

II - devolução em 21.01.X1 de 200 unidades do Lote B;

III - sobre as compras do lote C foi concedido um abatimento no valor de $ 118.400 em 28.01.X1;

IV - no mês foram consumidas: 1.200 unidades, em 23.01.X1 e 2.000 unidades, em 30.01.X1.

Com base nestes dados, pode-se afirmar que o valor dos estoques consumidos, de acordo com a média ponderada fixa foi de

a) $ 1.445.626,38

b) $ 1.570.000,00

c) $ 1.449.600,00

d) $ 1.446.400,00

e) $ 1.445.520,00

474) (ESAF/AFTN-1989) No mês de outubro, a firma Omar Telo de Barros realizou a seguinte movimentação de compras e vendas da única mercadoria com que trabalha e que é isenta de ICMS:

Estoque em 01.10: 2.200 unidades ao custo unitário de R$ 0,50

Vendas em 05.10: 1.000 unidades ao preço unitário de R$ 0,95

Compras em 10.10: 2.000 unidades ao custo unitário de R$ 0,90

Vendas em 30.10: 1.400 unidades ao preço unitário de R$ 0,95

Com estas operações, a empresa apresentará na Contabilidade um estoque final de mercadorias e um lucro operacional bruto (RCM), respectivamente, de:

a) R$ 900,00 e R$ 280,00, se adotar o critério de avaliação UEPS

b) R$ 900,00 e R$ 280,00, se adotar o critério de avaliação PEPS

c) R$ 1.242,00 e R$ 622,00, se adotar o critério de avaliação Preço Médio

d) R$ 1.620,00 e R$ 1.000,00, se adotar o critério de avaliação UEPS

e) R$ 1.620,00 e R$ 1.000,00, se adotar o critério de avaliação PEPS

475) (FISCAL/ICMS–MS/2000) Assinale a alternativa mais apropriada para expressar o Resultado Líquido do Período:

A) Vendas menos Custo das Mercadorias Vendidas.

B) Resultado com Mercadorias menos Outras Receitas, mais Outras Despesas.

C) Vendas Brutas menos Devoluções, mais Tributos, menos Resultado Bruto.

D) Resultado com Mercadorias mais Outras Receitas, menos Outras Despesas.

476) (ESAF/CVM/2001) Resumo das operações realizadas durante o exercício social de 2000 pela Cia. Sol Nascente com o produto A.

Data Histórico Quant. Valor unitário Valor total

01.01.00 Estoque inicial 10 10,00 100,00

20.01.00 Aquisição 20 7,00 140,00

05.03.00 Venda 5 12,00 60,00

15.04.00 Venda 10 11,00 110,00

06.06.00 Aquisição 10 12,00 120,00

09.08.00 Venda 5 14,00 70,00

20.12.00 Venda 18 15,00 270,00

O estoque final do produto foi avaliado em R$ 22,00.

Conclui-se do exposto que o critério de avaliação de estoques usado foi o (a)

a) PEPS (primeiro a entrar, primeiro a sair)

b) UEPS (último a entrar, primeiro a sair)

c) Média ponderada móvel

d) média simples dos preços relativos às aquisições efetuadas durante o exercício

e) preço específico

477) A compra de equipamento para uso da própria empresa, pagando-se uma entrada em dinheiro e aceitando-se duplicatas pelo valor restante, será contabilizada através de um único lançamento de:

a) segunda fórmula

b) primeira fórmula

c) fórmula simples

d) terceira fórmula

e) quarta fórmula

478) A quitação por parte do sacado de uma duplicata descontada no banco deve ser assim contabilizada pela empresa emitente:

a) Bancos c/Movimento

a Duplicatas Descontadas

b) Duplicatas Descontadas

a Banco c/Movimento

c) Duplicatas a Receber

a Duplicatas Descontadas

d) Bancos c/Movimento

a Duplicatas a Receber

e) Duplicatas Descontadas

a Duplicatas a Receber

479) Indique a operação que represente aplicação de recursos:

a) pagamento de empréstimos a curto prazo

b) integralização, em dinheiro, de capital subscrito anteriormente por acionistas

c) empréstimos obtidos a longo prazo

d) transformação do Realizável a Longo Prazo em Ativo Circulante

e) prejuízo apurado no exercício

480) A empresa S/A Modelo de Indústria emitiu a NF n⁰ 1.234 para vender à Cia. Comercial de Varejo 400 bandejas inox, modelo 2, ao preço unitário de R$ 50,00, com IPI de 10% e ICMS de 17%.

A empresa Cia. Comercial de Varejo emitiu a NF n⁰ 0172 para vender ao Sr. José Maria 40 bandejas compradas da S/A Modelo de Indústria. Obteve um preço de R$ 100,00 por unidade, com ICMS de 17%.

Baseados apenas nas informações constantes das notas fiscais acima, podemos afirmar com certeza que a Cia. Comercial de Varejo obteve um Lucro Operacional Bruto de:

a) R$ 2.000,00

b) R$ 1.660,00

c) R$ 1.460,00

d) R$ 1.120,00

e) R$ 2.140,00

GABARITO DOS EXERCÍCIOS DESTE CAPÍTULO

352- C 353- C 354- C 355- C 356- E 357- D 358- B   359- E 360- E 361- B
362- B 363- A 364- B 365- D 366- E 367- B 368- E C E C E 369- E 370- D
371- A 372- C 373- E 374- E 375- E 376- E 377- C   378- B 379- A 380- E
381- A 382- C 383- D 384- D 385- D 386- D 387- B   388- D 389- E 390- A
391- A 392- A 393- B 394- A 395- C 396- C 397- C   398- C 399- E 400- A
401- D 402- C 403- D 404- E 405- D 406- A 407- D   408- C 409- E 410- D
411- C 412- D 413- B 414- E 415- D 416- E 417- E   418- A 419- D 420- C
421- C 422- B 423- A 424- A 425- A 426- E 427- C   428- D 429- B 430- E
431- A 432- D 433- A 434- C 435- D 436- B 437- A   438- D 439- A 440- A
441- A 442- B 443- E 444- D 445- B 446- E 447- E   448- E 449- A 450- B
451- E 452- D 453- D 454- E 455- C 456- A 457- A   458- D 459- B 460- B
461- E 462- A 463- C 464- D 465- B 466- E 467- E   468- C 469- E 470- B
471- B 472- A 473- D 474- E 475- D 476- E 477- A   478- E 479- E 480- C

11 - AJUSTES E OPERAÇÕES DE ENCERRAMENTO

481) (FISCAL/ICMS–MS/2000) A Milênio Ltda. encerra o seu exercício contábil no dia 31 de dezembro de cada ano fiscal. A empresa processa o pagamento dos salários do mês de dezembro no mês seguinte, isto é, em janeiro. Habitualmente, deixa de efetuar o lançamento correspondente de ajuste pelo regime de competência de exercícios. Assinale, dentre as alternativas abaixo, aquela que melhor reflete a conseqüência desse procedimento:

A) Diminuição do lucro do exercício.

B) Aumento do lucro do exercício.

C) Aumento das despesas do exercício.

D) Diminuição do saldo de caixa do exercício.

482) (AGERS/RS/98) Considere os dados correspondentes à renovação de uma apólice de seguro.

Valor do seguro atual = R$ 1.680,00

Vencimento da apólice = 30.05.X0

Prazo do novo seguro = 1 ano

Valor do novo seguro = 40% maior do que o vigente

Vigência da nova apólice = 01.06.X0

Data do pagamento da renovação = 01.05.X0

Em junho de 19X0, qual a despesa conhecida, em R$, de 19X0 e 19X1 respectivamente?

a) 1.568 e 784

b) 980 e 1.372

c) 2.352 e 0(zero)

d) 1.372 e 980

e) 980 e 700

483) (ESAF-CVM/2001) Depois que todos os fatos ocorridos em dezembro foram contabilizados, o Contador da firma Leisa elaborou um balancete com as seguintes contas e saldos:

Caixa 100,00

Mercadorias 300,00

Material de Consumo 20,00

Duplicatas a Receber 400,00

Notas Promissórias a Receber 280,00

Duplicatas a Pagar 700,00

Notas Promissórias a Pagar 330,00

Impostos a Recolher 120,00

Salários a Pagar 150,00

Capital Social 1.100,00

Lucros Acumulados 140,00

Imóveis 300,00

Ações de Coligadas 200,00

Móveis e Utensílios 300,00

Receita de Vendas 1.000,00

Receitas Diversas 200,00

Custo das Vendas 600,00

Despesas Operacionais 420,00

Despesas Não-Operacionais 120,00

Ao elaborar o Balanço Patrimonial, entretanto, o Contador deparou com a necessidade de reclassificar algumas contas tendo em vista os seguintes motivos:

- ainda não fora contabilizado um aumento de capital de R$ 100,00, havido no exercício com a utilização de lucros anteriores;

- no resultado havia R$ 100,00 de despesas pagas antecipadamente e R$ 70,00 de receitas recebidas antecipadamente;

- nos títulos foi verificado que R$ 250,00 das duplicatas e R$ 150,00 das notas promissórias emitidas pela Leisa, têm vencimento a longo prazo, em relação à data deste balanço;

- o Imposto de Renda do exercício ainda não fora provisionado.

Realizadas corretamente essas modificações, podemos dizer que o Balanço Patrimonial deverá apresentar um novo Ativo Circulante no valor de

a) R$ 950,00

b) R$ 880,00

c) R$ 850,00

d) R$ 800,00

e) R$ 670,00

484) (**ESAF/AFTN-1994/março**) A Cia. Comercial Linda, cujo período-base coincide com o ano calendário, contratou, em 01/09/X3, um empréstimo bancário com vencimento para 31/08/X4, pagando, antecipadamente, naquela data, $ 720,00 de juros e correção monetária prefixada ($ 60,00 por mês). O Balanço Patrimonial de 31/12/X3, em decorrência dessa operação financeira, apresentou

a) um acréscimo disponível de $ 240.00

b) um valor realizável a curto prazo de $ 240,00

c) uma realização a longo prazo de $ 720,00

d) uma despesa do exercício seguinte de $ 480,00

e) um passivo circulante de $ 480,00

485) (**AFTN/ESAF/96**) A contrapartida das contas de Provisões são contas do (de)

a) Ativo

b) Receita

c) Passivo

d) Reservas

e) Resultado

486) (ESAF/TRF-2000) Em 31.12.1999 a firma Dubitatia Ltda. fez a estimativa de que, provavelmente, perderia no ano seguinte R$ 670,00 no recebimento das duplicatas de sua emissão. Nessa mesma data havia saldo anterior de R$ 320,00 na conta Provisão para Devedores Duvidosos.

Considerando válida a expectativa de perda e corretos os cálculos efetuados, essa empresa deverá, para adequar seu balanço aos princípios contábeis fundamentais, mandar fazer o seguinte lançamento:

a) Devedores Duvidosos

a Provisão para Devedores Duvidosos 350,00

b) Provisão para Devedores Duvidosos

a Duplicatas a Receber 320,00

c) Devedores Duvidosos

a Provisão para Devedores Duvidosos 670,00

d) Devedores Duvidosos

a Duplicatas a Receber 670,00

e) Devedores Duvidosos

a Provisão para Devedores Duvidosos 990,00

487) (ESAF/TFC-1996) O valor de uma duplicata julgada incobrável foi debitado na conta Provisão para Créditos de Liquidação Duvidosa em contrapartida com Duplicatas a Receber.

O lançamento realizado:

a) reduziu o valor do Ativo Circulante

b) reduziu o lucro líquido do exercício, apesar de serem patrimoniais as contas debitada e creditada

c) reduziu o lucro líquido do exercício porque a conta debitada é conta de resultado

d) não interferiu no resultado do exercício porque são patrimoniais as contas debitada e creditada

e) não interferiu no resultado do exercício, apesar de a conta debitada ser conta de resultado

488) (FISCAL/ICMS–MS/2000) Assinale a alternativa correta quando for registrada a baixa de um cliente incobrável no montante de R$300,00 (Valores em R$):

A) Débito = Clientes 300 / Crédito = Devedores Incobráveis 300

B) Débito = Clientes 300 / Crédito = Provisão para Devedores Duvidosos 300

C) Débito = Provisão para Devedores Duvidosos 300 / Crédito = Clientes 300

D) Débito = Clientes Duvidosos 300 / Crédito = Devedores Incobráveis 300

489) (ESAF/AFTN-1991) O registro contábil da provisão para "Créditos de Liquidação Duvidosa" tem como contrapartida devedora a conta de resultado

a) Despesas com a Constituição de Provisões

b) Provisão para Devedores Duvidosos

c) Duplicatas a Receber

d) Lucros Acumulados

e) Despesas do Exercício Seguinte

490) (AFTN/ESAF/98) A empresa Cravos e Rosas S/A, ao encerrar o exercício social em 31.12.19x7, tinha estoques de bens de vendas de 100 mil unidades, ao custo unitário de R$ 1,00 (um real) e duplicatas emitidas em vendas a prazo, no valor total de R$ 200.000,00 (duzentos mil reais).

- a empresa tem experiência válida e comprovada, nos últimos três exercícios, de que 2% de seus créditos costumam se tornar iliquidáveis;

- o preço de mercado de suas mercadorias foram cotados a R$ 1,10 (um real e dez centavos) a unidade, no dia do balanço;

- as duplicatas a receber ainda não estão vencidas.

Ao aplicar integralmente o princípio contábil da prudência, referida empresa apresentará, em balanço, esse Ativo Circulante (estoques e créditos) pelo valor contábil de

a) R$ 294.900,00

b) R$ 298.900,00

c) R$ 296.000,00

d) R$ 297.100,00

e) R$ 300.000,00

491) **(AGERS/RS/98)** Dentre os lançamentos, para que um crédito prescrito seja retirado do patrimônio, somente é válido:

a) Credores

a Insubsistências ativas

b) Credores

a Prescrição de dívidas

c) Devedores

a Superveniências ativas

d) Insubsistências passivas

a Devedores

e) Créditos prescritos

a Receitas eventuais

492) **(FISCAL/ICMS–MS/2000)** O mecanismo da depreciação é um procedimento contábil que ajusta:

A) Todo o ativo permanente intangível.

B) Parcialmente o ativo permanente tangível.

C) Parcialmente o ativo permanente intangível.

D) Todo o ativo permanente tangível.

493) (ESAF/AFTN-1994/setembro) Em 01.07.96 foi adquirido equipamento, por R$ 100,00, em substituição a outro considerado obsoleto, sendo que:

20% do valor do equipamento adquirido foi amortizado com a entrega do equipamento substituído, como parte do pagamento;

à época, o valor de aquisição do equipamento antigo, como registrado na contabilidade, era de R$ 30,00 e a depreciação acumulada alcançava 80% desse valor;

ambos os equipamentos são depreciados à taxa anual de 10% e a depreciação é reconhecida nos resultados por ocasião do encerramento do exercício social;

não deve ser considerado o efeito de correção monetária.

No balancete de verificação levantado para efeito de balanço de encerramento do exercício, em 31.12.96 encontramos as seguintes contas e valores:

    a) Equipamentos   R$ 130,00

    Depreciação de equipamentos   R$ 29,00

    Resultado na venda de equipamentos R$ 6,00
    b) Equipamentos   R$ 100,00

    Depreciação de equipamentos   R$ 5,00

    Resultado na venda de equipamentos R$ 14,00
    c) Equipamentos   R$ 100,00

    Depreciação de equipamentos   R$ 29,00

    Resultado na venda de equipamentos R$ 6,00

d) Equipamentos   R$ 100,00

Depreciação de equipamentos   R$ 80,00

Resultado na venda de equipamentos (R$ 10,00)
e) Equipamentos   R$ 130,00

Depreciação de equipamentos   R$ 34,00

Resultado na venda de equipamentos R$ 10,00

494) (ESAF/AFRF-2001) Um bem depreciável, com vida útil de 20 anos, foi comprado por Nossa Firma em 01-04-20X1, mas só foi instalado para uso em primeiro de julho. O valor total da aquisição foi R$ 20.000,00 e deverá ser depreciado com um valor residual de 10%, em contabilização anual.

Se a empresa adotar o método de depreciação conhecido como método linear, no balanço patrimonial de 20X3, este bem já terá sido depreciado em

a) 15,00%

b) 22,50%

c) 13,75%

d) 12,50%

e) 23,75%

495) (FISCAL-FORTALEZA-ESAF/98) Os registros contábeis relativos a um veículo de uso da empresa consignam os seguintes valores:

     - Valor de aquisição, corrigido monetariamente 8.000,00
     - Depreciação acumulada   3.000,00

A empresa deve escriturar agora uma depreciação de 10%. Fará isso mediante o seguinte lançamento:

a) Encargos de Depreciação

a Depreciação Acumulada 800,00

b) Encargos de Depreciação

a Veículos 800,00

c) Encargos de Depreciação

a Veículos 500,00

d) Encargos de Depreciação

a Depreciação Acumulada 500,00

e) Depreciação Acumulada

a Veículos 800,00

496) (**ESAF/TCE-RN/2001**) A firma SONÓS LTDA. tem exercício social coincidente com o ano-calendário. No seu balanço patrimonial de 1998 constam, entre outras, as contas VEÍCULOS com saldo de R$ 9.000,00 e DEPRECIAÇÃO ACUMULADA - VEÍCULOS, com saldo de R$ 4.900,00.

Informações internas indicam a existência nessa conta de 3 automóveis cujas placas são: AAX, AAY e AAZ.

O carro AAX foi incorporado em 01/01/1996, por R$ 3.000,00.

O carro AAY foi incorporado em 01/04/1996, por R$ 2.000,00 e foi vendido a vista por R$ 1.300,00 em 30/12/1999.

O carro AAZ foi incorporado em 01/07/1996, por R$ 4.000,00.

O método de depreciação utilizado pela firma é o da linha reta.

Inicialmente, a vida útil dos veículos foi estimada em 5 anos mas, pelas condições de uso, a vida útil passou a ser estimada em 2 anos, após dezembro de 1998.

Com fulcro nas informações acima, após contabilizar a depreciação dos veículos no exercício de 1999, podemos dizer que:

a) a taxa total ajustada de depreciação aplicada ao veículo vendido alcançou 77,5%

b) a alienação do veículo AAY gerou um lucro contábil de R$ 800,00

c) o encargo de depreciação de veículos no ano de 1999 foi de R$ 1.800,00

d) a conta depreciação acumulada, no balanço de 1999 após a baixa do veículo vendido, terá saldo de R$ 2.050,00

e) os dois veículos não vendidos terão, no balanço de 1999, o valor contábil de R$ 7.000,00

497) (**ESAF/AFTN-1994/março**) Balancete Final de 31/12/X2 da empresa VECTOR S/A

- Valor corrigido da conta Veículos $ 10.000,00

Valor corrigido da Conta Depreciação Acumulada

de Veículos $ 8.000,00

Balancete Final de 31/12/X3 da empresa VECTOR S/A

- Valor corrigido da conta Veículos $ 60.000,00

Valor corrigido da conta Depreciação Acumulada

de Veículos $?

Outros Dados

- Taxa de Depreciação Anual Utilizada: 20% (vinte por cento)

- Não houve aquisições ou baixas de veículos no ano-base de X3

- Na correção monetária foi utilizado o índice oficial de desvalorização da moeda nacional

0 valor corrigido da conta Depreciação Acumulada de Veículos no Balancete Final de 31/12/X3, após os registros contábeis do encargo de depreciação e da correção monetária do balanço concernentes, importou em

a) $ 50.000,00

b) $ 45.000,00

e) $ 42.000,00

d) $ 40.000,00

e) $ 10.000,00

498) (**ESAF/AFTN-1994/março**) Lançamentos Simplificados (Contas e Valores)

1) Provisão para Devedores Duvidosos

a Duplicatas a receber $ 36.000,00

2) Devedores Duvidosos

a Provisão para Devedores Duvidosos $ 210.000,00

3) Encargos de Depreciação

a Depreciação Acumulada de Veículos $ 70.000,00

4) Contas a pagar

a Caixa $ 26.000,00

5) Prêmios de Seguros a Vencer

a Contas a Pagar $ 44.000,00

6) Caixa

a Receitas Financeiras $ 2.000,00

Nos lançamentos acima, os valores debitados em Contas de Resultado totalizam

a) $ 306.000,00

b) $ 280.000,00

c) $ 254.000,00

d) $ 150.000,00

e) $ 114.000,00

499) (ESAF/AFTN-1989) O Balancete Final, em 31/12/88, da Indústria de Tecidos Estrela do Sul S/A, apresentou, entre outros, os seguintes saldos:

CONTAS	SALDOS (R$)
- Tear Howa	87.000.000,00 (D)
- Depreciação acumulada do tear Howa	50.025.000,00 (C)

Considerando que, desde o mês da sua entrada em funcionamento, o referido tear só foi utilizado em 01 (um) turno diário de 8 (oito) horas e que na contabilidade os encargos de depreciação pertinentes sempre foram registrados pela taxa anual de 10% (dez por cento), **o período restante de depreciação**, se mantidas a mesma taxa e a continuidade na contabilização dos encargos, era, naquela data, de:

a) 4 anos e 9 meses

b) 4 anos e 3 meses

c) 4 anos e 1 mês

d) 5 anos e 3 meses

e) 575 dias

500) (TÉC-CONTAB/CONTROLADORIA-99) Com base nos demonstrativos contábeis

A) a conta depreciação acumulada é uma conta de resultado

B) os bens e direitos não representam investimentos

C) quando os bens e direitos forem iguais às obrigações, o patrimônio líquido é positivo

D) o lucro bruto é a diferença entre a receita bruta menos as deduções

E) quando as aplicações de recursos (Ativo) são menores que as origens de recursos (Capital de Terceiros), temos um passivo a descoberto

501) (ESAF/AFRF-2001) A firma Duplititus opera com vendas a prazo alternando a cobrança em carteira e em bancos, mediante desconto de duplicatas. Em primeiro de abril mantinha as duplicatas de sua emissão nºˢ 03, 05 e 08 em carteira de cobrança e as de nºˢ 04, 06 e 07, descontadas no banco. Cada uma dessas letras tinha valor de face de R$ 60,00, exceto a nº 07, cujo valor era R$ 70,00.

Durante o mês de abril ocorreram os seguintes fatos:

- vendas a prazo com emissão das duplicatas nºˢ 09, 10 e 11 (3x50): R$ 150,00
- vendas a vista mediante notas fiscais: R$ 200,00
- desconto bancário das duplicatas nºˢ 09 e 10; R$ 100,00
- recebimento em carteira das duplicatas nºˢ 03 e 05; R$ 120,00
- devolução pelo banco da duplicata nº 04, sem cobrar; R$ 60,00
- recebimento pelo banco da duplicata nº 07. R$ 70,00

Com essas informações podemos concluir que, após a contabilização, o saldo final das contas Duplicatas a Receber e Duplicatas Descontadas será, respectivamente, de:

a) R$ 160,00 e R$ 330,00

b) R$ 330,00 e R$ 160,00

c) R$ 140,00 e R$ 160,00

d) R$ 200,00 e R$ 220,00

e) R$ 330,00 e R$ 220,00

502) (ESAF/TFC-1996)

Duplicatas Descontadas 20.000,00

Descontos Passivos 2.000,00

a Duplicatas a Receber 20.000,00

a Banco c/Movimento 2.000,00

O lançamento acima corresponde a um aviso bancário vazado nos seguintes termos:

a) "Comunicamos o recebimento de duplicata de seu endosso, com o abatimento de 2.000,00 autorizado por V. Sª. e debitado em sua conta."

b) "Comunicamos o desconto de duplicata de seu endosso, com débito em sua conta de 2.000,00, referente a comissões e juros deste banco."

c) "Comunicamos o desconto de duplicata de seu endosso, cujo valor líquido creditamos em sua conta."

d) "Comunicamos a devolução, por incobrável, de duplicata de seu endosso. Debitamos a V. Sª. 2.000,00 de despesas bancárias."

e) "Comunicamos o recebimento de duplicata de seu endosso, cujo valor líquido creditamos em sua conta. "

503) (**ESAF/AFC/SFC-1996**)Os saldos das contas Duplicatas a Receber e Duplicatas Descontadas, em 31.12.95, eram, respectivamente de R$ 1.000,00 e R$ 600,00

No mês de janeiro de 1996 registraram-se os seguintes fatos, em R$

- desconto de duplicatas em bancos 2.500,00

- duplicatas descontadas devolvidas pelo banco sem cobrança 300,00

- recebimento de duplicatas em carteira 800,00

- recebimento de duplicatas descontadas em bancos 1.500,00

- vendas a prazo 4.000,00

- vendas a vista 2.000,00

O saldo da conta Duplicatas a Receber, em 31 de janeiro de 1996, é de

a) R$ 1.400,00

b) R$ 2.400,00

c) R$ 2.700,00

d) R$ 2.900,00

e) R$ 4.200,00

504) (TÉC-CONTAB/CONTROLADORIA-99) Foi creditado na conta bancária da empresa o valor de R$ 220,00 proveniente do recebimento de uma duplicata no valor de R$ 200,00 acrescidos de R$ 20,00 de juros. Como deverá ser contabilizado esse valor?

A)
duplicatas a receber
a diversos
a bancos c/ movimento 200,00
a juros passivos 20,00 220,00

B)
caixa
a diversos
a duplicatas a receber 200,00
a juros passivos 20,00 220,00

C)
bancos c/ movimento
a diversos
a duplicatas a receber 200,00
a juros ativos 20,00 220,00

D)
duplicatas a receber
a diversos
a caixa 200,00
a juros ativos 20,00 220,00

E)
caixa
a diversos
a duplicatas a receber 200,00
a juros ativos 20,00 220,00

505) (ESAF/AFTN-1994/setembro) O saldo, em 01.06.93, da conta Duplicatas a Receber era de R$ 45,00

No mês de junho ocorreram os seguintes fatos:

    - vendas a prazo   R$ 190,00
    - vendas à vista   R$ 240,00
    - recebimento de duplicatas   R$ 30,00
    - desconto de duplicatas, no Banco Segurança   R$ 110,00
    - recebimento duplicatas, pelo Banco Segurança R$ 90,00

Considerando que o Banco devolveu, sem cobrar, duplicatas descontadas no valor de R$ 20,00, podemos afirmar que o saldo da conta Duplicatas a Receber, em 30.06.93 era de:

    a) R$ 355,00
    b) R$ 95,00
    c) R$ 235,00
    d) R$ 135,00
    e) R$ 115,00

506) (ESAF/TCE-RN/2001) Tendo certa empresa recebido aviso do banco, comunicando o recebimento, e respectiva quitação, de uma duplicata descontada com ele, a Contabilidade dessa empresa deverá fazer o seguinte lançamento:

a) Bancos c/ Movimento

a Duplicatas a Receber

b) Duplicatas a Receber

a Bancos c/ Movimento

c) Títulos Descontados

a Duplicatas a Receber

d) Títulos Descontados

a Bancos c/ Movimento

e) Duplicatas a Receber

a Títulos Descontados

507) (ESAF/AFTN-1989) A empresa Cia. Das Flores tinha duplicatas a receber descontadas no Banco do Brasil. Em 30.09 recebeu o aviso de que o Banco recebera uma delas no valor de R$ 1.000,00.

Para contabilizar o evento, o Contador deverá fazer o seguinte lançamento:

    a) Banco c/ Movimento
                          R$ 1.000,00
    a Duplicatas Descontadas

    b) Duplicatas Descontadas
                          R$ 1.000,00
    a Duplicatas a Receber

    c) Bancos c/ Movimento
                          R$ 1.000,00
    a Duplicatas a Receber

    d) Duplicatas Descontadas
                          R$ 1.000,00
    a Banco c/ Movimento

    e) Duplicatas a Receber
                          R$ 1.000,00
    a Duplicatas Descontadas

508) (ESAF/TRF-2000) Se uma empresa mantém todas as duplicatas de sua emissão em determinado banco, em operação de desconto, os seus clientes serão creditados quando a(o)

a) duplicata for descontada no banco

b) duplicata for enviada ao banco para desconto

c) banco acusar o recebimento da duplicata

d) banco emitir o aviso de crédito

e) cliente pagar a duplicata no banco

509) (FISCAL/ICMS–MS/2000) A empresa Nossa S.A. descontou duplicatas no Banco Insegurança S.A., no total de R$10.000,00, em 16 de dezembro de 1999. No dia 3 de janeiro de 2000 recebeu um aviso do banco comunicando o recebimento de uma duplicata anteriormente descontada, no montante de R$200,00. Assinale a alternativa abaixo que melhor registre esse fato (Valores em R$):

A) Débito = Duplicatas a receber 200

Crédito = Títulos descontados 200.

B) Débito = Bancos conta movimento 200

Crédito = Duplicatas a receber 200.

C) Débito = Títulos descontados 200

Crédito = Duplicatas a Receber 200.

D) Débito = Duplicatas a receber 200

Crédito = Bancos conta movimento 200.

510) (ESAF/TTN-98) Quando a Empresa Comercial Ltda. realizou uma operação de desconto bancário, enviando ao Banco S/A a duplicata n.º 3112, que tinha a receber de Sebastião Silva-ME, o seu Contador realizou corretamente o seguinte lançamento:

       Duplicatas Descontadas

  a) Despesas Bancárias

    a Duplicatas a Receber
    Duplicatas Descontadas

  b)
    a Bancos Conta Movimento

       a Despesas Bancárias
       Bancos Conta Movimento

c) Despesas Bancárias

   a Duplicatas Descontadas
   Bancos Conta Movimento

d) Despesas Bancárias

   a Duplicatas a Receber
   Bancos Conta Movimento

e) Despesas Bancárias

   a Duplicatas Descontadas

   a Duplicatas a Receber

511) (AFTN/ESAF/96) Em 01.10.19X1 a CIA ALVORECER desconta uma nota promissória de $ 100.000,00, com vencimento previsto para 31.01.19X2 e juros de $ 8.000,00.

Com base nesta afirmativa, assinale a opção correta nas questões 08 e 09.

Na data da operação o registro contábil efetuado foi:

a) débito de $ 92.000,00 na conta "Notas Promissórias a Pagar" e crédito de igual valor na conta "Bancos Conta Movimento"

b) débitos de $ 8.000,00 em "Despesas Financeiras de Juros" e $ 92.000,00 em "Bancos c/ Movimento" e crédito de $ 100.000,00 em "Notas Promissórias a Pagar"

c) débito de $ 8.000,00 em "Encargos Financeiros a Transcorrer", $ 92.000,00 em "Bancos c/ Movimento" e crédito de $ 100.000,00 em "Notas Promissórias a Pagar"

d) débitos de $ 8.000,00 em "Resultados de Exercícios Futuros - Juros Ativos", $ 92.000,00 em "Bancos c/ Movimento" e crédito de $ 100.000,00 em "Notas Promissórias a Pagar"

e) débitos de $ 92.000,00 na conta "Bancos c/ Movimento" e crédito de igual valor na conta "Nota Promissória a Pagar"

512) (AFTN/ESAF/96) Em 31.12.19X1, quando a empresa apresentar seu Balanço Patrimonial, o efeito gerado pela operação retro citada na apuração do resultado da empresa é

a) nulo, por se tratar de Resultado de Exercícios Futuros

b) de apropriação de despesa financeira em $ 4.000,00

c) de apropriação de despesa financeira em $ 8.000,00

d) de apropriação de despesa financeira em $ 2.000,00

e) de apropriação de despesa financeira em $ 6.000,00

GABARITO DOS EXERCÍCIOS DESTE CAPÍTULO

481- C 482- D 483- A 484- D 485- E 486- A 487- D 488- C 589- A 490- C
491- D 492- B 493- B 494- D 495- A 496- A 497- A 498- B 499- B 500- E
501- B 502- A 503- C 504- C 505- E 506- C 507- B 508- C 509- C 510- C
511- C 512- E

www.ingramcontent.com/pod-product-compliance
Lightning Source LLC
Chambersburg PA
CBHW021809170526
45157CB00007B/2519